FORSCHUNGSBERICHTE DES LANDES NORDRHEIN-WESTFALEN

Nr. 2171

Herausgegeben im Auftrage des Ministerpräsidenten Heinz Kühn
und des Ministers für Wissenschaft und Forschung Johannes Rau
von Leo Brandt

Dipl.-Volksw. Dieter Ewringmann

Finanzwissenschaftliches Forschungsinstitut an der Universität zu Köln
Direktor: Prof. Dr. Dr. h. c. Günter Schmölders

Zur Voraussage kommunaler Investitionsbedarfe

Ein Beitrag zur positiven Theorie öffentlicher Bedarfe

WESTDEUTSCHER VERLAG · OPLADEN 1971

ISBN 978-3-663-04015-6 ISBN 978-3-663-05461-0 (eBook)
DOI 10.1007/978-3-663-05461-0

Verlags-Nr. 012171

Gesamtherstellung: Westdeutscher Verlag

Inhalt

Kommunalwissenschaftliche Forschung und kommunale Bedarfe

§ 1

Nach dem Übergang der staatlichen Gebietskörperschaften zu längerfristigen Planungszeiträumen [1] ist es abzusehen, daß auch die Gemeinden und Gemeindeverbände [2] den Erfordernissen einer stärkeren »Rationalität« der Gemeindewirtschaft Rechnung tragen und ihre nach wie vor unentbehrlichen Jahresbudgets in längerfristige Investitions- und Finanzplanungen einordnen. Städte und Landkreise legen ohnehin bereits seit einiger Zeit mehrjährige Investitionsprogramme und -pläne vor, einige Großstädte haben überdies schon aus eigener Initiative mittelfristige Finanzpläne aufgestellt [3]; dem weitaus überwiegenden Teil der kleineren Gemeinden und Ämter sind indessen gesamtplanerische Konzeptionen über die zukünftige Entwicklung und Gestaltung ihrer Ausgaben und Einnahmen nahezu unbekannt und wegen des zusätzlichen Arbeitsanfalls zudem oftmals auch unbequem. Nach den Vorstellungen des Finanzplanungsrates [4] soll diese in einem immerhin bedeutenden Teil des »öffentlich-planwirtschaftlichen« Systems bestehende Planungslücke, die letzten Endes auch den Erfolg der Bundes- und Länderplanungen gefährden würde [5], allerdings recht bald geschlossen werden: Der Rat hat den Bundesländern bereits empfohlen, durch eine entsprechende Ergänzung der Gemeindeordnungen und Gemeindehaushaltsverordnungen allen Gemeinden, Gemeindeverbänden und Zweckverbänden die Aufstellung mittelfristiger Finanzpläne ab 1971 verbindlich vorzuschreiben [6].

Die Gemeinden – vor allem die kleineren unter ihnen – sehen sich damit zwangsweise vor eine Aufgabe gestellt, die sie angesichts ihrer relativ geringen administrativen Kapazität einerseits sowie mangelhafter explikativer Vorleistungen und unzureichender Beratungsmethoden der Wissenschaft andererseits schwerlich erfüllen können. Sieht man einmal von den recht erheblichen und keineswegs als gelöst anzusehenden technischen Schwierigkeiten des Planungsverfahrens ab [7], so kristallisiert sich vor allem ein Problem heraus, dem bislang in Theorie und Praxis nur wenig Aufmerksamkeit gewidmet wurde: Der neuralgische Punkt jeder Investitions- und Finanzplanung ist nämlich die Bestimmung bzw. Vorausbestimmung der öffentlichen Bedarfe, die der logische und chronologische Ausgangspunkt staatlicher und gemeindlicher Planung schlechthin ist.

Die Kenntnis der kommunalen Bedarfsentwicklung ist im übrigen nicht nur für die Gemeinden selbst und im Hinblick auf ihre Finanz- und Investitionspläne von Interesse; sie ist nach dem gegenwärtigen Stand der Praxis gleichzeitig eine fundamentale Voraussetzung für die Gestaltung des öffentlichen Finanzausgleichs [8] im »engeren Sinne« [9]. Das gilt einmal für die im Zuge der Finanzreform vorzunehmende [10] Neuverteilung der öffentlichen Finanzmasse auf Bund, Länder und Gemeinden, bei der ja nach den herrschenden Vorstellungen der Globalbedarf der drei Ebenen angemessen berücksichtigt werden soll [11]; zum anderen trifft das aber auch für den innerhalb der Bundesländer praktizierten »vertikalen Finanzausgleich mit horizontalem Effekt« [12] zugunsten der Gemeinden zu, der nach dem eindeutig bekundeten Willen der Landesgesetzgeber zumindest tendenziell den Unterschied zwischen *Bedarf* und *Finanzkraft* der Einzelgemeinde beseitigen bzw. verringern soll [13].

Trotz der unbestrittenen Bedeutung der Gemeindebedarfe für die öffentliche Finanzpolitik hat die Wissenschaft zu ihrer Erforschung und Erklärung bisher kaum einen positiven Beitrag geleistet. Das läßt sich nicht allein damit erklären, daß die gesamte öffentliche Bedarfsforschung durch ihre einseitige Ausrichtung an der Lehre von den Kollektivbedürfnissen [14] in eine unfruchtbare Richtung gedrängt wurde; es liegt vielmehr auch daran, daß die Gemeinde – vor allem im deutschsprachigen Raum – nur in sehr bescheidenem Maße Gegenstand explikativer empirischer Sozialforschung war und ist [15]. Diese im Hinblick auf die gesellschaftliche und politische, nicht zuletzt wirtschafts- und sozialpolitische Relevanz der Gemeinde erstaunliche Tatsache zeigt sich äußerlich bereits an der geringen Verbreitung kommunalwissenschaftlicher Forschung und Lehre an den nach dem deutschen Bildungssystem eigentlich dafür zuständigen Hochschulen. Von den vormals ohnehin nur fünf selbständigen, vorwiegend juristisch orientierten kommunalwissenschaftlichen Instituten an deutschen Universitäten wurden die drei ältesten im Laufe der Zeit in Spezialabteilungen für Politologie, Verwaltungslehre und öffentliches Recht integriert und verloren dabei teilweise ihre kommunale Ausrichtung [16].

Diese Entwicklung, die natürlich einerseits schon vom quantitativen Aspekt der Forschung her zu bedauern ist, deutet andererseits einen die Qualität bzw. die disziplinäre Zugehörigkeit der Forschung betreffenden Tatbestand an, der für die gesamte Geschichte der Kommunalwissenschaften charakteristisch ist: »Kommunalwissenschaft bedeutet Kommunalrechtswissenschaft und dabei blieb es vielfach bis heute« [17]; sie verstand sich zudem weitgehend als Wissenschaft, die den jeweiligen Bestand an positiven Gesetzesnormen beschrieb und interpretierte, deren Erklärungsversuche jedoch zumeist auf die »Subsumierung von Begriffen unter Oberbegriffe« beschränkt blieben, und die natürlich schon aus diesem Grunde und wegen der fachlichen Isoliertheit ihrer Betrachtung nur wenige kommunale Probleme realitätsnah zu lösen vermochte.

Der in quantitativer und qualitativer Hinsicht bestehende Mangel an theoretischen, kommunal relevanten Forschungsergebnissen wird vorläufig auch dadurch nicht behoben, daß sich sporadisch und punktuell Forschung und Lehre der sozial- und rechtswissenschaftlichen Einzeldisziplinen mit gemeindlichen Problemen befassen und sich auch die kommunale Praxis und ihre Organisationen angeschickt haben, Seminare, Institute und sonstige Forschungszentren auf- und auszubauen [18]; dies um so weniger, als man sich dort, wo die Gemeinde zum Gegenstand explikativer sozialwissenschaftlicher Forschung avancieren konnte [19], vorwiegend an methodologischen Konzeptionen orientierte, die zu einer fast vollständigen Immunisierung der theoretischen Aussagen gegen die Wirklichkeit führen. Das gilt vor allem für den Beitrag der Wirtschaftswissenschaft, deren methodologische Position noch immer von der neoklassischen Tradition soziologiefremder »modellplatonistischer« Konstruktionen und der geisteswissenschaftlichen Tradition essentialistischer, phänomenologischer, auf gesamtsoziologisches Erkennen und Verstehen abgestellter Verfahrensweisen geprägt wird [20].

Dieser traditionelle Methodendualismus durchzieht auch die deutschsprachige wirtschaftswissenschaftliche Literatur zur Kommunalwissenschaft: Überwiegt einerseits das modelltheoretische Denken in wirklichkeitsfremden Wohlfahrts- und Optimierungsuntersuchungen [21], so werden andererseits »verstehende Interpretationen empirischer Sachverhalte« [22] bevorzugt [23]. Der bei der Behandlung kommunaler Probleme zumal in Fragen des Bedarfs häufig anzutreffende »Begriffsrealismus mit der Neigung zur verbalen Spekulation« (ALBERT) geht allerdings weniger auf die konsequente Befolgung einer methodologischen Konzeption zurück [24], wird vielmehr auch von solchen Wissenschaftlern praktiziert und mit anderen methodischen Elementen durchsetzt [25], die der Methode der verstehenden [26] »Wesensschau« ansonsten durchaus kritisch gegenüberstehen; er ist daher wohl eher Ausdruck einer allgemein pragmatischen und im Grunde unwissenschaftlichen Einstellung, nach der Gemeindeprobleme auch unter Vernachlässigung methodologischer Gesichtspunkte und ohne empirische Basis »en passant« gelöst werden können, und daß dazu das allgemeine Verständnis des Rechts-, Wirtschafts- und Sozialwissenschaftlers allemal ausreicht. So ist es nicht verwunderlich, wenn für den Gemeindebereich bisher nur wenige bewährte Ergebnisse vorliegen; das gilt in ganz besonderem Maße für den Komplex der kommunalen Bedarfe und für den damit engverbundenen kommunalen Willensbildungsprozeß.

Andererseits haben Gemeindepolitik und -verwaltung die Wissenschaft auch nicht gerade zu einer wertfreien, empirisch fundierten Forschung ermuntert. Wo nämlich auf theoretische Ergebnisse zurückgegriffen werden könnte, stößt ihre Rezeption und praktische Anwendung bzw. Auswertung »nicht selten auf Vorurteile, Ignoranz, scheinbar unüberwindliche Gesetzesbarrieren, Unzuständigkeit und den Amtsschimmel« [27] gerade bei den Institutionen, die eigentlich an den praktischen Forschungskonsequenzen interessiert sein müßten [28]. Die Kommunalverwaltungen sehen sich in aller Regel mit den herkömmlichen Mitteln ihrer schwerfälligen und fachlich für eine solche Aufgabe gänzlich unvorbereiteten Bürokratie nicht in der Lage, aus den vorhandenen allgemeinen empirisch-theoretischen Forschungsergebnissen, aus Hypothesen oder aus Theorien bzw. Quasi-Theorien [29] unmittelbaren Nutzen für ihre spezifischen Probleme und Nöte zu ziehen; auch wenn diese Ergebnisse vom Wissenschaftler in technologische Aussagen [30] transformiert und damit schon von ihm – allerdings noch unter weitestgehender »Wertabstinenz« [31] – für den innergemeindlichen Rezeptions- und Entscheidungsprozeß aufbereitet werden, setzen Fähigkeit und Neigung der Verwaltungen ihrer praktischen Anwendung enge Grenzen. Die Gemeindeverwaltungen sind es einfach nicht gewohnt, über die Anwendung wert- und beziehungsloser Sozialtechnologien selbst zu entscheiden; Gewohnheit und Zwang lassen sie vielmehr nach vorgegebenen Normen suchen und von der Wissenschaft konkrete Ratschläge und Hinweise fordern, die den eigenen Entscheidungsspielraum ausfüllen und einengen.

Auch diese Tatsache läßt sich einerseits als praktische Konsequenz der in den Kommunen noch immer vorherrschenden juristischen Betrachtungsweise erklären; sie ist aber andererseits das Ergebnis der realpolitischen Situation der Gemeinden, die in ihrer Verwaltungstätigkeit in immer stärkerem Maße an detaillierte Vorschriften des Bundes- und Landesrechts gebunden sind und wegen ihrer, in der Finanzreform nur bestätigten, finanziellen Abhängigkeit von den Ländern zudem zur Befolgung auch nicht gesetzesnormativer Empfehlungen, Vorschläge und Hinweise gezwungen werden [32]. Rechtswissenschaftliche Tradition, in fast alle Aufgabenbereiche hineinragende Bundes- und Landeskompetenzen und nicht zuletzt die normative Kraft der faktischen finanziellen Unselbständigkeit haben die meisten Gemeinden zu einer gewissen »Normenhörigkeit« erzogen, die auch auf ihr Verhältnis zur Sozialwissenschaft und auf ihre Einschätzung der Bedarfssituation nicht ohne Einfluß geblieben ist. Wissenschaftlichen Aussagen wird nur dann praktische Relevanz zugeschrieben, wenn sie normativen Charakter aufweisen und sich über das Aufzeigen möglicher Alternativen hinaus bereits für eine dieser Alternativen aussprechen.

Es ist zwar wiederholt darauf hingewiesen worden, daß die darin zum Ausdruck kommende Vorstellung von der Notwendigkeit einer *normativen* Sozialwissenschaft, die keineswegs nur von Praktikern und Politikern, sondern auch und gerade von zahlreichen Wissenschaftlern geteilt wird [33], auf einem Mißverständnis beruht und in der Unterschätzung der Möglichkeiten einer wertfreien Wissenschaft begründet [34] ist; nach ALBERT übersieht dieser Neonormativismus ganz einfach, daß »Kriterien für leistungsfähige wertfreie Theorien so beschaffen sind, daß gerade sie als Grundlage für das praktische Handeln brauchbar sind« [35]. Auch eine noch so scharfsinnige methodologische Analyse des Wertfreiheitsprinzips und des Neonormativismus wird indessen kaum zur Überwindung der in der Praxis gegen die »bloße Theorie« bestehenden Vorurteile beitragen. Um dem kommunalen Praktiker die Anwendung theoretischer Erkenntnisse und moderner Verfahren zu ermöglichen, wird der Wissenschaftler daher gezwungen sein, über die bloße Bereitstellung seiner Theorien, ihre tautologische Transformation in Technologien und die Mitarbeit im

»dezisionistischen« Modell (HABERMAS) hinaus, »die empirische Information für die politische Entscheidung aufzuarbeiten oder sogar am Entscheidungsprozeß selbst teilzunehmen« [36]. Eine engere Zusammenarbeit zwischen Wissenschaft und Praxis wird nicht zuletzt für die gemeindliche Finanz-, Investitions- und Bedarfsplanung von Notwendigkeit und Nutzen sein.

Der Wissenschaftler könnte sich dabei einmal in ein »pragmatistisches« Beratungsverfahren (HABERMAS) einordnen, in dem »einerseits wissenschaftliche Experten die Entscheidung fällenden Instanzen ,beraten' und umgekehrt die Politiker die Wissenschaftler nach Bedürfnissen der Praxis ,beauftragen'« [37]; das »kritische Wechselverhältnis« zwischen Politiker und Sachverständigem führt dabei schrittweise zu einem gemeinsam erarbeiteten Aktionsprogramm. Führt man in dieses Beratungsmodell die Ergänzungsbedingungen »maximale Wertabstinenz des Beraters« und »maximale empirische Fundierung der Beratung« ein, so nähert man sich jenem »Zug-um-Zug-Verfahren«, wie es neuerdings von Zimmermann vorgeschlagen wurde [38] und wie es auch trotz angemessener Berücksichtigung der Forderungen und Neigungen von Politikern und Verwaltungsangehörigen noch am ehesten mit dem Wertfreiheitspostulat der modernen Wissenschaftstheorie zu vereinbaren ist.

Der Sachverständige könnte andererseits versuchen, ein an »Grundanliegen« orientiertes System aus »Empfehlungen und Warnungen« aufzustellen [39], bei dessen Anwendung allerdings in weitaus stärkerem Maße Wertvorstellungen des Wissenschaftlers in die Beratung eingehen und nichtempirische Methoden zur Anwendung gelangen. Immerhin geht es aber auch bei diesem Verfahren um eine maximale Berücksichtigung empirischer Erkenntnisse und um eine explizite Trennung von normativ-präskriptiven und positiv-deskriptiven Aussagen, was für zahlreiche Gutachten und Forschungsarbeiten, die sich mit Gemeindeproblemen befassen, nicht zutrifft.

Die Kommunalwissenschaft hat zwar ihre Berater- und Gutachtertätigkeit in den letzten Jahren erheblich intensiviert, hat sich dabei aber nicht der Beratungsverfahren bedient, die sich noch durch eine deutliche Trennung oder eine »systematische Verknüpfung von Normen und Aussagen der positiven Ökonomik« [40] auszeichnen. Um engere Kontakte zur Praxis zu knüpfen, wurde vielmehr in vielen Fällen die eigentliche wissenschaftliche Basis verlassen und zugunsten einer fortschreitenden Normativierung auf die Heranziehung und Berücksichtigung empirischer Grundlagenforschung verzichtet. Wenn KÖTTGEN aus der Sicht der Gemeinden von einer »Verwissenschaftlichung« der kommunalen Verwaltung spricht [41] so kann man ihm daher wohl nur zustimmen, wenn man als Indikator die Anzahl der Kontakte zwischen Kommunalwissenschaftlern auf der einen und Gemeinden sowie den mit kommunal- und regionalpolitischen Fragen befaßten sonstigen öffentlichen Institutionen auf der anderen Seite gelten läßt, nicht aber die theoretische Fundierung der kommunalwissenschaftlichen Beiträge, der Gutachten und Forschungsaufträge im Sinne einer kritisch-rationalen Wissenschaftskonzeption [42] bewertet [43]. Bei näherer Analyse zeigt sich nämlich, daß die darin zur Beratung der Verwaltung und zu Forderungen an die Politik verwandten Ergebnisse weniger auf überprüfbaren Theorien und Hypothesen, als letzten Endes auf persönlichen Interpretationen, Werturteilen [44] und übernommenen Normvorstellungen beruhen [45]. Soweit auf »theoretische« Ansätze zurückgegangen wird, handelt es sich häufig um Modelle, denen jedwede »soziologische Durchblutung« [46] fehlt und die daher eigentlich keine Schlußfolgerungen für konkrete reale Situationen erlauben.

Beim gegenwärtigen Erkenntnisstand und angesichts des Fehlens bewährter nomologischer Hypothesen in den Sozialwissenschaften kann natürlich vom Wissenschaftler keine Beratung und keine Gutachtertätigkeit erwartet werden, die auf einer geschlossenen Theorie aufbaut; insofern müssen zwangsläufig »begründete Vermutungen« und Spekulationen die theoretischen Lücken schließen und die Verbindung vom Modell zur Realität herstellen [47]. Es muß dann jedoch für selbstverständlich erachtet werden [48], daß derart subjektive Aussagen nicht »unter dem Deckmantel objektiver Informationen getarnt werden dürfen, sondern vielmehr explizit als subjektive Anschauungen kenntlich zu machen sind« [49].

Von Verstößen gegen diesen wissenschaftstheoretischen Grundsatz ist im besonderen die kommunale Bedarfsforschung betroffen, die bisher nicht über einen positiv-theoretischen Ansatz verfügt, der ihr die Erklärung und Voraussage spezieller Bedarfe ermöglichen würde. Dennoch werden immer wieder meist interessengebundene Bedarfsermittlungen und -projektionen als »einigermaßen objektives Bild von den tatsächlichen Bedarfsverhältnissen« deklariert, »das sich von einer Addition von Wunschvorstellungen grundsätzlich unterscheidet« [50]. Darüber, daß es sich bei diesen meist globalen Bedarfsfeststellungen im Grunde um nur »scheinexplikative Werturteile« (WEISSER) handelt, kann auch die Tatsache nicht hinwegtäuschen, daß oftmals Bedarfsvorstellungen und -gutachten allgemein anerkannter Gremien als gerechtfertigt, als »frei von Manipulationen« dargestellt [51], Durchschnittswerte aus anderen Gutachten in die eigene Berechnung übernommen [52] oder statistische Mittelwerte vorhandener Bestände als Bedarfe ausgegeben werden [53]; auch die Übernahme und Rechtfertigung fremder Wertvorstellungen ändert schließlich nichts am präskriptiven Charakter dieser Aussagen [54].

Diese von der erfaßbaren Wirklichkeit abstrahierende und letztlich unwissenschaftliche Form eines »naiven Normativismus« führt das Verhältnis von Wissenschaft und Politik bzw. Praxis in eine unfruchtbare Richtung, da sie übersieht, »daß die fundamentale Voraussetzung einer rationalen Politik in der Einsicht in die *tatsächlichen* Zusammenhänge und die sich daraus ergebenden *Möglichkeiten* ihrer praktischen Beeinflussung besteht« [55]; im Hinblick auf das hier untersuchte Bedarfsproblem wird daher die Tatsache vernachlässigt, daß Bedarfsfeststellungen und -voraussagen nur aus den »Gesetzen« der Bedarfsentstehung abgeleitet werden können. Schon von diesem Gesichtspunkt aus muß – um nur ein Beispiel zu nennen – die »Rationalität« der in der »großen Finanzreform« angestrebten Neuordnung des Finanzausgleichs und der Verteilung der öffentlichen Finanzmasse angezweifelt werden; ist doch die politische Lösung, die auf eine Verteilung nach staatlichen und kommunalen Bedarfen abstellt, nicht etwa durch eine theoretische Bedarfsanalyse, sondern lediglich durch subjektive intentionelle Vorausschätzungen vorbereitet worden.

Die Wissenschaft vermag nur dann einen Beitrag zur rationalen Politik zu leisten, wenn sie auf die Grundlagen, auf die durch die Tatsachen bewährten Gesetze, Theorien und Hypothesen zurückgeht. Eine in diesem Sinne »positive Bedarfsforschung« hat die Aufgabe, die »Gesetze« der Bedarfsentstehung und -bildung aufzuzeigen, dazu Hypothesen und Theorien aufzustellen und sie an der Wirklichkeit zu überprüfen. Nur die so gewonnenen Theorien erlauben im Einzelfall neben der Erklärung bestimmter Bedarfssituationen auch die Deduktion und Voraussage der zukünftigen Bedarfsentwicklung.

In der vorliegenden Arbeit geht es vor allem darum, den prinzipiell *politischen* Charakter des öffentlichen Bedarfs im allgemeinen und des kommunalen Investitionsbedarfs im besonderen [56], sowie seine technische und verwaltungsmäßige Bedingtheit darzustellen, um damit die Bedarfsforschung aus der Erstarrung ihres rein normativen Vorgehens zu lösen. Auch der kommunale Investitionsbedarf ist keine unabhängig von der politischen Entscheidung vorgegebene oder vorgebbare Größe; er unterliegt vielmehr der innergemeindlichen Willensbildung, die darüber hinaus durch die staatliche Einflußnahme und andere Bestimmungsfaktoren maßgeblich beeinflußt wird.

Eine positive Ermittlung und Vorausschätzung der Investitionsbedarfe kann sich daher auch nicht darauf beschränken, von Wissenschaftlern und Technikern »erarbeitete« Bedarfsnormen und -richtwerte zu übernehmen und unter Berücksichtigung der Bevölkerungsentwicklung globale und pauschale Bedarfe für die Summe aller Gemeinden der Bundesrepublik oder eines Bundeslandes zu errechnen. Einen Ansatzpunkt zur Bedarfsermittlung bietet grundsätzlich nur die einzelne Gemeinde, deren Willensbildungs- und Entscheidungsprozeß daraufhin untersucht werden muß, nach welchen Kriterien und Gesetzmäßigkeiten sich in ihm die bedarfsbildenden Entscheidungen vollziehen. Der starke staatliche Einfluß setzt zudem auch eine Analyse des staatlichen Willensbildungsprozesses voraus, so daß das Schwergewicht dieser Arbeit auf der Erklärung jener politischen Entscheidungen beruht, die letzten Endes den Bedarf determinieren. Die sich daraus ergebenden Konsequenzen sollen zugleich für eine konkrete Vorausschätzung einiger Investitionsbedarfe genutzt werden.

Um den Untersuchungsgegenstand auch terminologisch abzugrenzen, mußten zunächst die schillernden Begriffe »öffentlicher Bedarf« und »kommunaler Investitionsbedarf« und, der dabei zugrunde gelegten Definition entsprechend, die Begriffe »Aufgabenbereich« und »Zielbestand« geklärt werden. Diese rein begriffliche Untersuchung darf allerdings noch nicht als ein Beitrag zur Erklärung öffentlicher bzw. kommunaler Bedarfe verstanden werden; es handelt sich dabei letzten Endes lediglich um eine sprachliche Festsetzung dessen, was der Verfasser im Rahmen dieser Arbeit als »Bedarf« bezeichnet und untersuchen will (§§ 2–4).

Eine Voraussage des so abgegrenzten Bedarfs begegnet einmal allen jenen Schwierigkeiten, denen sozialwissenschaftliche Voraussagen im allgemeinen ausgesetzt sind (§ 5); zum anderen ergeben sich für sie spezielle Probleme, die teils auf die bisherige methodische Behandlung und das daraus resultierende Fehlen statistischer Erhebungen der kommunalen Bedarfe, teils auf die Eigenarten ihres Entstehungsprozesses zurückgeführt werden müssen (§ 6). Diese Schwierigkeiten sind letzten Endes dafür verantwortlich, wenn als Voraussagetechnik im Rahmen dieser Arbeit nicht die Form einer Prognose, sondern nur die einer Projektion gewählt werden kann, die neben ihren theoretischen Voraussetzungen Nebenbedingungen einführen und auf »ad-hoc-Hypothesen« zurückgreifen muß. Die theoretischen Grundlagen dieser Bedarfsprojektion (§§ 7–15) müssen dabei in Hypothesenform den Entstehungsprozeß des Bedarfs erfassen, der von den Vorgängen in der Sphäre staatlicher und kommunaler Willensbildung beeinflußt wird.

Die darauf aufbauende Projektion (§§ 16–21) umfaßt beispielhaft die Investitionsbereiche: Schulen, Krankenhäuser und Müllbeseitigung unter ausschließlicher Berücksichtigung der kommunalen Verhältnisse in Nordrhein-Westfalen. Um sowohl der Einzelgemeinde einen Aufschluß über ihre künftige Bedarfsentwicklung zu geben als auch dem Land Nordrhein-Westfalen einen Ansatz für einen bedarfsorientierten kommunalen Finanzausgleich zu bieten, wurde keine Globalprojektion für die Summe der nordrhein-westfälischen Gemeinden aufgestellt, die Gemeinden wurden vielmehr für jeden Investitionsbereich nach ihrer Zentralität zu funktions- und größenabhängigen Gruppen zusammengefaßt. Für jede dieser Gruppen wurde der gruppenspezifische Normalbedarf für das Jahr 1980 berechnet.

Durch Einordnung in die ihrer Einwohnerzahl und ihrer zentralörtlichen Funktion entsprechende Gruppe kann dann für jede Gemeinde der Investitionsbedarf des entsprechenden Aufgabenbereichs ermittelt werden.

I. Kapitel:

Grundprobleme und Grundbegriffe der Voraussage kommunaler Investitionsbedarfe

§ 2 Kommunale Investitionsbedarfe

In der Wissenschafts- wie in der Alltagssprache hat sich die Bezeichnung »Bedarf« zur Beschreibung der unterschiedlichsten Tatbestände eingebürgert [57]; man spricht vom Nahrungsmittelbedarf einer Person oder eines Haushaltes, vom Benzinbedarf einer Maschine, vom Raumbedarf einer Stadt, von Kollektiv- und Individualbedarfen, ordentlichen und außerordentlichen Bedarfen usw., ohne daß der Sprachgebrauch einheitlich und der Sinn eindeutig festgelegt wäre [58]. Vollends der Ausdruck »öffentlicher Bedarf« mit seinen sinnverwandten Bezeichnungen »Kollektivbedarf« oder »Gemeinbedarf« und mit seinen Bestandteilen »kommunaler Bedarf«, »Rüstungsbedarf«, »staatsfinanzwirtschaftlicher Eigenbedarf« usw. gehört zu den schillerndsten Begriffen der in der Verwendung ihrer »eingeborenen Fachausdrücke« [59] ohnehin nicht sehr einheitlich verfahrenden Nationalökonomie und Finanzwissenschaft.

Werden einerseits im öffentlichen Bereich »Bedarf« und »Bedürfnis« vielfach gleichbedeutend zur Kennzeichnung kollektiv zu befriedigender Mangelgefühle oder »allgemeiner Erfordernisse der organisierten Gesamtheit« [60] verwendet [61] oder gar der Kollektivbedarf als Summe der vom einzelnen oder der »Gemeinschaft als solcher« empfundenen Kollektivbedürfnisse verstanden [62], so spricht man andererseits nicht selten von öffentlichen Bedarfen und Finanzbedarfen, wenn eher die Ausgaben öffentlicher (Gebiets-)Körperschaften gemeint sind [63]. Letzteres gilt vor allem auch für die immer wieder auftretende Diskussion, »ob die öffentliche Wirtschaft ihre Einkünfte dem Bedarf oder den Bedarf den Einkünften anzupassen habe« [64].

Die Gleichsetzung von Ausgaben und Bedarf rückt indessen wiederum von einer anderen Vorstellung ab, nach der nur ein mit wirksamer Kaufkraft ausgestatteter Bedarf zur Nachfrage wird, und nur derjenige Teil der Nachfrage zu einem Umsatz und damit zu einer Ausgabe des Nachfragenden führt, der den vom Markt geforderten Kaufpreis zu zahlen bereit und imstande ist [65].

In der Wirtschafts- und Finanzpolitik dient der Hinweis auf den die vorhandenen Mittel und auch die tatsächlichen Ausgaben stets übersteigenden öffentlichen Bedarf in der Regel dazu, den absoluten und relativen Anstieg der Staatsausgaben zu rechtfertigen und erhöhte Forderungen einzelner Gebietskörperschaften auf die der öffentlichen Hand insgesamt zur Verfügung stehende Finanzmasse zu begründen [66]. Der öffentliche Bedarf wird dabei als eine nach Quantität und Qualität exogen und von politischen Entscheidungen unabhängig vorgegebene Größe interpretiert, deren angebliche Objektivität und Zwangsläufigkeit ihr die absolute Priorität gegenüber allen anderen wirtschaftlichen Bedarfen einräumen soll [67].

Dahinter steht – meist unausgesprochen – die naturrechtlich utilitaristische Vorstellung [68], daß es bestimmte kollektive, öffentliche oder »gesamtheitliche« Bedürfnisse gibt, die von den Individuen empfunden werden und von staatlichen oder kommunalen Institutionen zu befriedigen sind [69]. Der Staatsbedarf wird dabei rein normativ letztlich als Individualbedarf verstanden, »und zwar als jener Individualbedarf, der nicht oder nur unvollkommen auf privatwirtschaftliche Weise befriedigt werden kann« [70]. Ebenso wie ein Individualbedürfnis durch Orientierung an einem wirtschaftlichen Gut »ein Gefühl oder das Bewußtsein vom Mangel dieses Gutes und den Wunsch, diesen Mangel zu beseitigen« [71] erzeugt, also einen Bedarf hervorbringt, so konkretisiert sich danach auch ein öffentliches Bedürfnis zu einem Bedarf, der dann bildhaft demjenigen zugeschrieben wird, der nach dem normativ-theoretischen Ansatz für die Bedarfsdeckung zu sorgen hat: der öffentlichen Hand.

In dieser Verwendung ist die Bezeichnung »öffentlicher Bedarf« daher nichts weiter als eine *Metapher*, die allerdings nicht gerade zur Verdeutlichung des umschriebenen Tatbestandes beiträgt; ist doch der öffentliche Bedarf in diesem Sinne überhaupt nicht eindeutig bestimmbar. Selbst wenn man von der keineswegs selbstverständlichen Annahme ausgeht, daß bestimmte Bedürfnisse von allen oder einer Vielzahl von Staatsbürgern in gleicher Weise »empfunden« werden, so ist es einmal kaum möglich, Umfang, Intensität und Rangfolge der Kollektivbedürfnisse exakt abzugrenzen; zum anderen ist es aber auch höchst fraglich, ob sich die vorhandenen Bedürfnisse bei allen Staatsbürgern an den gleichen wirtschaftlichen Gütern ausrichten und so zu einem einheitlich empfundenen Bedarf formieren.

Das ist um so unwahrscheinlicher, als ein menschliches Bedürfnis »nicht an einen bestimmten Bedarf gekettet, sondern plastisch ist und sich jeweils an einer großen Vielfalt von Objekten orientieren kann« [72]. Können aber Kollektivbedürfnisse (z. B. Landesschutz) durch die unterschiedlichsten Güter und Leistungen (z. B. Panzer, Düsenjäger, Raketensysteme) befriedigt werden und sich in den verschiedensten Bedarfen niederschlagen, so existieren im Grunde ebenso viele »öffentliche Bedarfe«, wie es individuell verschiedene Bedarfsvorstellungen gibt, und es erhebt sich die Frage, welcher dieser Bedarfe als *der* öffentliche Bedarf bezeichnet werden kann. Auch die Forderung nach Einführung bestimmter Entscheidungsprozesse und Abstimmungssysteme vermag dieses Problem nicht zu lösen und bringt überdies ganz neue Schwierigkeiten mit sich [73].

Der offen zutage tretenden Unbestimmtheit des Bedarfsbegriffs wegen ziehen es denn auch zahlreiche Autoren vor, vom Bedarf der öffentlichen Hand im allgemeinen oder einer Gebietskörperschaft im besonderen zu sprechen, ohne zu erklären, was sie darunter verstehen [74].

Eine Arbeit, die es sich zur Aufgabe gemacht hat, einen Beitrag zur positiven Erklärung des öffentlichen Bedarfs zu leisten und Teile dieses Bedarfs zu quantifizieren und vorauszubestimmen, muß demgegenüber von eindeutigeren Begriffsbestimmungen ausgehen.

Sie wird dabei zunächst die utilitaristische Tradition und die gemeinhin unterstellte Maxime aufgeben müssen, daß die Entscheidungen der öffentlichen Organe stets und in vollem Umfang Struktur und Rangfolge der individuellen Bedürfnisse widerspiegeln und daß sie sich als typische »Verbraucherentscheidungen« [75] analog zum Marktprozeß vollziehen [76]. Es muß vielmehr davon ausgegangen werden, daß die für die Willensbildung im öffentlichen Gemeinwesen formal zuständigen Personen und Gremien, wie über die Bewilligung öffentlicher Ausgaben, so auch in deren Vorfeld, über die öffentlichen Bedarfe und ihre Prioritäten nach den Gesetzen der Politik befinden; daß dabei auch in einer parlamentarischen Demokratie keineswegs zwangsläufig eine Interessengleichheit von Wählern und Gewählten, Regierten und Regierenden vorausgesetzt und daher auch nicht von vornherein eine entsprechende Berücksichtigung von Wählerwünschen und -präferenzen unterstellt werden kann, hat wohl als erster J. Schumpeter deutlich gemacht [77].

Um verstehen zu können, wie in der parlamentarischen Aktivität Ausgabenentscheidungen getroffen und die für den Bedarf relevanten Zielvorstellungen entwickelt werden, »müssen wir (danach) vom Konkurrenzkampf um Macht und Amt ausgehen und uns klarwerden, daß die soziale Funktion, so wie die Dinge nun einmal liegen, nur nebenbei erfüllt wird« [78]. Die Frage, nach welchen Gesichtspunkten, Spielregeln und Gesetzmäßigkeiten die ausgaben- und bedarfsbestimmenden Entscheidungen dabei im einzelnen zustande kommen, ist hier noch nicht von Bedeutung [79]; sie ist jedoch später für den staatlichen und kommunalen Willensbildungsprozeß eingehend zu prüfen [80].

In einem so verstandenen Zusammenhang den öffentlichen Bedarf *positiv* auf Einzelbedürfnisse zurückzuverfolgen, erscheint theoretisch zwar nicht unmöglich, wäre aber wohl nicht mehr als eine »akademische Spielerei« [81]. Dem *normativen* Ansatz, die öffentliche Bedarfs- und Ausgabenentwicklung von einer Analyse privater Bedürfnisse abhängig zu machen, kommt demgegenüber überhaupt kein Erklärungswert zu. Dieser Weg bietet sich allenfalls für gewisse Gutachten an, die aus einer Analyse privater Bedarfsvorstellungen gesellschaftlich anerkannte Normen zu entwickeln suchen, also beispielsweise zur Frage Stellung nehmen sollen, wieviel Kinder eines Jahrganges nach den Vorstellungen der Bevölkerung gemeinsam in einer Schulklasse unterrichtet werden sollen [82].
Für eine explikative Bedarfsforschung sind normative Stellungnahmen dieser Art nur insoweit von Bedeutung, als sie Meinung, Entschluß und Wertvorstellungen der am Willensbildungsprozeß beteiligten Personen [83] beeinflussen und so tatsächlich Einfluß auf politische Entscheidungen ausüben können [84].
Im folgenden werden als »Bedarf« einer Gemeinde [85] diejenige Menge an Gütern und Leistungen und derjenige Geldbetrag für Transferzahlungen bezeichnet, die sie zusätzlich zu ihren bereits vorhandenen Beständen bzw. Vorräten benötigt, um einen von ihr freiwillig oder pflichtgemäß übernommenen Aufgabenbereich den Ziel- und Normvorstellungen entsprechend zu erfüllen, die von den für sie formal zuständigen willensbildenden Organen formuliert bzw. akzeptiert wurden. Die monetären Äquivalente der dazu benötigten Güter und Leistungen ergeben zusammen mit den dazu ebenfalls erforderlichen Transferbeträgen den »Finanzbedarf« der Gemeinde. Für jeden von einer Gemeinde wahrgenommenen Aufgabenbereich besteht mithin ein eigener Bedarf und auch ein eigener Finanzbedarf; soweit zur Verwirklichung der in einem Aufgabenbereich angestrebten Ziele und Normen nach dem Willen der einzelnen Gemeinde Investitionen erforderlich werden, entsteht ein kommunaler Investitionsbedarf als Differenz zwischen dem Zielbestand bzw. Normalbedarf und dem tatsächlichen Ist-Bestand an Investitionsgütern. Die Bedarfe einer Gemeinde im allgemeinen und ihre Investitionsbedarfe im besonderen sind also keine objektiv und allgemeingültig vorgegebenen, sondern von den politischen Organen im Einzelfall nach persönlichen Maßstäben festgesetzte Größen und einerseits von Anzahl und Struktur der Aufgabenbereiche und andererseits von der Entwicklung der Bedarfsnormen abhängig.
Die Frage, was unter Investitionen, insbesondere unter öffentlichen bzw. kommunalen Investitionen zu verstehen ist, wird nun je nach dem Zweck der Untersuchung und der begrifflichen Abgrenzung ganz unterschiedlich beantwortet [86]. Selbst innerhalb der an einer exakten Trennung und Begriffsbestimmung von Konsum und Investition naturgemäß besonders interessierten Statistik [87] lassen sich zwischen Einzelbereichen, so z. B. zwischen der Produktionsstatistik für die Zwecke der volkswirtschaftlichen Gesamtrechnungen und der Finanzstatistik, beträchtliche Abweichungen feststellen.
Das Statistische Bundesamt erfaßt in seinen »Tabellen« zum Sozialprodukt und anderen »Standardtabellen der Volkswirtschaftlichen Gesamtrechnungen« [88] als öffentliche Investition lediglich Sachinvestitionen; neben den Vorratsveränderungen gehören dazu die vom Staat und den Gemeinden erworbenen und selbsterstellten dauerhaften Produktionsmittel. »Als dauerhaft werden in diesem Zusammenhang nur diejenigen Produktionsmittel angesehen, deren *Nutzungsdauer mehr als ein Jahr beträgt* und die normalerweise aktiviert und abgeschrieben werden. Ausgenommen sind geringwertige Güter, vor allem solche, die periodisch wiederbeschafft werden, auch wenn sie eine längere Nutzungsdauer als ein Jahr haben [89].« Während größere Instandsetzungen, die zu einer wesentlichen Wertsteigerung des Anlagevermögens beitragen, noch den öffentlichen Sachinvestitionen zugerechnet werden, wird der auch für den kommunalen Tätigkeitsbereich recht erhebliche Erwerb von Grundstücken in der Produktionsstatistik überhaupt nicht erfaßt [90].

In der Finanzstatistik [91] werden öffentliche Sachinvestitionen und öffentliche Finanzinvestitionen wie z. B. Beteiligungen und Darlehen üblicherweise zusammengefaßt [92]. Eine in diesem Sinne umfassende Begriffsbestimmung »öffentlicher Investitionen« liegt auch der durch die Haushaltsreform [93] eingeführten neuen Haushaltssystematik zugrunde, der die Finanzstatistik im Detail angepaßt werden soll [94]. Nach den Zuordnungsrichtlinien des Bundes zum Gruppierungsplan [95] gehören zu den staatlichen Investitionen sowohl Baumaßnahmen, der Erwerb von unbeweglichen und dauerhaften, einen bestimmten Wert übersteigenden beweglichen Sachgütern, als auch der Erwerb von Beteiligungen, die Gewährung von Darlehen, Investitionszuschüssen und -zuweisungen sowie die Inanspruchnahme aus Gewährleistungen [96].

Diese Kasuistik stimmt mit der Definition, die der Bundesfinanzminister in seinen Verwaltungsvorschriften [97] den einzelnen Investitionsgruppen vorausschickt, allerdings wohl nicht ganz überein; dort heißt es nämlich lediglich: »Investitionen sind Käufe und die Selbsterstellung (Bauten) dauerhafter unbeweglicher und beweglicher Sachen (die grundsätzlich in der Vermögensrechnung erfaßt oder, bei deren Fehlen, in Bestands- und Güteverzeichnissen aktiviert sind) mit dem Ziel, die Produktion von Leistungen und Gütern und damit die Verbrauchsmöglichkeiten in einem späteren Zeitpunkt zu steigern [98].« Die Frage, ob die Ausgabegruppen 83 bis 89 des Gruppierungsplans nicht über die zugrunde gelegte Definition hinausgehen, spielt hier jedoch nur eine untergeordnete Rolle, da diese Gruppen lediglich Finanzinvestitionen enthalten und diese Investitionsart im folgenden ohnehin nicht in die Untersuchung einbezogen werden soll. Dies erscheint um so gerechtfertigter, als Finanzinvestitionen im kommunalen Bereich nicht von großer Bedeutung sind; sie kommen – in relativ geringem Maße – vornehmlich als Darlehen an Eigenbetriebe und als Vergrößerungen von Beteiligungen an rechtlich selbständigen Unternehmen vor [92].

Von entscheidender Relevanz sind demgegenüber die gemeindlichen Sachinvestitionen. Was sie anbelangt, so stimmen die oben erwähnte Definition und die Investitionsgruppierung darin überein, daß sie neben Baumaßnahmen auch den Erwerb von beweglichen, dauerhaften Sachgütern sowie – im Gegensatz zur Produktionsstatistik – den Erwerb von Grundvermögen für Baumaßnahmen und andere Zwecke umfassen.

Wenn im weiteren Verlauf der Arbeit von kommunalen Investitionen gesprochen wird, so sind darunter lediglich die wichtigsten kommunalen Sachinvestitionen zu verstehen; zu ihnen gehören hier die dauerhaften Güter und Anlagen, also die Erstellung und der Erwerb von Bauten, von Grundvermögen und von beweglichen Sachgütern, deren Nutzungsdauer im Regelfall ein Jahr übersteigt.

Der Investitionsbedarf einer Gemeinde [100] ist mithin die Differenz zwischen dem bereits vorhandenen mengenmäßigen Ist-Bestand und dem zur Erreichung der kommunalen Verwaltungsziele in jedem Aufgabenbereich benötigten Zielbestand an dauerhaften Gütern und Anlagen (Grundstücken, Bauten, beweglichen Sachgütern).

So verstanden sind »öffentlicher Bedarf« und »kommunaler Investitionsbedarf« durchaus eigenständige Kategorien; der gemeindliche Investitionsbedarf erhält also keineswegs – wie BEHMENBURG [102] es darstellt – seine »Qualifizierung« durch die Finanzierungsmöglichkeiten, er ist keineswegs schlechthin »immer in Abhängigkeit von der Investitionskraft der Gemeinden zu sehen« [102]. Der Bedarf ist vielmehr von den zur Verfügung stehenden öffentlichen Einnahmen zunächst völlig unabhängig [103]; die Finanzmasse entscheidet durch die Begrenzung des Ausgabevolumens ja lediglich über den Umfang der Bedarfs*deckung*, während der Bedarf selbst durch die politisch und verwaltungsmäßig zuständigen Organe, die über den kommunalen Aufgaben- und Wirkungskreis sowie die darin angestrebten Normen und Ziele entscheiden, sowohl quantifiziert als auch qualifiziert wird. Der finanzielle Spielraum einer Gemeinde kann daher für ihren Bedarf nur von Bedeutung sein, wenn und insoweit sich die verantwortlichen Politiker und Verwaltungsangehörigen bei ihren Entscheidungen bzw. Vorstellungen über die wahrzunehmenden »Aufgabenbereiche« und die anzustrebenden »Zielbestände« von finanziellen Gesichtspunkten beeinflussen lassen; mit anderen Worten: die Deckungsmöglichkeiten sind kein begriffliches Merkmal des Investitionsbedarfs. Sie können allenfalls einer seiner Erklärungsfaktoren werden, falls sich eine bestimmte Hypothese über die Art des Einflusses der lokalen Finanzmasse auf die oben skizzierten bedarfsrelevanten Entscheidungen empirisch bewährt.

Bei einer derartigen Deutung des Bedarfsphänomens erheischt auch die Frage nach der Rolle des Bedarfs im Finanz- und Lastenausgleich eine erneute Besinnung. Der Bedarf im hier verwandten Sinn wird als Maßstab für eine »angemessene« Steuerverteilung und für »gerechte« Zuweisungen bzw. Zuschüsse wohl kaum Bedeutung erlangen können [104]. Die staatlichen Instanzen werden sich beispielsweise beim kommunalen Finanzausgleich sicherlich nicht von dem Gedanken leiten lassen, die in jeder Gemeinde bestehenden Unterschiede zwischen dem nicht zuletzt von innergemeindlichen Entscheidungen, Normvorstellungen und politischen Konstellationen determinierten Bedarf und der vorhandenen Finanzkraft auch nur tendenziell auszugleichen; sie würden damit nur den Startschuß zu einem kommunalen »Bedarfswettbewerb« geben, in dem jede Gemeinde versucht, durch umfangreichere und anspruchsvollere Bedarfsübersichten alle übrigen Gemeinden hinter sich zu lassen, um einen höheren Anteil an der vorhandenen Finanzausgleichsmasse zu erkämpfen. Alle Schranken, die gegenwärtig eine zügellose Bedarfsentwicklung, eine »Inflation« des kommunalen Anspruchsniveaus, verhindern, würden damit aufgehoben.

In der Tat geht es auch beim kommunalen Finanzausgleich in den Bundesländern – trotz der formalen Bedarfsorientierung [105] – nicht um eine Berücksichtigung der kommunalen Bedarfe; es handelt sich vielmehr nur darum, die zur Verfügung stehende Ausgleichsmasse so zu verteilen, daß jeder Teilnehmer am Finanzausgleich einen im Verhältnis zu allen anderen Teilnehmern »angemessenen« Anteil erhält [106]. Den Gedanken, der hinter der »Angemessenheit« der Mittelverteilung steht, hat K. M. Hettlage klar formuliert: »Es ist wohl die wichtigste politische Tatsache für die künftige Entwicklung des ganzen öffentlichen Finanz- und Lastenausgleichs, daß ... unterschiedliche öffentliche Leistungen als Folge unterschiedlicher Finanzkraft nicht mehr anerkannt und widerspruchslos hingenommen werden [107].« In einem so konzipierten Ausgleichssystem kommt es darauf an, die gemeindliche Finanzkraft zu nivellieren und den gemeindlichen Wirkungskreis sowie die Ausgabengebarung zu reglementieren, um ein einheitliches öffentliches Güter- und Leistungsangebot nach den staatlichen Vorstellungen zu erreichen [108].

In einem solchen System können daher neben der Steuerkraft nicht die einzelgemeindlichen Bedarfe, sondern allenfalls, bei allgemeinen Zuweisungen, die kommunalen Ausgaben und, im Falle von Zweckzuweisungen, spezielle Normvorstellungen der staatlichen Zentralinstanz als Maßstab herangezogen werden. Bei den allgemeinen Finanzzuweisungen, insbesondere bei den Schlüsselzuweisungen, werden – der Einheitlichkeit wegen – naturgemäß nicht einmal die tatsächlichen Ausgaben, sondern für alle Gemeinden eines Landes gleichmäßige »Ausgabengrundbeträge« zugrunde gelegt [109], die vor allem die staatliche Finanzsituation widerspiegeln [110]. Auch die »Individualisierung« [111] dieser Grundbeträge durch Haupt- und Nebenansätze vermag nicht darüber hinwegzutäuschen, daß hier nicht die tatsächlichen Bedarfslagen, sondern durchschnittliche Ausgabenbelastungen berücksichtigt werden [112]; die Korrekturansätze gehen im übrigen vornehmlich auf Interpretationen empirisch-statistischer Ausgabenverläufe von Gemeinden unterschiedlicher Größe zurück [113], auf »Ausgabengesetze« oder »-gesetzmäßigkeiten« wie z. B. das sogenannte Brechtsche »Gesetz der parallelen Progression zwischen Staatsausgaben und Bevölkerungsmassierung« [114].

Auch bei den Zweck- oder »Bedarfs«-Zuweisungen wird nicht den Bedarfen der bezuschußten Gemeinden Rechnung getragen; die Zuweisungen dienen vielmehr dazu, die Vorstellungen der staatlichen Organe über die wünschenswerten Bestände an örtlichen Einrichtungen zu realisieren. Zuweisungen werden Gemeinden daher grundsätzlich nur gewährt, wenn sie sich bei der Verausgabung der Mittel, beim Bau der beantragten Anlage usw. zur Erfüllung der von den Aufsichtsbehörden vorgegebenen Normen bereit erklären. Es wäre allerdings ein Irrtum, auf Grund dieser Entwicklung anzunehmen, der Bedarf sei dadurch eine objektive Größe geworden [115]; der Staat hat hier lediglich die bereits oben angedeutete Konsequenz gezogen, daß er im Finanzausgleich schon aus technischen und finanziellen Gründen nicht die tatsächlichen Gemeindebedarfe, sondern nur »allgemeine Durchschnittsbedarfe« anerkennen kann.

Ein Zusammenhang zwischen »Durchschnittsbedarfen« und realem Bedarf kann nach alledem nur bestehen, wenn die Gemeindevertretungen ihre bedarfsbestimmenden Entscheidungen an den staatlichen Empfehlungen, Richt- und Zielwerten orientieren und daher – sei es aus finanzieller Abhängigkeit, sei es aus Zufall oder Überzeugung – selbst eine Übereinstimmung ihrer Bedarfe mit den im Finanzausgleich berücksichtigten »Bedarfen« herbeiführen und damit zu einer »selbsterfüllenden« Wirkung der Bedarfsnormen und -projektionen beitragen.

Die entscheidenden Merkmale des individuellen Investitionsbedarfs einer Gemeinde sind jedoch der von staatlichen und kommunalen Organen bestimmte Umfang des Aufgabenkreises und die der Kommunalpolitik zugrunde liegenden »Vorstellungen über den wünschenswerten Bestand an öffentlichem Sachvermögen« [116] (Zielbestand) sowie der aus Vermögensrechnung, Güter- oder Bestandsverzeichnissen zu entnehmende Ist-Bestand an kommunalen Einrichtungen. Bei dem Versuch, theoretische Grundlagen für eine Bedarfsprojektion zu entwickeln [117], muß daher hypothesenartig festgestellt werden, wie sich Politiker und Verwaltungsangehörige im kommunalen Bereich und in der staatlichen Politik verhalten, nach welchen Kriterien und Informationen sie den gemeindlichen Aufgabenkreis abstecken, und welche konkreten Ziele und Normen, welche »Leitbilder des an sich wünschenswerten Bestandes an öffentlichen Einrichtungen« [118] bei der Aufgabenerfüllung vorgegeben und angestrebt werden; die Erklärung des Ist-Bestandes bereitet demgegenüber keine Schwierigkeiten. Zunächst bedarf es jedoch noch einer näheren Erläuterung dessen, was im einzelnen unter »Aufgabenbereich« und »Zielbestand« zu verstehen ist.

§ 3 Kommunale Aufgabenbereiche

Bund, Länder und Gemeinden zeichnen sich wie jede Gebietskörperschaft und jede öffentliche Institution schlechthin dadurch aus, daß sie in bestimmten Lebensbereichen Güter und Leistungen bereitstellen und darüber hinaus auch andere wirtschafts- und gesellschaftspolitische Aufgaben wahrnehmen, die sich aus der Verfolgung oberster Ziele und Zwecke ergeben. Tätigkeit und Initiative der öffentlichen Hand schlagen sich zwar im Zahlenwerk des öffentlichen Haushalts nieder, doch läßt die äußere Form der Haushaltspläne nicht immer ohne weiteres die einzelnen Aufgabenbereiche erkennen.

Das liegt einerseits daran, daß bei der Gestaltung der staatlichen Haushaltspläne aus verwaltungs- und kontrolltechnischen Gesichtspunkten das institutionelle, ministerielle Gliederungsprinzip gewahrt bleibt und daher sowohl zusammenhängende Funktionen getrennt als auch heterogene Aufgabenbereiche zusammengefaßt werden. Demgegenüber gewährt die nunmehr als Anhang zu den Haushaltsplänen von Bund und Ländern zu veröffentlichende Funktionenübersicht [119] und der ihr zugrunde liegende Funktionenplan [120] einen sehr genauen Überblick über Umfang und Struktur der staatlichen Aufgaben; die einzelnen Aufgaben (z. B. Universitäten, Hochschulkliniken, Technische Hochschulen, pädago-

gische Hochschulen) [121] sind dabei als Einzelpositionen aufgeführt und systematisch zu größeren Aufgabengebieten (hier z. B. Wissenschaftliche Hochschulen) [122] und diese wiederum zu zehn übergeordneten, recht komplexen Funktionsgruppen (hier z. B. Bildungswesen, Wissenschaft, Forschung, Kulturelle Angelegenheiten) [123] zusammengefaßt.
Die Haushaltspläne der Gemeinden sind seit jeher nach funktionalen Gesichtspunkten gegliedert. Da sie nicht nur Orientierungsmittel und Informationsunterlage – wie die Funktionenübersichten –, sondern gleichzeitig die verwaltungsmäßige Grundlage der Bewirtschaftung aller kommunalen Mittel sind, wird zwar die funktionale Gliederung von Einzelplänen und Abschnitten bei den Unterabschnitten zugunsten einer institutionellen Gliederung verlassen; doch zeichnen sich die Aufgabenbereiche, für die in der betreffenden Haushaltsperiode Mittel etatisiert werden, deutlich ab.
Der Haushaltsplan enthält andererseits nicht immer alle Aufgabenbereiche, da nicht für jede Aufgabe in jedem Haushaltsjahr Ausgaben oder Einnahmen veranschlagt werden. So ist es durchaus möglich, daß der Etat einer Gemeinde einmal keinen Planansatz für Kanalisationsvorhaben ausweist, obschon die Gemeinde natürlich die Kanalisation weiterhin zu ihren Aufgaben rechnet; ebenso muß u. U. ein Ansatz für den Bau des ersten Gemeindekrankenhauses aus finanziellen Gründen unterbleiben, obwohl der Gemeinderat sich eindeutig für einen späteren Krankenhausbau ausgesprochen und damit seine Zuständigkeit für den Aufgabenbereich »Krankenhauswesen« erklärt hat. Eine Gemeinde übernimmt also eine Aufgabe nicht erst und nicht nur dann, wenn sie Mittel zu ihrer Wahrnehmung einsetzt, sondern auch schon, wenn sie neue Projekte in ihren Planungshorizont einbezieht, mögen auch die erforderlichen finanziellen Mittel (vorerst) noch fehlen.
Der Aufgabenbereich von Bund, Ländern und Gemeinden ist mehr oder weniger exakt einmal vom Kreis der Tätigkeiten privater Wirtschaftseinheiten [124], zum anderen von den Aufgabenbereichen gleich-, über- oder untergeordneter Körperschaften abgegrenzt [125]. Es hat nicht an Versuchen gefehlt, »objektive, für alle Zeiten und Länder gültige Kriterien« für die Grenzziehung zwischen staatlicher und privater Aktivität zu finden [126] und aus dem »Zweck« des Staates einen sowohl nach oben wie auch nach unten festumrissenen öffentlichen Tätigkeitsbereich zu entwickeln [127]. Diese »konventionellen« Theorien (Krüger), deren ethisch-normative Grundlagen sicherlich Anerkennung verdienen, die jedoch nichts zur Erklärung des Problems beitragen, sind letzten Endes durch die tatsächliche Entwicklung immer wieder ad absurdum geführt worden, da das Handeln der zuständigen Politiker sich nicht immer und überall nach diesen Normen richtet. Es ist daher einfach nicht möglich, »den Staat abstrakt auf bestimmte Zwecke festzulegen oder bestimmte Aufgaben aus dem Kreis der ihm erlaubten Tätigkeiten auszuschließen« [128]; es gibt keine objektiven Kriterien, die eine allgemeingültige Aufgabenverteilung zwischen öffentlichem und privatem Sektor zuließen [129]. Der Staat ist seinen Möglichkeiten entsprechend grundsätzlich allumfassend und allzuständig [130], ganz gleich, ob er mit einer »General- und Blankovollmacht zur Stellung und Verteilung der Aufgaben« [131] ausgestattet ist oder sie ohne solche Vollmacht faktisch beansprucht.
Die tatsächliche Aufgabenwahrnehmung und -verteilung ist innerhalb dieses Spielraums stets das Ergebnis einer konkreten politisch-sozialen Situation und formal durch den politischen Willensbildungsprozeß sowie bestimmte Ideologien sanktioniert [132]; sie ist daher auch zwangsläufig einerseits von System zu System verschieden. So werden in sozialistischen Staaten zumindest tendenziell alle Ziele, Zwecke und Aufgaben staatlicherseits vorgegeben und verfolgt und dementsprechend auch die dabei anfallenden Investitionen öffentlich durchgeführt [133]. Demgegenüber begnügen sich liberalkapitalistische Ordnungen in der Regel mit einem wesentlich geringeren Aufgaben- und Investitionsbereich [134]. Das infolge unterschiedlicher sozialer und politischer Konstellation auch zwischen Ländern mit gleicher bzw. ähnlicher wirtschafts- und gesellschaftspolitischer Konzeption beträchtliche

Unterschiede im Umfang und Struktur des öffentlichen Aufgabenbereiches bestehen können, läßt sich allein mit dem vielzitierten Beispiel belegen, daß Eisenbahn und Fernsehen in Amerika der privaten Initiative überlassen bleiben, während sie in der Bundesrepublik zum staatlichen Aufgabengebiet gehören.

Andererseits ist gerade in den neoliberalen westlichen Demokratien nicht nur ein Ansteigen der Ausgaben für bereits früher vom Staat beanspruchte und wahrgenommene Aufgaben, sondern auch ein erhebliches Anwachsen der staatlichen Aufgabenkreise zu beobachten [135], eine Entwicklung, die durch das Wagnersche »Gesetz« [136] zwar konstatiert, aber nicht hinreichend erklärt wird; die öffentlichen Aufgaben sind mithin auch im Zeitablauf starken Veränderungen unterworfen, die einer »wesensmäßigen«, abstrakt-theoretischen Fundierung des Verhältnisses von privater und öffentlicher Aktivität geradezu diametral entgegenlaufen. »So ist über dieses Verhältnis weder vom Sinn des Politischen noch der Wirtschaft her Allgemeingültiges auszusagen ... Nur die mangelnde Unterscheidung zwischen Erkenntnis des Allgemeinen, zeitlos Gültigen, und der Erfassung der konkreten Individualität hat die Forschung (hier) einem Problem nachjagen lassen, das wie so viele heißumstrittene Probleme bereits in seinen Grundlagen falsch gestellt war [137].«

Ebensowenig läßt sich natürlich ein allgemeingültiger und akzeptierter Maßstab für die Verteilung der öffentlichen Aufgaben auf die verschiedenen zu einem Staatswesen gehörenden öffentlichen Ebenen, Körperschaften und Organisationen entwickeln; für die Aufgabenabstimmung innerhalb des öffentlichen Sektors gilt insofern das oben für die Grenzziehung zwischen staatlichem und privatem Tätigkeitsbereich Gesagte entsprechend. Wie schnell gerade auf diesem Gebiet eine einmal vorgenommene Abgrenzung der Änderung bedarf, und wiewenig gerade bei der Neuverteilung »objektive« Kriterien eine entscheidende Rolle spielen, verdeutlichen nicht zuletzt Notwendigkeit und Ablauf der »großen Finanzreform« in der Bundesrepublik, die sich in erster Linie zu einem politischen Kräftemessen zwischen Bund, Ländern und kommunalen Spitzenverbänden, zwischen Zentralisten und Föderalisten entwickelte und deren Ergebnis sich möglicherweise bei Verschiebungen im Kräfteparallelogramm schon bald wieder als änderungsbedürftig erweisen kann [138].

Zentrum der Aufgaben- und Kompetenzabgrenzung für die Gebietskörperschaften der Bundesrepublik Deutschland ist das Bonner Grundgesetz [139]; darüber hinaus enthalten allerdings auch die Länderverfassungen [140], die Gemeindeordnungen [141] der Bundesländer sowie zahlreiche Einzelgesetze [142] Vorschriften von allgemeiner Bedeutung, insbesondere für den Aufgabenbereich der Gemeinden. Die Einbeziehung der Gemeinden in das materielle und formelle Verfassungsrecht des Bundes kann im übrigen als Maßstab für die Bedeutung angesehen werden, die den Gemeinden sowohl als staats- und ordnungspolitischer Faktor im allgemeinen als auch bei der Wahrnehmung bestimmter öffentlicher Aufgaben im besonderen eingeräumt wird [143].

Art. 28 Abs. 2 des Grundgesetzes (GG) verpflichtet denn auch die Bundesländer, den Gemeinden das Recht zu gewährleisten, alle Angelegenheiten der örtlichen Gemeinschaft im Rahmen der Gesetze in eigener Verantwortung zu regeln, und garantiert damit die kommunale Selbstverwaltung als Institution [144]. Die Selbstverwaltungsgarantie beinhaltet im einzelnen neben der Autonomie, der Finanzhoheit und der Personalhoheit vor allem die Universalkompetenz der Gemeinden für örtliche Aufgaben und die Eigenverantwortlichkeit bei der Wahrnehmung und Durchführung dieser Aufgaben [145]. Diese Zuständigkeits- und Verantwortlichkeitsvermutung für alle Angelegenheiten auf Ortsebene schließt allerdings Eingriffe des Gesetzgebers nicht aus, die sowohl in der Zuweisung örtlicher Angelegenheiten auf andere Aufgabenträger als auch in der Einführung der über die Rechtskontrolle hinausgehenden Zweckmäßigkeitskontrolle bestehen können [146]. Ihre Grenze findet die Möglichkeit, durch formelles und materielles Gesetz den gemeindlichen

Aufgabenkreis zu beschränken und zu reglementieren, jedoch da, wo – im juristischen Sinne – der »Wesensgehalt« der kommunalen Selbstverwaltung und der damit verbundenen Aufgabenuniversalität bedroht wird [147]. »Damit besagt die Selbstverwaltungsgarantie, daß die Gemeindeaufgaben nicht auf Restbestände vom Staat nicht beanspruchter öffentlicher Aufgaben reduziert werden dürfen [148].«

Art. 78 der Landesverfassung Nordrhein-Westfalens (LV NW) und § 2 der nordrhein-westfälischen Gemeindeordnung (GO NW) nehmen – ebenso wie die entsprechenden Verfassungs- und Gesetzesnormen der übrigen Bundesländer – die im Grundgesetz verankerte Aufgabenkompetenz der Gemeinden wieder auf, gehen allerdings insofern noch darüber hinaus, als sie fast gleichlautend die Gemeinden in ihrem Gebiet zum »alleinigen« [149] bzw. »ausschließlichen und eigenverantwortlichen« [150] Träger der öffentlichen Verwaltung erklären, soweit nicht durch Gesetz ausdrücklich Ausnahmeregelungen getroffen werden. Das bedeutet aber, daß auf Gemeindeebene im Regelfall keine Aufgabe mehr staatlich, daß dort vielmehr die Gesamtheit der öffentlichen Verwaltungstätigkeiten kommunale Aufgabe ist [151].

Aus diesen Vorschriften und aus Konstruktion und Terminologie von § 3 GO NW spricht eine neue Vorstellung des Landesgesetzgebers über die Art des gemeindlichen Aufgaben- und Wirkungskreises, die endgültig den Aufgabendualismus im kommunalen Verwaltungsbereich beseitigt [152], der seit dem 19. Jahrhundert die Vorstellung von den Gemeindeaufgaben geprägt hat und sich bis in die heutigen Verfassungen einiger Bundesländer hinübergerettet hat [153]. Seit B. Drews [154] galt nämlich der kommunale Aufgabenbereich als ein Mixtum von Selbstverwaltungsaufgaben und Auftragsangelegenheiten. Die Selbstverwaltungsaufgaben, die dem eigenen Wirkungskreis der Gemeinden entstammen, blieben als eigentlich kommunale Angelegenheiten von staatlicher Weisung und Zweckmäßigkeitskontrolle frei; die Auftragsangelegenheiten, die zum staatlichen Wirkungskreis zählten und bei denen die Gemeinden lediglich »Wahrnehmer unmittelbar gelenkter Staatsverwaltung« [155] waren, unterstanden demgegenüber neben der Rechts- auch der Fachaufsicht [156]. Verfassung und Gemeindeordnung für Nordrhein-Westfalen erwähnen – abgesehen von Übergangsbestimmungen für alte, noch bestehende Auftragsangelegenheiten [157] – den Terminus »Auftragsangelegenheiten« nicht mehr; der Gesetzgeber hat dafür in § 3 Abs. 2 GO NW die »Pflichtaufgaben zur Erfüllung nach Weisung« [158] als kommunale Aufgaben eingeführt.

Er trug damit der Tatsache Rechnung, daß es keinen wesensmäßigen oder natürlichen Unterschied zwischen staatlichen und kommunalen Aufgaben, sondern nur öffentliche Aufgaben gibt, die, je nachdem von welcher Gebietskörperschaft sie kraft gesetzlicher und machtpolitischer Verteilung wahrgenommen werden, Aufgaben des Bundes, der Länder, der Gemeinden oder sonstiger öffentlicher Körperschaften genannt werden können. Wie der Gesetzgeber den Aufgabenspielraum, den er den Gemeinden zuerkannt hat, im einzelnen ausgestaltet, bleibt seiner Disposition überlassen. So kann er den kommunalen Tätigkeitsbereich ohne weitergehende Reglementierung belassen; er kann aber auch bestimmte Aufgaben, die möglicherweise sonst nicht von allen Gemeinden wahrgenommen werden, zur »Pflichtaufgabe« erklären. Die gleiche Aufgabe kann als »Pflichtaufgabe zur Erfüllung nach Weisung« konzipiert werden, wenn eine einheitliche Durchführung der Aufgabe gewährleistet werden soll. Endlich vermag der Gesetzgeber je nach Intensität des überörtlichen Interesses der Aufsichtsbehörde über die allgemeine Weisungsbefugnis hinaus das Recht zu speziellen Weisungen zu erteilen [159].

Folgt man dieser Betrachtungsweise, so wird der Dualismus zwischen eigenen Selbstverwaltungs- und übertragenen Auftragsangelegenheiten [160] durch einen kommunalen Aufgabenmonismus abgelöst und durch eine Differenzierung von freiwillig übernommenen Aufgaben und Pflichtaufgaben mit unterschiedlichen Weisungsintensitäten ersetzt [161], die allerdings – wie unten noch zu zeigen sein wird – für die Bedarfsermittlung von entscheidender Bedeutung ist [162].

Der allgemeinen Vermutung der Allzuständigkeit und der Eigenverantwortlichkeit entsprechend ist der gesamte kommunale Aufgabenkreis grundsätzlich ein Bereich freiwilliger Tätigkeit. Dieser Aufgabenbereich ist durch Verfassungsnormen und Gemeindeordnung zunächst nur für die *Gemeinde als Ebene des Staatsgefüges,* als öffentliche Institution im ganzen, abgesteckt. Die Grenze des gemeindlichen Wirkungskreises liegt einerseits in der Wahrnehmung ausschließlich *örtlicher* Angelegenheiten; über ihr Gemeindegebiet hinaus kann also keine Gemeinde wirklich wirksam werden. Andererseits aber ist die Untergrenze der kommunalen Betätigung durch die Pflicht vorgegeben, »jedenfalls die Einrichtungen und Vorkehrungen zu treffen, die einen geordneten Gang der Verwaltung und eine hinreichende Erfüllung ihrer Aufgaben sichern« [163].

Innerhalb dieser Grenzen kann die *Einzelgemeinde* grundsätzlich frei darüber entscheiden, welche Aufgaben sie übernehmen will und wie sie diese Aufgaben zu erfüllen gedenkt. Bei der Wahrnehmung ihrer frei gewählten Funktionen ist die Gemeinde lediglich an die allgemeinen Gesetzesnormen gebunden und unterliegt bei Freiheit von Weisungen lediglich der staatlichen Rechtmäßigkeitskontrolle.

Der Universalität der gemeindlichen Zuständigkeit wegen ist es nicht möglich, den Kreis der freiwilligen Aufgaben für alle Gemeinden gleichmäßig abzustecken. Auch der Bezug der Allzuständigkeit auf *»öffentliche«* Aufgaben vermag hier keine Hilfe zu leisten, da die Gemeinde durch die Übernahme in ihren Wirkungskreis eine Angelegenheit zur »öffentlichen Aufgabe« macht. So bleibt die Entscheidung über Art, Umfang und Intensität der kommunalen Einrichtungen, Veranstaltungen und Leistungen dem innergemeindlichen Willensbildungsprozeß überlassen, den es – vor allem im Hinblick auf die Investitionsentscheidungen – noch näher zu analysieren gilt. Dabei wird allerdings der starke Einfluß zu beachten sein, der staatlicherseits auf die Entscheidungen der Gemeindeorgane ausgeübt wird.

Ein Überblick über die Aufgabenstruktur der einzelnen Gemeinden zeigt, daß die Wahl der Aufgabenbereiche einer sehr starken Habitualisierung und Imitation unterliegt und sich oftmals von technischen Gesichtspunkten und von den Entscheidungen bestimmter »Leitbildgemeinden« [164] beeinflussen läßt; der weitaus stärkste Impuls zur Vereinheitlichung des Tätigkeitsbereiches geht allerdings von staatlichen Eingriffen in die ja nur »regelmäßig« bestehende Freiwilligkeit der kommunalen Initiative und von der Steuerung über Finanzzuweisungen aus [165]. Trotz dieser zweifellos bestehenden Tendenz zur Uniformierung kann eine Aufzählung der freiwilligen Kommunalaufgaben niemals Vollständigkeit beanspruchen; sie bleibt notgedrungen im Beispielhaften und setzt der gemeindlichen Initiative keinerlei Schranken. Als Beispiele seien hier genannt [166]: Bau und Unterhaltung von Krankenanstalten, Museen, Theatern, Büchereien und Schulen, die über das Bildungsziel der Pflichtschulen hinausgehen, Kindergärten, Sport- und Badeanlagen, Parkanlagen und Altersheimen sowie die Errichtung von Verkehrs- und Versorgungsbetrieben [167].

Der Entscheidungsspielraum, der den Gemeinden im Rahmen ihrer örtlichen Allzuständigkeit prinzipiell zusteht, wird allerdings durch eine wachsende Zahl von »Pflichtaufgaben« und »Pflichtaufgaben zur Erfüllung nach Weisung« so weit eingeschränkt, daß in praxi Zahl und Volumen der den Kern der Selbstverwaltung ausmachenden freiwillig übernommenen Angelegenheiten immer mehr zurücktreten. »Damit tritt der gemeindliche Aufgabenbereich heute mehr als gesetzlich zugewiesener, denn als durch die Gemeinden frei bestimmter Wirkungskreis in Erscheinung. Die Allseitigkeit des Aufgabenbereiches hat sich immer mehr zu einer weitverstreuten staatlichen Enumeration gewandelt, wobei die Menge der zugewiesenen Angelegenheiten keinen Ersatz für selbstgestellte örtliche Aufgaben zu bieten vermag und die durch Gesetz, Verordnung und Verwaltungsordnung vorgeschriebene Art der Erledigung oft zu wenig Raum für eigenverantwortliche Gestaltung läßt [168].« Die Pflichtaufgaben entsprechen dem Interesse des Staates an einer Vereinheitlichung der Lebensverhältnisse [169] innerhalb des Staatsgebietes. Dabei werden die Gemeinden zur Übernahme bestimmter Aufgaben, zur Errichtung und Unterhaltung einzelner Einrichtungen und Anlagen, zur Befolgung von Einheitsnormen durch Gesetz gezwungen [170]. Zwar führen die Gemeinden diese Angelegenheiten im Regelfall nach eigenem Ermessen durch, doch genießen die Pflichtaufgaben den Vorrang im gemeindlichen Erledigungspensum. Zu den Pflichtaufgaben der Gemeinden gehören vor allem die Aufgaben nach dem Bundessozialhilfegesetz [171], das Jugendwohlfahrtswesen [172], die Errichtung und Unterhaltung von Wasserversorgungs- und Abfallstoffbeseitigungsanlagen [173], die Errichtung und Unterhaltung von Volksschulen, Berufsschulen und Hilfsschulen [174] sowie die Unterhaltung der Gemeindestraßen [175].

Eine besondere Art der Pflichtaufgaben stellen die bereits erwähnten »Pflichtaufgaben zur Erfüllung nach Weisung« dar, bei denen der Staat nicht nur auf die Erfüllung einer Aufgabe, sondern durch spezielle Weisungen auch auf eine konkrete Erfüllungsart drängen kann. Pflichtaufgaben zur Erfüllung nach Weisung sind neben den Aufgaben nach dem Ordnungsbehördengesetz [176] dazu rechnet u. a. die ordnungsmäßige Reinigung der Straßen [177] – beispielsweise der Feuerschutz [178] – und die Förderung des sozialen Wohnungsbaus [179].

Zwischen dem freiwilligen und dem pflichtigen Aufgabenbereich besteht ein für die Bedarfsermittlung entscheidender Unterschied: Innerhalb des gesetzlich abgesteckten freiwilligen Wirkungskreises können die Gemeinden sowohl über das »Ob« als auch über das »Wie« der Aufgabenwahrnehmung frei entscheiden. Die für diese Entscheidung zuständigen Gremien haben es daher auch selbst in der Hand, ob überhaupt kommunale Bedarfe im allgemeinen und Investitionsbedarfe im besonderen entstehen und – falls sie sich zur Wahrnehmung einer Aufgabe und damit prinzipiell zur Entstehung eines Bedarfsbereiches entschließen – welchen Umfang diese Bedarfe annehmen; sie können ja die Verwaltungsziele, die anzustrebenden Zielbestände an kommunalen Einrichtungen usw. formal selbst bestimmen.

Pflichtaufgaben entheben dagegen die Gemeinde der Entscheidung, ob sie auf einem bestimmten Gebiet der kommunalen Daseinsvorsorge tätig werden will. Ein Gesetz, das eine Pflichtaufgabe konstituiert, verlangt von allen in den Geltungsbereich des Gesetzes fallenden Gemeinden ohne Unterschied eine entsprechende Aktivität. Durch die Existenz einer Pflichtaufgabe entsteht daher für jede Gemeinde zwangsläufig ein Bedarf. Der Gemeinde bleibt lediglich noch das »Wie« der Aufgabenerfüllung und damit generell auch die Möglichkeit überlassen, die Höhe des Bedarfs mitzubestimmen, indem sie die konkreten Verwaltungsziele fixiert. Allerdings nimmt der Staat nicht selten durch gesetzliche Bestimmungen, Weisungen und Beratungen [180], vor allem aber über seine Finanzierungsrichtlinien auch Einfluß auf die Durchführung und die Zielsetzung einer gemeindlichen Pflichtaufgabe; dies trifft natürlich erst recht für die Weisungsaufgaben zu, bei denen die Höhe der kommunalen Bedarfe praktisch vom Staat diktiert wird.

Nach der hier verwandten Bedarfsdefinition wird der öffentliche Bedarf einerseits durch Anzahl und Art der übernommenen Aufgabenbereiche beeinflußt. Es muß daher noch eingehend geprüft werden, nach welchen Maßstäben die einzelnen Gemeinden die Wahl ihrer Aufgabenbereiche treffen und welche Kräfte letztlich diese Entscheidungen bestimmen [181]. Zunächst aber sollen jene Faktoren gekennzeichnet werden, die andererseits innerhalb der einzelnen Aufgabenbereiche die Höhe der Bedarfe einer Gemeinde festlegen: Die Bedarfsnormen und die Bedarfsanmeldungen, aus denen sich der Zielbestand bzw. Normalbedarf einer Gemeinde ermitteln läßt.

§ 4 Zielbestände und Normalbedarfe kommunaler Einrichtungen

Jede Gemeindevertretung postuliert und verfolgt ihre eigenen kommunalen Verwaltungsziele und -zwecke und versucht ihre Vorstellungen von einer »angemessenen Daseinsvorsorge« auf wirtschaftlichem, sozialem, kulturellem und ordnungspolitischem Gebiet [182] sowohl durch die Wahl entsprechender Tätigkeits- bzw. Aufgabenbereiche als auch durch eine bestimmte Politik innerhalb dieser Aufgabenbereiche zu verwirklichen; daß sie darüber hinaus in zunehmendem Maße zur Übernahme »dringlicher« Aufgaben verpflichtet und auch zur Befolgung staatlicher Direktiven gezwungen werden kann, wurde bereits erwähnt [183]. Ihre politische und verwaltungsmäßige Initiative orientiert sich bei der Wahrnehmung einzelner Aufgaben einerseits an vorgegebenen oder selbst entwickelten, mehr oder weniger konkreten operationalen »Bedarfsnormen« bzw. Zielvorstellungen über die Qualität der anzubietenden kommunalen Leistungen und der zur Verfügung zu stellenden kommunalen Einrichtungen; sie ist andererseits an der mutmaßlichen oder gewünschten Entwicklung der mengenmäßigen Nachfrage nach diesen Gütern und Leistungen, an der Anzahl der von Privaten oder anderen öffentlichen Institutionen zu erwartenden »Bedarfsanmeldungen« ausgerichtet. Aus den von der Gemeindevertretung zur Grundlage des Verwaltungshandelns erhobenen Normen und Zielen und der vorausgeschätzten Entwicklung der mengenmäßigen Nachfrage ergibt sich zwangsläufig der Zielzustand der kommunalen Verwaltung und für jeden Aufgabenbereich die zur Erreichung dieses Zielzustandes erforderliche Menge an monatlich oder jährlich neu zu beschaffenden Verbrauchsgütern, die notwendige Personalbesetzung und Personalstruktur und nicht zuletzt eine relativ genau bestimmbare Menge, der »Zielbestand« bzw. »Normalbedarf« an dauerhaften Gütern und Anlagen, aus dem sich nach Maßgabe der bereits vorhandenen Bestände der Investitionsbedarf ermitteln läßt.

Bedarfe und Nachfrage nach kommunalen Gütern, Veranstaltungen und Leistungen werden in erster Linie von privaten Wirtschaftseinheiten, Haushalten und Unternehmungen geltend gemacht; hinzu kommt allerdings die Nachfrage öffentlicher Behörden und Organisationen. Zu den Bedarfsanmeldungen gehören so heterogene Bereiche wie Strom- und Gasnachfrage, Anmeldungen zum Besuch von Volks-, Berufs-, Real- und Sonderschulen, Gymnasien, die Straßenbenutzung, Krankenhausbenutzung u. a. m. Die objektive Anzahl dieser Bedarfsmeldungen ist naturgemäß von den verschiedensten Einflußfaktoren abhängig, die sich teils auf die Nachfragenden selbst, teils auf die Angebotssituation beziehen [184]. Auf der Seite der Nachfragenden sind es physische, soziale und psychische Faktoren, welche die Bedarfsanmeldungen bestimmen [185]. Der wichtigste und auch den meisten Bedarfsprojektionen tatsächlich zugrunde liegende physische Bedarfseinflußfaktor ist die »unstrukturierte Bevölkerungszahl«, die allerdings zur realistischen Einschätzung der Entwicklung durch Annahmen über den Altersaufbau, die Sexualproportion und die Berufsstruktur modifiziert werden müßte. »Aus diesen Untergruppen resultieren verhaltensbestimmende Einstellungen . . ., die teils von sozialen Normen (‚Rollenerwartungen'), teils von gruppenspezifischen Eigenheiten (Altersgruppe, Geschlecht, Bildungsgrad) induziert werden. Die Einflußfaktoren, die diese Einstellungen prägen – sie können um eine ganze Reihe weiterer vermehrt werden wie Wohnort, Familienstand, Einkommen, Konfession – gehören zur Gruppe der sozialen Bestimmungsfaktoren.« [186] Zu den für konkrete Projektionen am schwierigsten abzuschätzenden und zu berücksichtigenden Größen gehören schließlich die psychischen Nachfragedeterminanten wie beispielsweise die persönliche Aufgeschlossenheit und Kontaktfreudigkeit, Bequemlichkeit und Unentschlossenheit usw., die nicht zuletzt in enger Wechselbeziehung zu den übrigen Einflußfaktoren stehen.

Andererseits werden Bedarfsanmeldungen und Nachfrage von der Angebotsseite der öffentlichen Einrichtungen beeinflußt, von Standort und Entfernung der kommunalen

Anlagen, von den Zugangsformalitäten, der Preisgestaltung, den werbenden Effekten der Angebotsqualität usw. [187]. Über das Ausmaß der Auswirkungen dieser Faktoren lassen sich jedoch ebensowenig exakte Angaben wie zum Einfluß der vorgenannten Größen machen, da fundierte Ergebnisse über ihre quantitativen Interdependenzen nicht vorliegen. Für den im Rahmen dieser Arbeit angestrebten *positiven* Beitrag zur Bedarfsentstehung und -entwicklung im kommunalen Investitionsbereich können die Problematik der einzelnen Einflußfaktoren, ihre Wechselbeziehungen und die Erfassungsschwierigkeiten allerdings weitestgehend vernachlässigt werden. Hier kommt es ja letzten Endes nur darauf an, jene Entscheidungen zu analysieren, die in der einzelnen Gemeinde tatsächlich zur kommunalen, öffentlichen Bedarfsermittlung führen und dabei jene Methoden und Berechnungsverfahren zu berücksichtigen, die den Verwaltungsangehörigen in praxi zur Vorausberechnung der zu erwartenden Nachfrage nach den örtlichen Einrichtungen und Leistungen dienen.
In der Tat wird die voraussichtliche Entwicklung der Nachfrage nach kommunalen Leistungen praktisch in jeder Gemeinde zur Grundlage der Bedarfs-, Investitions-, Ausgaben- und Finanzplanung gemacht [188]. Die bei der Vorausschätzung angewandten Methoden sind allerdings in der Regel wenig anspruchsvoll und beschränken sich zumeist darauf, die von den Statistischen Landesämtern geschätzten Daten über die Bevölkerungsentwicklung auf die Gemeindeverhältnisse zu projizieren und bei der Berechnung der Nachfrageentwicklung allgemeine Kennziffern und Koeffizienten über den relativen Schulbesuch, die Krankenhausfälle je 100 Einwohner, den Müllanfall je Einwohner usw., also pauschale Relationen der Einwohnerzahl und der Nachfrage zu übernehmen. Selbst die Wissenschaft sieht sich heute nicht in der Lage, die eigentlich notwendigen Modifikationen der »unstrukturierten Bevölkerungszahl« angemessen zu berücksichtigen, und begnügt sich daher ebenfalls mit mehr oder weniger globalen Nachfragekennziffern und Bevölkerungsprognosen. Diese Verfahren dienen auch in der Praxis der kommunalen Verwaltung dazu, die Nachfrageentwicklung vorauszuschätzen; die darauf basierenden Projektionen konstituieren daher auch die Bedarfe der einzelnen Gemeinden, sobald sie mit den qualitativen Bedarfsnormen und Zielvorstellungen zum Zielbestand »zusammengerechnet« werden.
Die erwartete Nachfrage nach kommunalen Gütern und Leistungen ist nämlich nur *ein* Bestimmungsfaktor sowohl für die Entstehung kommunaler Bedarfe als auch für die gemeindliche Aufgabendurchführung und Ausgabenplanung; sie allein setzt jedoch noch keinen Maßstab für Bedarf und Aufgabenerfüllung. Einerseits werden nicht alle privaten Wunschvorstellungen von den Gemeinden befriedigt; das Angebot der Gemeinde bleibt auf die von ihr wahrgenommenen Aufgabenbereiche beschränkt. Andererseits befriedigt die Gemeinde aber auch innerhalb dieses Rahmens nicht jeden Bedarf in jeder gewünschten Qualität. Um im alltäglichen kommunalen Beispiel zu bleiben: Elektrizität wird nur in bestimmten Spannungen geliefert, die Mülleimer werden nur an ganz bestimmten Tagen in der Woche geleert, und für den Unterricht einer Volksschulklasse steht jeweils nur eine ganz bestimmte Anzahl von Lehrpersonen, Lehrmitteln oder Sonderräumen zur Verfügung, mögen die individuellen Bedarfsvorstellungen und Wünsche dazu auch im einzelnen weit auseinandergehen.
Soweit die Gemeinde überhaupt weisungsfrei über die Art ihres Güter- und Leistungsangebotes entscheiden kann, treten natürlich bereits vor den eigentlichen Investitionsentscheidungen – in den persönlichen Kontakten zwischen Bürgern und Ratsvertretern, in den Ausschußsitzungen, den Fraktionsbesprechungen und in den Ratsversammlungen selbst – eine Fülle unterschiedlicher, irrationaler Erwägungen, Bedarfsvorstellungen und Argumente zutage [189]; wenn BUHROW behauptet, daß bei der Zielbestimmung, Planung und Ausgabenentscheidung, »auch Aufgeschlossenheit der Erwachsenen für die Jugend, Bildungsstand der Einwohner einer Stadt, leidenschaftlicher Kulturwille, technische Beses-

senheit, und bei verheirateten Ratsmitgliedern die Angst vor der Frau (daß Du nur ja dafür sorgst, daß unsere Straße gemacht wird)« [190] eine wichtige Rolle spielen, so ist ihm, der ja nur beispielhaft einige der einflußreichen Motive andeutet, sicherlich zuzustimmen. Im parlamentarisch-demokratischen Abstimmungsprozeß münden jedoch letzten Endes alle divergierenden Meinungen auf der Ebene der Ausgaben- und Einnahmenentscheidungen in einen Kompromiß, der zwar nicht notwendigerweise rational, aber erst recht nicht unvernünftiger zu sein braucht als Individualentscheidungen [191]. Vor allem ist aber gerade im kommunalen Investitionsbereich zu beobachten, daß die Vielzahl der individuell unterschiedlichen Wünsche und Vorstellungen über die Qualität der Gemeindeeinrichtungen durch den starken Einfluß des Verwaltungsstabes bereits im Vorfeld der endgültigen Ratsentscheidungen auf einheitliche Maßstäbe zurückgeführt wird.

Der unter der Leitung des Gemeindedirektors stehende Verwaltungsstab, dessen Aufgabe in erster Linie in der Vorbereitung und Ausführung der Ratsbeschlüsse besteht, und der auch die Planungskonzeption entwirft, ist seiner behördlichen Struktur entsprechend nicht nur Adressat staatlicher Rechtsnormen, Richtlinien und Empfehlungen, die der einheitlichen Aufgabenwahrnehmung dienen sollen, sondern auch selbst um die Rezeption und Befolgung sozialer und statistischer Normen, um die Deckung »normaler« Bedarfe bemüht. Das Übergewicht der »Exekutive« im gemeindlichen Willensbildungsprozeß [192], das wegen der technischen Kompliziertheit der Details bei der Bedarfs- und Investitionsplanung noch deutlicher wird als bei der mehr »politischen« Entscheidung über die Investitionsprioritäten, über die jährliche Verteilung der Ausgaben auf die geplanten Projekte, garantiert schließlich die Übernahme dieser Normen seitens der Gemeindevertretung und damit auch die entsprechende Ausrichtung der gemeindlichen Investitionstätigkeit.

Diese letzten Endes allgemein akzeptierten Normen und »Vorstellungen über den wünschenswerten Bestand an öffentlichen Sachvermögen« sind größtenteils zu einfachen technischen Relationen komprimiert, die Auskunft geben über die angestrebte Klassenfrequenz (Anzahl der Schüler eines Jahrganges je Schulklasse), die Anzahl der für jeweils 1000 Einwohner »benötigten« Krankenhausbetten, Kindergarten- oder Altenheimplätze, die maximal gewünschte Kfz-Dichte usw. Im Gegensatz zu den Haushaltssatzungen, den Investitions- und Finanzplänen, Vermögens- oder Bestandsübersichten werden die einzelnen Normen natürlich nicht von der Gemeindevertretung »verabschiedet« oder amtlicherseits veröffentlicht; sie treten in erster Linie in Begründungen zutage, mit denen Ausschußangehörige, Ratsmitglieder und Fraktionssprecher zu ihren Anträgen auf den Bau einer Schule, eines Krankenhauses, einer Müllverbrennungsanlage usw. Stellung nehmen, in denen die Gemeinde ihre Anträge auf Zweckzuweisungen von Kreis und Land erläutert, sowie in den lokalen Programmen und Plänen der Ortsvereine der Parteien. In ihnen wird der Erweiterungsbau einer Volksschule gefordert, weil die erstrebte Klassenfrequenz im unerträglichen Maße überschritten sei, auf den Bau einer Sport- und Spielanlage gedrängt, da die Richtwerte der Deutschen Olympischen Gesellschaft noch längst nicht erreicht seien, und der Bau eines Kindergartens befürwortet, da für jedes zweite Kind im Alter zwischen drei und sechs Jahren ein Kindergartenplatz vorhanden sein sollte. Zur Ermittlung der in einer Gemeinde geltenden Normen müssen daher im Einzelfall Sitzungsprotokolle, Ausschußberichte, Anträge auf Zweckzuweisungen und Parteiprogramme herangezogen und nicht zuletzt die verantwortlichen Politiker und Verwaltungsbeamten persönlich befragt werden.

Die Bedarfsnormen sind natürlich im Zeitablauf nicht konstant. Gerade im Bereich der kommunalen Daseinsvorsorge ist zumal nach dem 2. Weltkrieg ein starkes Ansteigen des allgemeinen Anspruchsniveaus und – eng damit verbunden – der oben erwähnten technischen Relationen und Richtwerte zu beobachten. Bei einer positiven Erklärung und Projektion des Investitionsbedarfs wird es daher u. a. auch auf eine Abschätzung der künftigen Entwicklung der Bedarfsnormen ankommen. Dabei und bei der ebenfalls unentbehrlichen Projektion der kommunalen Aufgabenbereiche treten einmal alle Schwierigkeiten auf, mit denen sich sozialwissenschaftliche Voraussagen schlechthin auseinanderzusetzen haben; zum anderen aber zeichnen sich Voraussagen öffentlicher und kommunaler Bedarfe durch eine besondere Problematik aus, die eng mit der Abhängigkeit der Bedarfe vom kommunalen Willensbildungsprozeß und der staatlichen Einflußnahme zusammenhängt.

§ 5 Allgemeine Probleme sozialwissenschaftlicher Voraussagen

Seit jeher haben sich Wissenschaftler, Politiker und Spekulanten mit recht unterschiedlichen Erfolgen in der Vorausberechnung, Vorausbestimmung und Vorausschätzung des zukünftigen Geschehens versucht. Ihre Prognosen, Projektionen und Prophezeiungen entspringen dem allgemeinen Wunsch, dem in letzter Konsequenz jedoch nicht zu befriedigendem Bedürfnis, das Wissen um Vergangenheit und Gegenwart für die sichere Voraus-erkenntnis der Zukunft zu nutzen, um das künftige Geschehen im gewünschten Sinne beeinflussen zu können, wie es bereits in der klassischen Comteschen Formulierung »savoir pour prévoir pour pouvoir« zum Ausdruck kommt.

Als das entscheidende Kriterium für die Beurteilung von Voraussagen dient der modernen Wissenschaftslehre [193] die Berücksichtigung der relevanten zukunftsträchtigen Informationen und der bereits gesicherten Erkenntnisse, also die theoretisch-wissenschaftliche Fundierung der Zukunftsaussagen. Nach diesem Kriterium läßt sich zunächst einmal die bloße Prophezeiung bzw. Prophetie auf der einen, von Prognosen und Projektionen auf der anderen Seite trennen. Die in der Regel langfristigen, historischen und »historizistischen« Prophezeiungen werden in der Regel ohne jede Rechtfertigung durch eine theoretische Wissenschaft aufgestellt [194]; da sie die bestehenden Theorien und Hypothesen unberücksichtigt lassen und insoweit auch nicht an theoretische Konditionen gebunden sind, können sie stets »unbedingt« und »uneingeschränkt« formuliert werden. Prophetien beruhen daher weniger auf wissenschaftlicher Erkenntnis als auf der »seherischen Gabe« des Prophezeienden; sie »können beispielsweise auf einen Traum gegründet sein – und sie können sich durch Zufall sogar einmal als wahr erweisen« [195]. Obwohl also die fehlende Wissenschaftlichkeit einer Prophezeiung keineswegs zwangsläufig die Unmöglichkeit ihres Eintreffens zur Folge hat – ebensowenig verbürgt eine theoretisch fundierte Voraussage, daß das prognostizierte Ereignis tatsächlich eintritt [196] – kommt diese Form der Voraussage auch für die Ermittlung des künftigen Investitionsbedarfs nicht in Betracht und kann daher hier getrost vernachlässigt werden.

Von wissenschaftlicher Bedeutung sind insofern nur jene Voraussagen, die aus »bewährten« Theorien [197] und Hypothesen deduziert werden und bei denen die zur Schließung der theoretischen Lücken benötigten ergänzenden Bedingungen, »begründeten Vermutungen« und noch nicht belegten Annahmen zumindest eindeutig abgegrenzt und überprüfbar sind. Voraussagen, die diesen Ansprüchen genügen, sind zwangsläufig stets an die in der Theorie konstatierten Bedingungen gebunden [198], also stets »bedingte« Voraussagen; »unbedingt« können sie lediglich dann formuliert und veröffentlicht werden, wenn die Bedingungen als tatsächlich erfüllt anzusehen sind [199]. Für diese bedingten wissenschaftlichen Voraussagen haben sich die Bezeichnungen Prognose und Projektion eingebürgert, ohne daß indessen bereits eine vollständige Übereinkunft über ihre exakte begriffliche Abgrenzung erzielt worden wäre. Die definitorischen Unterschiede wurden vor allem auf der Tagung des Vereins für Socialpolitik im September 1961 deutlich, auf der bei der Behandlung des Generalthemas »Diagnose und Prognose als wirtschaftswissenschaftliche Methodenprobleme« nicht weniger als 6 Definitionsvarianten zum Begriffspaar Prognose – Projektion zur Diskussion gestellt wurden [200]:

1. Die Begriffe »Prognose« und »Projektion« werden mehr oder weniger synonym im Sinne wissenschaftlicher Voraussagen verwandt [201].
2. Prognosen sind die allgemeine Form von Voraussagen; sie umfassen sowohl Prophetien im Sinne unwissenschaftlicher Voraussagen [202] als auch Projektionen im Sinne wissenschaftlicher Voraussagen [203].
3. Prognosen sind kurzfristige, Projektionen demgegenüber langfristige Voraussagen [204].
4. Die Projektion ist eine Voraussage, die auf der Technik der Extrapolation beruht; die Prognose bedient sich dagegen der übrigen Vorhersageverfahren [205].
5. Die Prognose ist eine Vorhersage unter der Vorausschätzung konstanten Regierungsverhaltens, während Projektionen ein verändertes Verhalten der Regierung berücksichtigen [206].
6. Die Prognose ist eine nur unwesentlich eingeschränkte, in der Regel allgemeingehaltene wissenschaftliche Voraussage, »die etwa nur an die Bedingung geknüpft ist, daß es keinen Krieg gibt oder die Welt nicht untergeht« [207], die zudem eine hohe Eintreffenswahrscheinlichkeit aufweist. Projektionen sind dagegen spezifizierte, inhaltsvolle Aussagen, die jedoch eine relativ geringe Eintreffenswahrscheinlichkeit haben, da sie durch zahlreiche Bedingungen eingeschränkt sind [208].

An den letzten Vorschlag [209] lehnt sich auch die im folgenden verwandte Terminologie mehr oder weniger eng an, wird doch hier eben jenes Kriterium zur Klassifizierung von Voraussagen gewählt, das oben bereits zur begrifflichen Abgrenzung von Prophetien und bedingten Voraussagen diente. Danach liegen jeder wissenschaftlichen Voraussage in mehr oder weniger großem Umfang empirische Theorien bzw. überprüfbare Hypothesen zugrunde.

Zur Prognose und Projektion eignen sich grundsätzlich alle empirisch-wissenschaftlichen Theorien- und Hypothesensysteme [210]; die Möglichkeit ihres prognostischen Gebrauchs beruht darauf, daß eine solche Theorie gewisse logisch mögliche Vorgänge ausschließt und dadurch den Spielraum des tatsächlich möglichen Geschehens einengt [211]. Je mehr das tatsächlich mögliche Geschehen eingeschränkt wird, um so größer wird der Informationsgehalt einer Theorie und damit auch ihre prognostische Brauchbarkeit. Empirisch-theoretische »Wenn-Dann-Aussagen« sind daher für Voraussagen vor allem von Interesse, wenn der in der Dann-Komponente behauptete Zusammenhang streng präzisiert und spezifiziert ist, diese gehaltvolle Aussage aber nur unter wenig eingeschränkten bzw. einschränkenden Bedingungen behauptet wird, die Wenn-Komponente also sehr allgemein, unspezifiziert und weniger gehaltvoll formuliert ist [212]. Aus solchen gehaltvollen Theorien können mit Hilfe von »Randbedingungen« in genau explizierten Anwendungssituationen ebenso kausale Erklärungen wie auch besondere Vorhersagen deduziert werden. Die Vorhersage ist in diesem Sinne also nur ein Anwendungsfall einer allgemeinen Theorie: Die logische Struktur dieser Abteilung ist prinzipiell die gleiche wie bei der Erklärung und bei der Überprüfung von Theorien [213].

Voraussagen, die allein aus empirisch überprüften und bewährten Hypothesen in einer exakt charakterisierten Anwendungssituation deduziert werden, sollen hier Prognosen genannt werden. Prognosen sind daher nur an die in den theoretischen Grundlagen enthaltenen Konditionen gebunden, darüber hinaus aber in keiner Weise bedingt oder eingeschränkt. Als diesen Erfordernissen genügend, werden hier auch jene Voraussagen betrachtet, die nicht aus nomologischen, allgemeinen, »immer und überall gültigen« Wenn-Dann-Aussagen, sondern aus sogenannten Quasi-Theorien [214] deduziert werden, deren Gültigkeit und Erklärungskraft auf bestimmte Raum-Zeit-Gebiete beschränkt sind, die aber – was ihre Falsifizierbarkeit, ihre tatsächliche empirische Überprüfung und ihre »Härte« [215] anbelangt – den nomologischen Hypothesensystemen weitgehend gleichzustellen sind [216].

Sozialwissenschaftliche Prognosen in diesem engeren Sinne sind bislang relativ selten, da nur wenige brauchbare Theorien von hohem Allgemeinheitsgrad und auch nur wenige bewährte Quasi-Theorien zur Verfügung stehen. Die aus den nomologischen Hypothesensystemen deduzierbaren Prognosen genügen darüber hinaus nur in den seltensten Fällen den Ansprüchen, die gerade von der Politik an technologische Voraussagen, gestellt werden [217], da die Dann-Komponenten zu gehaltlos sind, um aus ihnen unmittelbare Erkenntnisse über die erforderlichen Eingriffe in soziale Abläufe gewinnen zu können; andererseits sind die unter Umständen weitaus spezifizierten Quasi-Theorien wegen ihrer räumlichen und zeitlichen Beschränktheit meist nur kurzfristig verwendbar und besonders nach institutionellen Änderungen schnell überholt.

Der Mangel an empirisch getesteten und vorläufig bewährten Theorien und das daraus abzuleitende Fehlen »exakter« Prognosen kann keineswegs allein einer unzulänglichen Methodik der Sozialwissenschaftler angelastet werden, wenngleich beispielsweise in der Nationalökonomie der modellplatonistische Stil der neoklassischen Schule durch seine realitätsfremde Alibi-Technik, seine »mathematischen Abstraktionen und hypothetischen Logizismen« [218] entscheidend zu der nunmehr so beklagenswerten »Immunisierung von Aussagensystemen gegen die Tatsachen« (Albert) beigetragen hat [219]; in erster Linie sind die Schwierigkeiten bei der Theoriebildung auf die Komplexität und Kompliziertheit des sozialwissenschaftlichen Objektbereiches zurückzuführen. Um die zukünftige Entwicklung sozialer Größen exakt prognostizieren zu können, benötigt man Aussagen sowohl über ihre sämtlichen Einflußfaktoren und deren Entwicklungen als auch über die Art ihres Einflusses auf die zu prognostizierende Größe selbst. Einerseits sind jedoch alle Größen, die das prognostizierte Ergebnis beeinflussen, in aller Regel gar nicht zu erfassen; das gilt für den sozialen Bereich im allgemeinen und für den ökonomischen Bereich im besonderen. Das soziale System ist offen, d. h., die Zahl der Faktoren, welche den Eintritt eines bestimmten Ereignisses bewirken oder ihn verhindern können, unterliegt keiner Beschränkung [220]. So sind auch in ökonomischen Systemen die Determinanten der relevanten Zukunftsereignisse keineswegs ausschließlich ökonomischer Art: Der Wirtschaftsprozeß ist vielmehr aufs engste mit den Vorgängen der anderen sozialen Teilbereiche verflochten [221]. Die zur Verfügung stehenden Informationen über diese Zusammenhänge aus allen Teilbereichen sind jedoch kaum jemals so vollständig, daß sie in einer geschlossenen Theorie berücksichtigt werden können [222]. Andererseits lassen sich auch die in der Theorie hypothetisch unterstellten Kausalbeziehungen zwischen der zu prognostizierenden Variablen und den sie beeinflussenden Größen im Zeitablauf nicht ohne weiteres in die Zukunft verlängern; langfristige Aussagen darüber können mit Exaktheit nur dann deduziert werden, wenn sie sich auf Systeme beziehen, die isoliert, stationär und zyklisch sind [223].

Sind derartige Systembedingungen bereits in der Natur äußerst selten anzutreffen [224], so fehlen sie der modernen Gesellschaft fast vollends. Von den relevanten Aspekten des gesellschaftlichen, politischen und wirtschaftlichen Lebens kann man nicht erwarten, daß sie die Permanenz von physikalischen Gesetzen aufweisen, selbst wenn im Einzelfall empirische Untersuchungen bestimmte Zeitinvarianzen »wahrscheinlich« erscheinen lassen [225]. Immer wieder ändern sich die Bedingungen, und es entstehen dabei Situationen, die sich völlig von den bisher bekannten und den erwarteten unterscheiden. Das liegt daran, daß die Entwicklung sozialer Größen letzten Endes von menschlichen Handlungen und Entscheidungen getragen wird und von mikroökonomischen Verhaltensweisen, Attitüden und Motiven abhängt [226], die keineswegs einer einheitlichen rationalen Maxime folgen oder einem natürlichen Prinzip unterworfen [227] sind und daher von vielen Wissenschaftlern als prinzipiell oder zumindest beim derzeitigen Wissensstand unvorhersehbar betrachtet werden [228]. Zwar gibt es im sozialen Bereich eine Vielzahl von institutionalisierten, rationalisierten und habitualisierten Verhaltensweisen [229], von »quasi-automatischen Gewohnheiten des Denkens, Fühlens, Wertens und Handelns«[230], die das menschliche Verhalten stabilisieren und in Einzelfällen voraussehbar machen. Ganz allgemein läßt sich jedoch lediglich feststellen, daß die Annahme kurzfristiger Konstanz und Kontinuität menschlichen Verhaltens – auch im Wirtschaftsleben – einen hohen Wahrscheinlichkeitsgrad besitzt, diese Wahrscheinlichkeit jedoch mit der Verlängerung des Voraussagezeitraums sukzessive abnimmt[231]. Letzten Endes stellt sich daher das Problem der Theoriebildung und Voraussage in den Sozialwissenschaften als das Aufspüren von Konstanten in empirisch festgestellten Verhaltensweisen und Entscheidungsmaximen von Individuen und Gruppen dar[232]. Für die Theoriebildung ergeben sich dabei vor allem insofern besondere Probleme, als die Gültigkeit der bei aller Irrationalität und Indeterminiertheit des menschlichen Verhaltens immer wieder feststellbaren Invarianzen im gesellschaftlichen, politischen und wirtschaftlichen Bereich in der Regel sowohl zeitlich als auch räumlich sehr beschränkt ist. Die auf diesen Quasi-Invarianzen aufbauenden Quasi-Theorien und Hypothesen sind infolgedessen auch nur sehr schwer zu »härten«.

Die Zuverlässigkeit konkreter Prognosen menschlichen Verhaltens ist überdies stets durch die schon im Thomasschen Theorem zum Ausdruck gebrachte Tatsache in Frage gestellt, daß »Menschen im Gegensatz zu Stoffen die Eigenschaft haben, auf Voraussagen zu reagieren. Sie tun es entweder dadurch, daß sie sich negativ verhaltend, das Eintreffen zu verhindern suchen und die Prognose durch ihre Anti-Aktion ins Unrecht setzen, oder aber, daß sie an die Voraussage glauben, ihren Willen aktivieren, um ihr Recht zu geben, und sie eben dadurch erfüllen«[233]. Die Veröffentlichung von Voraussagen verändert also die in ihnen vorausgesetzten Ausgangsbedingungen, falls der Prognoseinhalt rezipiert und geglaubt wird; durch ihre Wirkung auf die Entscheidungen und das Verhalten der Akteure wird die Voraussage so schließlich selbst zu einem wesentlichen Bestimmungsfaktor des Prozesses, den sie eigentlich »objektiv« vorausbestimmen sollte[234]. Die »Eigendynamik gesellschaftlicher Voraussagen«[235] spielt als »self-fullfilling prophecy«[236] – wie noch zu zeigen sein wird[237] – eine entscheidende Rolle bei der Veröffentlichung und der Wirkung von Bedarfsgutachten und Bedarfsprognosen. Bisher ist es allerdings nicht gelungen, die Prognosewirkungen und -rückwirkungen genauer zu bestimmen, ihre »feedback«- und »counter-feedback«-Effekte[238] in einem Netz empirisch gehaltvoller Hypothesen zu erfassen.

Das Fehlen geschlossener theoretischer Systeme, der Mangel an nomologischen Hypothesen kennzeichnet den gegenwärtigen prognostischen Stand in den Sozialwissenschaften[239]; auch die vorhandenen Ansätze in der Motivationsforschung und der Verhaltenstheorie[240] sind nicht in der Lage, diese Lücke zu schließen. Aus diesem Grunde haben die Sozialwissenschaften eine andere Voraussagestrategie entwickelt, die die Theorielücken durch ungeprüfte, aber »wahrscheinliche« ad hoc-Hypothesen schließt[241]; sie entbehrt dadurch zwar eines Teils der wissenschaftlichen Fundierung der Prognose, trägt aber um so mehr den Erfordernissen der Praxis Rechnung, die Voraussagen auch in den Fällen verlangt, in denen das bisherige nomologische Wissen nicht ausreicht. Die heutigen Voraussagen sind daher selten »allgemeine Hypothesen ... benutzende Prognosen, sondern zwar in die Begriffe der Theorie gekleidete, im übrigen aber ganz überwiegend auf ad hoc formulierte Hypothesen gestützte Projektionen, oft sogar nur Extrapolationen einfachster Art«[242].

Unter einer Projektion wird hier eine in der Regel gehaltvolle und informative Voraussage verstanden, die ein zukünftiges Ereignis nicht allein aus gesicherten Theorien und Hypothesen sowie einer konkreten Anwendungssituation ableitet, sondern darüber hinaus noch zusätzliche Bedingungen enthält, welche die theoretischen Lücken des Aussagensystems ad hoc schließen. Diese Zusatzbedingungen sind in der Regel selbst zukunftsbezogen, also selbst Gegenstand einer Voraussage, für die keine theoretische Basis besteht; insoweit hängt die Realisierung der Projektion vor allem von der Eintreffenswahrscheinlichkeit der gewählten ad hoc-Bedingungen ab. Häufig werden daher sogenannte Alternativprojektionen [243] für verschiedene mögliche und »wahrscheinliche« Bedingungskonstellationen aufgestellt und aus ihnen diejenige mit dem höchsten Wahrscheinlichkeitsgrad ausgewählt, ohne daß allerdings die ausgewählte Alternative in unserem Sinne als Prognose zu klassifizieren wäre, wie es beispielsweise nach der Terminologie KÄSTNERS der Fall ist [244].

Der Aussagewert einer Projektion hängt von Art und Umfang des im Modell [245] berücksichtigten empirisch-hypothetischen Zusammenhänge und Relationen ab. In mathematischer Formulierung besteht ein solches Projektionsmodell aus Gleichungen, die endogene Variable, exogene Variable und Parameter enthalten [246]. Das Parametersystem erfaßt dabei die empirisch getesteten oder ad hoc unterstellten zeitinvarianten Beziehungen zwischen den variablen Größen; als exogene Variable werden zweckmäßigerweise die Größen gewählt, die entweder als lag-Variable [247] bereits der Statistik entnommen werden oder als autonome Größen mit relativ großer Genauigkeit und Wahrscheinlichkeit bestimmt werden können. Sie sollen unabhängig von den endogenen Variablen sein, die ihrerseits sowohl von exogenen als auch von anderen endogenen Größen beeinflußt werden können. Je mehr zentrale Variable des Systems ausgeklammert und zu exogenen Größen gemacht werden, um so geringer wird der Informationsgehalt der Projektion, da die exogenen Variablen nicht aus dem Zusammenhang der interdependenten Systemgrößen, sondern nur durch Inanspruchnahme externer Informationen vorausgesagt werden können [248]. Als Grenzfall eines nur noch durch eine ad hoc-Bedingung gekennzeichneten bzw. nur noch durch eine Gleichung bestimmten Projektionsmodelles kann die einfache und direkte Trendextrapolation angesehen werden, mit der die Entwicklung einer Größe unter der Annahme der Konstanz ihres Trends vorausbestimmt wird.

Mag auch die Eintreffenswahrscheinlichkeit von Prognoseergebnissen ganz allgemein höher eingeschätzt werden als diejenige von Projektionen und Prophezeiungen und können auch aus unbewährten ad hoc-Hypothesen und unter wesentlich eingeschränkteren Bedingungen spezifiziertere Aussagen abgeleitet werden als aus Theorien, die dem Anspruch genügen müssen »bewährt« zu sein und einen hohen Allgemeinheitsgrad aufweisen; da die Informiertheit der Voraussagenden immer beschränkt ist, läßt sich die zukünftige Entwicklung weder durch Prophezeiungen noch durch »wissenschaftliche exakte« Prognosen oder durch Projektionen mit hundertprozentiger Gewißheit vorausbestimmen. Jede Voraussage kann stets nur eine bestimmte Wahrscheinlichkeit beanspruchen; was wissenschaftlich erreicht werden kann, ist nämlich »kein präzises Wissen der Zukunft, dessen Genauigkeit der wissenschaftlichen Exaktheit von Gegenwartsanalysen oder -retrospektiven, also historischen Studien vergleichbar wäre, sondern eine intellektuelle Konstruktion der Zukunft unter entsprechender Einsetzung wissenschaftlicher Daten« [249].

§ 6 Sonderprobleme bei der Voraussage staatlicher und kommunaler Bedarfe

Angesichts der strengen Anforderungen, die ganz allgemein an eine wissenschaftliche Prognose zu stellen sind, und angesichts des unzureichenden Standes der theoretischen Erkenntnis ist es verständlich, wenn sich Voraussagen öffentlicher Bedarfe nur der Methode der Projektion bedienen können; auch die in dieser Arbeit berechneten künftigen Investitionsbedarfe sind daher Ergebnisse einer einfachen Projektion. Die traditionelle Behandlung des Objektbereiches »öffentlicher Bedarf« und die bisherigen Ergebnisse der Bedarfsforschung machen allerdings selbst eine fundierte Projektion staatlicher und kommunaler Bedarfe nahezu unmöglich, ist doch die theoretische Grundlagenforschung auf diesem Gebiet fast vollständig vernachlässigt worden. Die zahlreichen bislang veröffentlichten Bedarfsgutachten und Vorausschätzungen können auf die Ergebnisse der empirischen Forschung um so eher verzichten, als es sich bei ihnen durchweg um »intentionelle« Prognosen handelt, bei denen es von vornherein weniger auf wissenschaftliche Fundierung als auf die Ermittlung bestimmter Zahlenwerte ankommt, die als Grundlage und Rechtfertigung steigender finanzieller Forderungen oder als politisches Programm dienen können. Bei dem Versuch, die kommunalen Bedarfe objektiv und positiv zu bestimmen, muß indessen auf theoretische Ansätze zurückgegriffen werden.

Nach der hier verwandten Terminologie [250] sind öffentliche Bedarfe – außer durch die Entwicklung bestimmter, quasi-objektiver Größen wie z. B. Einwohnerzahl, Krankheitsfälle usw. – durch die Entwicklung der öffentlichen Aufgabenbereiche und der für jeden dieser Aufgabenbereiche bestehenden Norm- und Zielvorstellungen der am Willensbildungsprozeß beteiligten Personen oder Gremien gekennzeichnet. Ob nun die Fixierung des gemeindlichen Aufgaben- und Tätigkeitsbereichs und die Entscheidung über die bei der Aufgabenwahrnehmung anzustrebenden Richt- und Normwerte ausschließlich den Vertretern der einzelnen Gemeinden überlassen oder – wie es heute der Fall ist – in weitaus größerem Maße nach staatspolitischem Kalkül zentral gesteuert werden [251], in jedem Fall sind sie das Resultat eines relativ komplizierten politischen Prozesses, sei es auf staatlicher, sei es auf kommunaler Ebene.

Eine Bedarfsprognose für die Gemeinden einer bestimmten staatlichen Gebietskörperschaft würde mithin eine allgemeine Theorie der öffentlichen Willensbildung, zumindest aber eine räumlich und zeitlich begrenzte Theorie voraussetzen, welche die Entscheidungsabläufe sowohl der staatlichen als auch der kommunalen Politik der betreffenden Gebietskörperschaft erklärt. Eine solche empirische Theorie liegt indessen weder geschlossen noch in den für eine anspruchsvolle Projektion zumindest erforderlichen Einzelansätzen aus den verschiedenen sozialwissenschaftlichen Teildisziplinen vor.

Da der Einsatz aller öffentlichen Einnahmen und Ausgaben, also des gesamten finanzpolitischen Instrumentariums, den Spielregeln parlamentarischer Abstimmung und Bewilligung unterliegt und eine vollständige Wirkungsanalyse des finanzpolitischen Instrumentariums auch diesen Prozeß mit einzubeziehen hat, könnte man zunächst von der *Finanzwissenschaft* einen Beitrag zu einer »Bewilligungstheorie« bzw. Willensbildungstheorie erwarten, der zugleich Aufschluß über die Bestimmungsgründe der öffentlichen Bedarfe geben könnte. »In der Finanzwissenschaft wird (jedoch) nur wenig danach gefragt, wie die Entscheidungen über Art und Ausmaß öffentlicher Einnahmen und Ausgaben zustande kommen« [252], welche Normen und Vorstellungen ihnen zugrunde liegen und welche Motive und Attitüden den Einsatz des Instrumentariums bestimmen [253]. Die wenigen vorhandenen theoretischen Lösungsversuche sind zumeist nach der Methode der isolierenden Abstraktion unter solch einschränkenden Bedingungen konzipiert, daß sie zur Erklärung der realen Vorgänge kaum herangezogen werden können. Der bisher einzige erfolgversprechende empirische Gesamtansatz, das allgemeine und formale Gerüst, das SCHMÖLDERS auf der Grundlage soziologischer und sozialpsychologischer Faktoren und unter Berücksichtigung der institutionellen Gegebenheiten entwickelt hat [254], ist im Bereich der Willensbildungstheorie noch nicht zur Formulierung konkreter Hypothesen genutzt worden, die im Einzelfall die Voraussage finanzpolitischer Entscheidungen gestatten würden.

Der Ansatz der älteren Finanzwissenschaft [255] war rein normativ und blieb auf ökonomische Aspekte beschränkt. Die Entscheidung über die Bewilligung öffentlicher Einnahmen und Ausgaben wurde als spezielle Verbraucherentscheidung angesehen, die den gleichen Prinzipien unterworfen sein sollte wie die Entscheidung über die Befriedigung privater Bedürfnisse; die Staatsausgaben zur Versorgung der Bevölkerung mit Kollektivgütern sollten mit anderen Worten nach der Präferenzskala der Bevölkerung, also wie alle Ausgaben zur Bedürfnisbefriedigung entsprechend der Grenznutzentheorie bemessen werden [256]. Gefragt wurde dann nach dem Abstimmungsmechanismus, bei dem die jeweils gegebene Präferenzskala am vollständigsten berücksichtigt würde bzw. danach, welche Hemmnisse einer optimalen Berücksichtigung der privaten Nutzenerwägungen im Entscheidungsprozeß entgegenstünden [257].

Auf die in wesentlichen Grundzügen übereinstimmenden neueren positiv-theoretischen Konzeptionen zur Lösung des Bewilligungsproblems, wie sie auf der Grundlage der Demokratie-Theorie SCHUMPETERS von DOWNS und HARDING entwickelt worden sind, wird noch an anderer Stelle einzugehen sein [258]; auch sie bleiben allerdings ökonomische Modelle eines letztlich politisch-sozialen Systems, die gleichwohl einige Anregungen für eine Theorie des öffentlichen Bedarfs zu liefern vermögen.

Die für die theoretische Erklärung dieser Probleme noch vor der Nationalökonomie in erster Linie zuständigen Wissenschaften – *die Soziologie und die Sozialpsychologie* – haben ebenfalls keine besonderen Fortschritte auf diesem Gebiet erzielen können [259]. Doch sind gerade ihre Erkenntnisse und Prognosen für eine fundierte Voraussage des öffentlichen Bedarfs unentbehrlich. Die Kenntnis der sozialen Strukturentwicklungen ist für die Ermittlung der kommunalen Bedarfe beispielsweise insofern von besonderem Interesse, als sich wie in der Vergangenheit so auch in der Zukunft die Vorstellungen und Entscheidungen über Größe und Art der für erforderlich erachteten Bildungseinrichtungen, Altenheime, Krankenhäuser, Verkehrseinrichtungen, Siedlungen usw., also über die öffentlichen Bedarfsbereiche schlechthin, an den Entwicklungen der sozialen Struktur orientiert werden [260].

Ebenso wichtig, aber noch problematischer ist die Voraussage im Bereich der Politik, die ihrerseits wiederum die Kenntnis der sozialen Entwicklung voraussetzt. In der Politik kann man entgegen der marxistischen Auffassung nicht davon ausgehen, »daß bestimmte Infrastrukturen und wirtschaftlich-soziale Verhältnisse automatisch dieselbe politische Konstellation hervorrufen« [261], also automatisch zu den gleichen Zielvorstellungen und Ergebnissen im Entscheidungsprozeß führen [262], die schließlich auch den Bedarf determinieren. Über die allgemeinen Kausalbeziehungen zwischen der Entwicklung sozialer und derjenigen politischer Strukturen vermag jedoch die *politische Wissenschaft* noch keine genaueren Auskünfte zu geben, was wohl auch daran liegt, daß sie – und das gilt in besonderem Maße für die deutschen Verhältnisse – »vorwiegend deskriptiven oder normativen Charakter trägt [263] und daher auch in der Bildung allgemeiner Theorien selbst hinter den Ergebnissen anderer sozialwissenschaftlicher Teildisziplinen hinterherhinkt.

Wie alle sozialwissenschaftlichen Aussagesysteme, so sehen sich auch Theorien und Voraussagen des öffentlichen Bedarfs allein schon dadurch vor besondere Probleme gestellt, daß sie durch ihre Veröffentlichung die in ihnen selbst enthaltenen Ausgangsbedingungen und den von ihnen zu erklärenden Tatbestand verändern können. Diese ganz allgemein zu beobachtende »Reflexivität« spielt jedoch bei kommunalen Bedarfsvoraussagen insofern eine besondere Rolle, als hier die in Gutachten und Voraussagen entwickelten und zugrunde gelegten Bedarfsnormen von Politikern und Verwaltungsbeamten oft unverändert übernommen und zur Grundlage ihrer eigenen Bedarfsvorstellungen, damit aber auch zum wichtigsten Bestimmungsfaktor des tatsächlichen kommunalen Bedarfs gemacht werden, so daß oftmals zwangsläufig eine Identität von vorausgesetzten und tatsächlichen Bedarfen festzustellen ist.

Diese Tendenz zur Selbsterfüllung bestimmter Bedarfsprojektionen (self-fullfilling prophecy) erleichtert natürlich einerseits die politische Manipulation der Bedarfe; mit Hilfe »intentioneller« Projektionen, durch die Veröffentlichung eigentlich »falscher«, aber erwünschter Voraussageergebnisse kann z. B. unter Berücksichtigung der Rückkoppelungseffekte eine Vereinheitlichung der sonst sehr unterschiedlichen einzelgemeindlichen Bedarfsstrukturen erzielt werden – ein Vorgehen, das in der Bundesrepublik gern praktiziert wird und durchaus im Sinne der Einheitlichkeit der Lebensverhältnisse wirkt. Die selbsterfüllende Wirkung und die leichte Handhabbarkeit von Zweckprognosen üben jedoch andererseits einen ungünstigen Einfluß auf die Erforschung der grundlegenden Zusammenhänge und die Theoriebildung aus. Einmal glaubt man in der Regel, bei intentionellen Voraussagen auf die Hilfestellung der theoretischen Wissenschaften verzichten zu können – BOMBACH äußert sogar ganz generell den Verdacht, daß bei ihnen stets »das Ziel vorgegeben und der ganze analytische Aufwand nur Vortäuschung einer nicht gegebenen wissenschaftlichen Fundierung ist« [264] –, eine Vernachlässigung des Objektbereiches »öffentlicher Bedarf« erscheint daher verständlich. Zum anderen erschwert die Selbsterfüllungswirkung aber auch die Überprüfung und Falsifikation von tatsächlich benutzten Theorien und Hypothesen, weil der Eintritt des prognostizierten Ereignisses sehr leicht fälschlicherweise als Beweis für die Bewährung des theoretischen Fundaments angesehen wird.

Die Voraussage staatlicher und kommunaler Bedarfe bereitet aber nicht zuletzt auch deshalb Schwierigkeiten, weil sich ihre empirisch-numerische Ermittlung selbst für Gegenwart und Vergangenheit äußerst schwierig gestaltet. Das liegt daran, daß nicht alle Komponenten des Bedarfs unmittelbar evident und leicht erfaßbar sind; so unterliegen insbesondere die Normvorstellungen der einzelnen Entscheidungsträger, die letzten Endes über den Zielbestand befinden, in der Regel gar nicht explizit einem Abstimmungsprozeß und finden daher auch keinen zwangsläufigen rechnungs-, listen- bzw. protokollmäßigen Niederschlag, wie dies z. B. für alle Teile des realisierten Bedarfs, für die öffentlichen Ausgaben bzw. Auszahlungen im Haushaltsplan, in der Haushalts- und Kassenrechnung der Fall ist. Bei einer empirischen Bedarfsermittlung gilt es daher zunächst immer, die in Beratungen und Abstimmungen über die tatsächlich zu leistenden Ausgaben berücksichtigten Normen und Zielvorstellungen aller formal und materiell an der Willensbildung beteiligten Personen durch Befragung oder Heranziehung von Ersatzunterlagen festzustellen. Dieser Versuch ist in der Vergangenheit von der Wissenschaft noch nicht unternommen worden; es existieren daher auch bisher noch keine empirischen Werte über den positiven öffentlichen bzw. kommunalen Bedarf, sondern lediglich metaphorische und normative Bedarfswerte, die ganz einfach die subjektiven Wünsche und Normvorstellungen des Gutachters und Prognostikers oder Normen seiner »Gewährsleute« wiedergeben.

Dieser Tatbestand engt nicht zuletzt auch den methodischen Spielraum für Bedarfsprojektionen in dem hier verwandten Sinn ein. Da über wesentliche Bedarfsfaktoren kein empirisch-statistisches Material zur Verfügung steht, scheiden die mathematisch-statistischen Zeitreihenverfahren, sieht man einmal von den Ansatzpunkten bei der Vorausschätzung der Bevölkerungs- und Nachfrageentwicklung ab, weitgehend von vornherein aus.

II. Kapitel:

Zur Entwicklung kommunaler Aufgabenbereiche

§ 7 Die stabilitätspolitisch motivierte Einflußnahme des Staates auf die Gemeinden

Die Entwicklung der kommunalen Aufgabenbereiche wird sowohl von den Organen der einzelnen Gemeinden als auch von den Staatsorganen bestimmt. Innerhalb der verfassungsmäßig garantierten Grenzen haben die Gemeinden im allgemeinen die Möglichkeit, eigenverantwortlich und selbständig darüber zu befinden, welche örtlichen Aufgaben sie wahrnehmen und in welcher Weise sie diese Aufgaben durchführen und erfüllen. Umfang und Struktur des tatsächlich übernommenen freiwilligen Wirkungskreises hängen daher insoweit vom innergemeindlichen Willensbildungs- und Entscheidungsprozeß ab.

Im Rahmen der verfassungsmäßigen Ordnung und der ihr darin eingeräumten Gesetzgebungskompetenz hat aber auch die Staatsgewalt einerseits das Recht, in den kommunalen Aufgabenbereich einzugreifen [265] und ihn dabei derart zu beeinflussen, daß sie entweder bisher von den Gemeinden wahrgenommene öffentliche Aufgaben in die staatliche Verantwortung überführt oder aber die Erledigung einer öffentlichen Angelegenheit allen Gemeinden zur Pflicht macht und dabei u. U. auch eine bestimmte Erfüllungsart vorschreibt. Dieses Recht zu *direkten* hoheitlichen Eingriffen in den Aktionsrahmen der Gemeinden wird andererseits angesichts der finanziellen Abhängigkeit der meisten kommunalen Gebietskörperschaften recht wirkungsvoll durch die Möglichkeit ergänzt, die staatlichen Finanzzuweisungen so zu dosieren und die Bedingungen finanzieller Unterstützung so zu variieren, daß über ein derartiges System »materieller Anreize und Abschreckungen« [266] einzelne Gemeinden auch *indirekt* zu einer den staatlichen Zielvorstellungen entsprechenden Gestaltung des »freiwilligen« Aufgabenbereiches angehalten werden können. Insoweit wird also die Entwicklung der Gemeindeaufgaben in entscheidendem Maße von der gesetzgeberischen Aktivität, vom Vorgehen und Verhalten der staatlichen Regierung bzw. der Regierungspartei(en) sowie den Maximen ihrer Entscheidungsfindung mitbestimmt.

Erklärung und Voraussage der Entwicklung der öffentlichen Aufgaben im allgemeinen und der gemeindlichen Tätigkeitsbereiche im besonderen setzen daher grundsätzlich die Kenntnis jener fundamentalen Zusammenhänge und Abläufe voraus, die schlagwortartig als »Prozeß der politischen Willensbildung im demokratischen Gemeinwesen« umschrieben werden können. Auf die damit zusammenhängenden Probleme, um deren theoretische Durchleuchtung sich gleichermaßen die Politikwissenschaft, die Soziologie und die Finanzwissenschaft bemühen, kann in diesem Rahmen selbstverständlich nur insoweit eingegangen werden, als es für eine Projektion kommunaler Investitionsbedarfe unbedingt erforderlich erscheint; zunächst gilt es, den zu erwartenden Einfluß der staatlichen Instanzen auf den Aufgabenbereich der Gemeinden zu erklären, um dann den kommunalen Willensbildungsprozeß innerhalb des den Gemeinden frei verbleibenden Entscheidungsrahmens näher zu analysieren. Die zukunftsorientierten Aussagen beziehen sich dabei auf den Zeitraum bis zum Jahre 1980.

Obwohl Regierungen und Regierungsparteien in allen Ländern durch ihre allgemeine Gesetzgebungsinitiative und durch die besondere Gestaltung der staatlichen Einnahmen und Ausgaben einen entscheidenden Einfluß auf das wirtschaftliche und soziale Leben ausüben und so nicht nur Rahmen und Ablauf der Privatwirtschaft, sondern auch Stellung und Funktion der nichtstaatlichen öffentlichen Institutionen mitbestimmen, haben die Wirtschafts- und Gesellschaftswissenschaften für dieses fundamentale politische Problem bisher keine befriedigenden Hypothesen entwickeln und formulieren können, die das Verhalten und die Entscheidungen von Politikern, von Regierung und Parlamentsmehrheit in ihrer Interdependenz mit der Aktivität der Opposition, der Bürokratie, der Gruppen und Verbände im konkreten Fall zu erklären vermögen. Die meisten Ansätze zu einer Theorie der Staatstätigkeit sind ohnehin nicht so angelegt, daß sie explikative Aussagen über die Realität zulassen; in der überwiegenden Mehrzahl handelt es sich um normative Modelle, die auf der Basis bestimmter ethisch-moralischer Wertvorstellungen allgemeine Handlungsmaximen postulieren, denen jegliche Staatstätigkeit und jedwede Budgetentscheidung folgen soll [267]. Im Mittelpunkt standen und stehen dabei die auf utilitaristisch-naturrechtlichem Gedankengut aufbauenden welfare-theoretischen Ansätze [268], die als Ziel des staatlichen ökonomisch-finanziellen Handelns die Maximierung der kollektiven Wohlfahrts- und gesellschaftlichen Nutzenfunktion normieren, die sich ihrerseits zwangsläufig aus den individuellen Präferenzstrukturen und Nutzenschätzungen der Staatsbürger und Wähler ergibt. Den sich in diesem Bezugsrahmen bewegenden normativen Theorien liegt eine Auffassung vom »Wesen« des Staates zugrunde, die sich als Vertragstheorie auf die Lehren und Ideen von BODIN, HOBBES, LOCKE, PUFENDORF, MONTESQUIEU und ROUSSEAU zurückführen läßt [269]. Danach ist der Staat ein Zweckverband, eine vertraglich konstituierte Einrichtung zur besseren Wahrnehmung der Individual- und Privatinteressen, die jene Aufgaben zu übernehmen hat, die von der Privatwirtschaft in quantitativer und qualitativer Hinsicht nicht oder nur unzulänglich erfüllt werden. Politiker, Regierung und Administration spielen in diesem theoretischen Rahmen keine eigenständige Rolle, kennen keine eigenen Motive und Ziele; sie haben lediglich den sich in konkreten Präferenzen äußernden Willen des Wählervolkes zu vollziehen und so in vollkommen altruistischer Weise die soziale Funktion zu optimieren [270]. Daß auf diesem Wege das tatsächliche Regierungsverhalten nicht zu erklären ist, bedarf keiner weiteren Erläuterung; die Realität hat diese Ansätze immer wieder ad absurdum geführt.

Das reale Verhalten der Staatsorgane kann auch durch jene ersten soziologischen Ansätze nicht erfaßt werden, die politische Entscheidungen als durch das Selbstinteresse herrschender Eliten oder sozialer Gruppen eindeutig bestimmt ansehen [271]. Auch bei diesem Versuch wird letzten Endes unterstellt, daß die designierten und gewählten Vertreter ausschließlich die Interessen der von ihnen im Einzelfall Vertretenen wahrnehmen und durchsetzen und dabei weder eigene Sonderinteressen verfolgen noch den Wünschen anderer Kreise und Gruppen Rechnung zu tragen haben. Das eigentliche Problem wurde daher lediglich von der Gruppe des Gesamtvolkes auf einzelne Gruppen elitärer Minderheiten und Interessenten verlagert, für deren politische Interessenrealisierung dann gleichfalls eine freilich etwas modifizierte »Vertretungstheorie« zugrunde gelegt wird. Es ist zwar unbestritten das Verdienst dieser Theorien der herrschenden Klassen, Gruppen und Eliten, das Selbstinteresse der Regierenden als ein Hauptmotiv staatlicher Entscheidungen gekennzeichnet und in den Vordergrund gerückt zu haben. »Der Versuch, aus diesem Selbstinteresse jedoch die politische und insbesondere die finanzwirtschaftliche Entscheidung direkt bestimmen zu wollen, muß als gescheitert angesehen werden. Das Selbstinteresse der Regierenden spielt zweifellos eine große Rolle, es ist jedoch nicht ausschließlich bestimmend.« [272]

In konsequenter Weiterentwicklung dieser Ansätze ist von A. DOWNS [273] und F. O. HARDING [274] etwa zur gleichen Zeit ein positives und deduktives ökonomisch-politisches Modell der Demokratie entworfen worden, das die Einseitigkeit und den normativen Charakter der früheren Theorien überwinden und die Regierungsentscheidungen aus dem Spannungsverhältnis von Eigeninteresse der Regierenden und ihrer Abhängigkeit von der Zustimmung der Regierten erklären soll. Aufbauend auf der Theorie der Demokratie von JOSEPH SCHUMPETER [275] wird dabei versucht, die Vielfalt der Motive und Ziele des Politikers auf sein Streben nach Macht und auf die Maximierung von Wählerstimmen zu reduzieren. DOWNS geht dabei vom Eigennutz-Axiom aus, wie es CALHOUN formuliert hat, und sieht in ihm die gemeinsame Basis aller Mitglieder einer Partei, der Parteivertreter und die Grundlage der Regierungsentscheidungen. »Die Parteien treten (dementsprechend) mit politischen Konzeptionen hervor, um Wahlen zu gewinnen, sie gewinnen nicht die Wahlen, um mit politischen Konzeptionen hervortreten zu können.« [276] Das Streben nach Macht, Wahlerfolg und Wiederwahl äußert sich bei der praktischen Regierungstätigkeit auch in der Bemessung und Gestaltung der staatlichen Einnahme- und Ausgabepositionen. Zur Maximierung ihrer Wählerschaft wird die Regierung nämlich jene Ausgaben tätigen, die ihr die meisten Stimmen bei der nächsten Wahl einbringen, und sie wird dabei diejenigen Finanzierungsmaßnahmen wählen, die sie die wenigsten Stimmen kosten. »Mit anderen Worten: die Ausgaben werden so lange gesteigert, bis der durch die letzte ausgegebene

Geldeinheit erreichte Stimmengewinn dem Stimmenverlust gleich ist, der durch die letzte, aus den staatlichen Finanzquellen entnommene Geldeinheit verursacht wird.« [277]

Daß in einem derart egoistisch-rationalen Entscheidungssystem, bei dem permanenten »Konkurrenzkampf um Macht und Amt« andererseits auch das soziale Wohlfahrtsziel erfüllt werden kann, wird durch die »List der Demokratie« [278] ermöglicht, durch die Abhängigkeit der egoistischen Politiker von den Stimmen und der Zustimmung rational kalkulierender und abwägender Wähler, durch die der Politiker bei der Verfolgung seiner persönlichen Ziele gezwungen ist, seine Entscheidungen und Programme den Vorstellungen der Wählerschaft anzupassen.

Die Theorie der Wählerstimmenmaximierung ist in ihrer bisherigen Form zu Recht kritisiert worden [279]. SCHMÖLDERS hat darauf hingewiesen, daß das Streben nach Stimmengewinn nicht ausreicht, die einzelnen Ausgabe-, Einnahme- und sonstigen gesetzlichen Entscheidungen zu erfassen, daß es sich letztlich um eine Theorie handelt, »der jede Bezugnahme auf die Probleme der budgetären Eigendynamik, des administrativen Verhaltens und der weltanschaulich-normativen Bindungen des Politikers fehlt und die infolgedessen kaum mehr erklären kann als einige krasse Sonderfälle politischer Entscheidungen in Wahljahren« [280].

In der Tat ist empirisch nachgewiesen worden, daß die Zuwachsraten bestimmter wahl- und stimmenrelevanter Ausgabenblöcke kurz vor den Wahlen erheblich höher liegen als nach den Wahlen und im weiteren Verlauf der Legislaturperiode [281]; man kann daher mit einigem Recht behaupten, daß die Bestimmung dieser Staatsausgaben zu gewissen Zeitpunkten »zu einem erheblichen Teil unter wahltaktischen Gesichtspunkten erfolgt« [282]. Auch für die Gesamtentwicklung des Ausgaben- und Einnahmenprozesses einer Regierungsperiode läßt sich diese Behauptung vielleicht noch aufrechterhalten; auch in dieser Zeit müssen die Regierungsparteien natürlich Rücksicht auf das Wählerpotential im Hinblick auf eine Wiederwahl nehmen, aber eben nur in dem allgemeinen Sinne, daß sie eben keine Entscheidungen treffen werden, die wichtige Wählerschichten langfristig von einer Stimmabgabe zugunsten der Regierungspartei abhalten müssen – nur in diesem Sinne ruht der Wahlkampf nie [283].

Für eine Erklärung der einzelnen Budgetpositionen und anderer Einzelentscheidungen der Regierung reicht dieser Gesichtspunkt jedoch nicht aus. Die Vielzahl der sich auf die gesamte Wahl- und Legislaturperiode verteilenden einzelnen Einnahme- und Ausgabeentscheidungen läßt sich deshalb schon nicht nach dem Prinzip der Stimmenmaximierung bestimmen, weil machtsoziologische, technische und rechtliche Faktoren die dazu erforderliche Flexibilität und Elastizität staatlicher Ausgaben und Einnahmen in der Praxis verhindern [284].

Die Stimmenmaximierungshypothese steht darüber hinaus auch in keinem rechten Verhältnis zur Notwendigkeit des Stimmengewinns und seines Umfangs. Politiker und Parteien benötigen zum Wahlgewinn ja nur eine Stimmenmehrheit, nicht das absolute Stimmenmaximum [285]. Eine Maximierung über die bloße Mehrheit hinaus erschiene nur dann sinnvoll, wenn sich der Umfang und das Ausmaß der durch einen Wahlerfolg errungenen Machtposition proportional zur Anzahl der errungenen Wählerstimmen verhalten oder jenseits der Mehrheit überhaupt noch in einer bestimmten Weise mit der Stimmenzahl korrelieren würde, wie dies beispielsweise zwischen der wirtschaftlichen Situation und Macht eines Unternehmers und seinem Gewinn annähernd der Fall ist [286]. Davon kann jedoch hier keine Rede sein, wenngleich es natürlich durchaus sinnvoll ist und schon allein aus parlamentstechnischen Gründen angeraten erscheint, eine die erforderliche Mehrheit übersteigende Stimmen- und Sitzzahl zu erringen.

Dem rationalen, auf maximalen Stimmengewinn ausgerichteten Handeln der Gewählten entspricht in den Modellen von DOWNS und HARDING eine ebenso rationale Entscheidung

aller Wähler, die ihre Stimmabgabe am »Nutzeneinkommen« orientieren, das sie aus der Tätigkeit der Regierung empfangen haben bzw. nach ihrer Auffassung von einer Oppositionspartei in der Regierungsrolle erhalten hätten. Nun haben Wählerbefragungen recht eindeutig gezeigt, daß gerade auf der Wählerseite eine Rationalität in diesem strengen Sinne nicht unterstellt werden kann, daß vielmehr »irrationale, unter dem Bewußtsein liegende Bindungen gruppenspezifischer Art sehr viel stärker sind als rationale Überlegungen« [287]. Die Mehrzahl der wahlberechtigten Bevölkerung durchschaut weder die Hintergründe politischer Entscheidungen, noch die Kausalzusammenhänge und Wirkungen von Einzelmaßnahmen, sie ist daher in der Regel auch nicht in der Lage, Nutzen und Schaden von Regierungsinitiativen und Oppositionsprogrammen auf die persönliche Sphäre zu projizieren, um dann »rational« zu differenzieren und abzustimmen [288].
Die Ergebnisse der »ökonomischen Theorie der Demokratie« (Downs) und des »politischen Modells zur Wirtschaftstheorie« (Harding) sind schließlich durch bewußte Vereinfachung gewonnen worden. Auch die im Vergleich zum Hardingschen Ansatz wesentlich anspruchsvollere und noch konsequenter aufgebaute Theorie von Downs bleibt daher letzten Endes ein realitätsfernes Modell, das wichtige Variable ignoriert und Folgerungen enthält, die von vornherein »gar nicht als Aussagen über Fakten gedacht sind« [289]; eine stärkere Annäherung an die Wirklichkeit wird nur durch eine permanente Überprüfung und Ergänzung der Prämissen und durch eine Kombination und Integration verschiedener Modelle möglich sein, deren Annahmen in der Realität ineinandergreifen [290].
Trotz aller Bedenken, die dem gegenwärtigen Stand des Modells gelten, ist die von Schumpeter übernommene Ausgangshypothese, daß demokratische Parteien die Macht erstreben und daher Regierungs- und Oppositionsparteien durch rationales Handeln ihren politischen Anhang zu maximieren suchen, immerhin der bislang einzige Anknüpfungspunkt zu einer realistischen positiven Erklärung des insbesondere auch für die Finanzwissenschaft so entscheidenden Regierungsverhaltens, der auch für den hier zur Diskussion stehenden Zusammenhang nutzbar gemacht werden kann.
Die triviale Tatsache, daß politische Parteien und ihre Mitglieder ihre Ziele letzten Endes nur realisieren können, wenn sie auf der legitimen Basis einer Wählermehrheit die Regierung übernehmen oder an der Regierungsbildung beteiligt sind, kann natürlich nicht geleugnet werden. Unabhängig von ihren sonstigen Motiven und Zielen wird jede Regierungspartei ebenso ihre Wiederwahl anstreben, wie alle Oppositionsparteien ihre Arbeit darauf konzentrieren, durch einen Wahlerfolg in die Regierungsverantwortung eintreten zu können. Macht- und Stimmengewinn sind mithin notwendige Bedingungen einer wirklichen politischen Effizienz, ganz gleich, ob der Zweck in der politischen Karriere als solcher oder im altruistischen Wirken zugunsten des Volkes gesehen wird. Die von Downs formulierte Frage [291], ob die Parteipolitiker Programme und Konzepte anbieten, um gewählt zu werden und so Einkommen, Prestige und Macht zu erlangen, die mit der Wahl in öffentliche Ämter verbunden sind, oder ob sie die Macht anstreben, um dann ihre politischen Vorstellungen und Pläne verwirklichen zu können, darf also in dieser alternativen Form nicht gestellt werden. Die Beschränkung auf eine dieser Alternativen wäre überdies eine viel zu grobe Vereinfachung, die angesichts der realen Motivvielfalt nicht einmal als heuristische Modellprämisse angebracht erscheint. Schon Max Weber hat darauf hingewiesen, daß Politiker zwar nach Macht streben müssen, daß aber Ziele und Motive dieses Machtstrebens ganz unterschiedlichen Charakter aufweisen können: »Wer Politik treibt, erstrebt Macht: Macht entweder als Mittel im Dienst anderer Ziele – idealer oder egoistischer – oder Macht ‚um ihrer selbst willen': um das Prestigegefühl, das sie gibt, zu genießen.« [292]
Ob Macht als Ziel oder als Mittel zu sonstigen Zielen: das Machtstreben und das Streben nach Stimmenmehrheit sind der gemeinsame Nenner in der Politik; sie werden durch die

Parteiorientiertheit des politischen Willensbildungsprozesses und durch die Parteistruktur sowohl rationalisiert als auch institutionalisiert. Da nämlich der Weg zur Macht in den modernen Demokratien für den einzelnen nur über die Partei führt, wird jeder Politiker einerseits bestrebt sein, seiner Partei zum Wahlerfolg zu verhelfen. Andererseits versucht er, in der Parteihierarchie aufzurücken, nominiert und gewählt bzw. wiedergewählt zu werden. An beiden Gesichtspunkten richtet sich auch das Handeln der Regierung und ihrer Mitglieder aus. Daß dabei die Einzelmaßnahmen nicht dem Prinzip der Stimmen*maximierung* folgen können und auch nicht zu folgen brauchen, wurde bereits erwähnt. Mit der Aufgabe der Maximierungshypothese werden zwar die Systeme von DOWNS und HARDING indeterminiert [293]; für das hier zu behandelnde Problem spielt das jedoch insofern keine Rolle, als es hier nicht um die Bestimmung einzelner Einnahme- und Ausgabepositionen, sondern im Rahmen der Bedarfsermittlung um Grundsatzentscheidungen über Eingriffe in den kommunalen Aufgabenbereich geht. Die Budgetkonsequenzen der Stimmenmaximierungsthese können daher in diesem Zusammenhang getrost vernachlässigt werden.

Erkennt man einerseits das Streben nach Macht bzw. Regierungsverantwortung als fundamentalen Beweggrund politischer Entscheidungen und den Gewinn einer Stimmenmehrheit als notwendige Bedingung parteipolitischer Wirksamkeit an [294], rückt man aber andererseits von der Annahme der Stimmen*maximierung* ab, so läßt sich die Ausgangshypothese für eine Erklärung des Regierungsverhaltens wie folgt formulieren:

Eine Regierung wird einerseits keine Entscheidungen treffen, von denen sie annehmen muß, daß sie ihren Erfolg bei der nächsten Wahl in Frage stellen. Sie wird andererseits stets versuchen, jene »Sachverhalte« in der von dem Wähler gewünschten Weise zu beeinflussen [295], deren Entwicklung von den Wählern als entscheidendes Kriterium für die Stimmenvergabe am Wahltag angesehen wird.

Nun wirkt sich keineswegs jede während der Regierungs- und Legislaturperiode getroffene Einnahmen- und Ausgabenentscheidung unmittelbar auf die Wahlchancen der Regierungspartei aus, selbst dann nicht, wenn sie den Wählerstamm und die der Partei nahestehenden Gruppen benachteiligt und von diesen negativ aufgenommen und beurteilt wird; dies um so weniger, als die Regierung durchaus die Möglichkeit hat, sich die Gunst dieser Wählerschichten durch Korrekturmaßnahmen und Sondervergünstigungen »zurückzukaufen« oder durch relativ kurzfristig verfügbare und wirksame Wahlgeschenke vergangene Benachteiligungen in wahlpsychologisch wichtigen Augenblicken vergessen zu machen. Die Regierung hat daher auch unter wahltaktischen Gesichtspunkten während ihrer Amtszeit einen großen Spielraum für unpopuläre Maßnahmen, der natürlich nicht zuletzt vom allgemeinen Vertrauen und von der prinzipiellen Unterstützung abgesteckt wird, die man ihr entgegenbringt.

Das Vertrauen, das eine Regierung bei den Wählern genießt, und damit letzten Endes auch die Chance, bei der Neuwahl in der Regierungsverantwortung bestätigt zu werden, hängt in entscheidendem Maße von den Auswirkungen der Regierungsentscheidungen auf die gesamtwirtschaftliche Entwicklung und von der Perzeption dieser Entwicklung durch die Wähler ab [296]. Die Unterstützung der Regierungspartei, die sich schließlich im Wahlergebnis niederschlägt, wird nämlich in erster Linie davon beeinflußt, ob und inwieweit es den verantwortlichen Ressorts gelingt, die Konjunktur zu stabilisieren und einen beständig wachsenden Wohlstand zu garantieren bzw. die Bevölkerung vom Vorliegen dieser Bedingungen zu überzeugen [297].

Das entscheidende Kriterium für die Stimmenabgabe zugunsten oder zuungunsten der Regierungspartei ist mithin die Einschätzung der wirtschaftlich-sozialen Stabilität [298].

KRIPPENDORF [299] hat aus dieser Erkenntnis seine These von der Tendenz zur Dauerherrschaft einer Partei entwickelt, deren Regierung das ihr zur Verfügung stehende wirtschaftspolitische Instrumentarium so anzuwenden vermag, daß Depressionen und Inflationen vermieden werden, und die darüber hinaus in der Lage ist, dennoch auftretende Störungen durch die vielfältigen Möglichkeiten der gezielten Informationssteuerung und Meinungsbeeinflussung ganz einfach »hinwegzuinterpretieren«.

Die Abhängigkeit von Wahlergebnissen von der konjunkturellen Entwicklung und dem allgemeinen Wohlstand wird durch Wählerbefragungen und durch empirisch-statistische Untersuchungen bestätigt. So hat z. B. Åkerman in einer Untersuchung über die Auswirkungen von Konjunkturschwankungen auf die politischen Wahlen in Großbritannien und in den USA eindeutig festgestellt, daß in Depressionsperioden abgehaltene Wahlen stets zu Wahlerfolgen der Opposition führten, daß hingegen Wahlen in Prosperitätszeiten der bisherigen Regierungspartei Stimmengewinne eintrugen [300].

Auch in der Bundesrepublik haben sich die Konjunktur und die Entwicklung der Wirtschaft als wesentlicher Bestimmungsfaktor des Wahlverhaltens und der machtpolitischen Entwicklung erwiesen. Die Wahlen in der BRD spielten sich nach dem Beginn des deutschen Wirtschaftswunders »vor einem Hintergrund ab, der gekennzeichnet war durch eine allgemeine Konsumorientierung der Bundesbürger und eine ,Entideologisierung' im Sinne einer Ablösung von klassenfixierten und festgelegten Denkweisen« [301]. Die ideologische Wahlentscheidung ist einer zunehmenden Pragmatisierung des Wählerverhaltens gewichen, das sich durch eine enge Orientierung an der Lohn- und Preisentwicklung, an der Sicherheit des Arbeitsplatzes und dem Wohlstands- bzw. Einkommenszuwachs auszeichnet [302]. Der »nervus rerum« der Wahlen ist die wirtschaftliche Stabilität; die pragmatische Entscheidung führt daher zur Stimmabgabe zugunsten jener Partei, die das wirtschaftliche Sicherheitsstreben und das Wohlstandsdenken in den Augen des Wählers am besten zu befriedigen verspricht. Der Regierung gehört dabei so lange das Vertrauen, als Wohlstand und Besitzstand nicht als gefährdet erscheinen. Das Wohlstandsdenken geht dabei indessen so weit, »eine relative Wohlhabenheit bereits als selbstverständlichen Anspruch aller zu betrachten und als ,Wohlstand' nur noch die Zuwachsrate an Wohlstand zu werten« [303].

Kamen einerseits das deutsche »Wirtschaftswunder« und die anhaltende konjunkturelle Euphorie den zunächst regierenden christlichdemokratischen Parteien zugute, so trugen andererseits bereits relativ geringfügige Abflachungen im Wachstumstrend und milde Rezessionen zu einer teilweise erheblichen Verunsicherung der deutschen Wähler und sowohl zu Stimmengewinnen der Opposition im System (Sozialdemokraten) als auch zu Erfolgen der Opposition zum System [304] (Nationaldemokraten) bei [305]. Die Hypothese, daß die oppositionellen Wahlerfolge vornehmlich durch die Unzufriedenheit und Unsicherheit in bezug auf die allgemeine wirtschaftliche und konjunkturelle Entwicklung ausgelöst wurden, findet ihre Bestätigung vor allem in den Ergebnissen von Meinungsbefragungen der Wechselwähler von der CDU/CSU zu den Oppositionsparteien, die durchweg die wirtschaftliche Situation schlechter einschätzten und diese Attitüde als den Hauptgrund für ihre Wahlentscheidung angaben [306].

Die Sicherung des wirtschaftlichen Wachstums und die Glättung der Wachstumsschwankungen geben indessen nicht nur den Ausschlag für die Wahlchancen der gegenwärtig regierungsfähigen Parteien im Verhältnis zueinander; die wirtschaftliche Entwicklung entscheidet in der BRD zugleich über die Zukunft des gesamten Parteiensystems [307], insbesondere über Fortsetzung oder Unterbrechung des Trends zur Stimmenkonzentration auf die beiden großen Parteien. Kaltefleiter hat überzeugend dargelegt, daß das Regierungssystem der BRD ein »Schönwetter-System« ist, daß jedoch die Konzentration des Parteiensystems, verursacht durch die erfolgreiche Wirtschaftsentwicklung, bei wirtschaftlichen Störungen sehr schnell durch eine instabile Parteienzersplitterung abgelöst werden kann [308].

Unter diesem Blickwinkel kommt der Steuerung von Konjunktur und Wachstum nicht nur wahltaktische, sondern auch strategische Bedeutung zu. Die Regierenden werden daher stets eine Politik des stabilen Preisniveaus und der Vollbeschäftigung bei ständig wachsendem Wohlstand propagieren und auch zu realisieren versuchen. Bei diesem Versuch stoßen sie jedoch an technische, rechtliche und machtsoziologische Grenzen, die eine *absolute* Erreichung dieser für den Wahlausgang relevanten Ziele verhindern. Insbesondere wird der Versuch einer diesbezüglichen Wirtschaftspolitik durch die Macht jener Gruppen und Verbände in einer pluralistischen Gesellschaft erschwert, die im Ablauf des finanzpolitischen Willensbildungsprozesses Einfluß auf die Regierungsentscheidungen gewinnen und deren Interessendruck sich die Regierung, ebenfalls aus wahltaktischen Gründen, kaum zu widersetzen vermag. Andererseits reicht das der Regierung zur Verfügung stehende Instrumentarium auch nicht mehr aus, um selbst die mit Billigung dieser Gruppen präferierten Ziele voll zu erreichen, so daß bislang immer nur eine *relative* ökonomische Stabilität realisierbar ist.

Über das, was von der Wahlbevölkerung noch als »relativ stabil« angesehen wird und von welcher Stufe der Instabilität an diese Instabilität vom Volk erkannt wird [309] und zu einem Umschlagen des bisherigen Wohlwollens in ein tiefes Mißtrauen mit Wahlkonsequenzen führt, kann allgemeingültig nur wenig ausgesagt werden [310]. Die Grenzen sind von Person zu Person [311], aber natürlich auch im Durchschnitt der Personen von Land zu Land sehr unterschiedlich und hängen nicht zuletzt von den spezifischen Erfahrungen der Bevölkerung ab. So liegt beispielsweise die Toleranzgrenze bei Preissteigerungen in der BRD wesentlich niedriger als in den USA, wo man die beiden großen Inflationen, die Deutschland in diesem Jahrhundert erlebte, nur vom Hörensagen kennt. Zum anderen ist natürlich der Anspruch auf die jährliche Wachstumsrate auf Grund der positiven Erfahrungen nach dem 2. Weltkrieg in der BRD erheblich höher als in den anderen Ländern, in denen man sich mit weitaus geringeren Zuwachsraten begnügen mußte. Der deutsche Wähler steht daher der Wirtschaftspolitik der Regierung mit einer gewissen Sensibilität und einem verhältnismäßig hohen Anspruchsniveau gegenüber.

Um ihre Position zu stärken, ist die jeweilige Regierung infolgedessen stets bemüht, ihr konjunktur- und wachstumspolitisches Instrumentarium zu vervollkommnen und auszubauen [312]. Nun hängt die Wahl der Instrumente, ihr Einsatz und die Stoßrichtung bei der Verbesserung des Instrumentenkastens in entscheidendem Maße von den herrschenden wirtschaftstheoretischen Anschauungen und den ideologischen Ausgangspositionen ab. In der Bundesrepublik werden Theorie und Praxis der Wirtschaftspolitik einerseits von der am Ideal des Konkurrenzmechanismus orientierten sozial-marktwirtschaftlichen Ideologie und Theorie der Euckenschen neoliberalen Schule [313], andererseits von der »fiscal theory« und »fiscal policy« geprägt, wie sie von Keynes und seinen Epigonen entwickelt wurde [314]. Der darauf aufbauenden gegenwärtigen wirtschaftspolitischen Konzeption einer »Globalbesteuerung« ökonomischer und sozialer Größen [315] gelten die volkswirtschaftlichen Investitionen als entscheidende Variable des gesamtwirtschaftlichen Entwicklungsprozesses, als wichtigster Ansatzpunkt für korrigierende und regulierende konjunktur- und wachstumspolitische Maßnahmen [316]. Die über die zukünftigen Wachstumsraten entscheidende langfristige Investitionspolitik der öffentlichen Hand wird daher folgerichtig kurzfristig durch eine antizyklische Fiskalpolitik ergänzt, deren Schwergewicht auf der Veränderung der öffentlichen Investitionstätigkeit und auf der Beeinflussung der privaten Investitionsneigung durch »materielle Anreize und Abschreckungen« ruht. Selbst im Bereich der öffentlichen Investitionen sind allerdings die unmittelbaren Eingriffs- und Wirkungsmöglichkeiten und damit auch die Erfolgschancen der für die Konjunkturpolitik in erster Linie zuständigen Zentralregierung begrenzt. Nur etwa 16 v. H. der öffentlichen Investitionen werden nämlich vom Bund getätigt; 18 v. H. entfallen demgegenüber auf die Bundesländer, und der weitaus überwiegende Anteil von über 60 v. H. wird von den Gemeinden und Gemeindeverbänden aufgebracht [317]. Der Bund ist zwar einerseits Träger der Stabilitätspolitik, ihm werden Erfolge und Mißerfolge bei der Konjunktursteuerung in erster Linie angerechnet; er ist aber andererseits auf Grund der vertikalen Aufgabenverteilung nicht einmal für ein Sechstel der öffentlichen Investitionen unmittelbar zuständig.

Um die Möglichkeiten der Investitionspolitik und Wirtschaftslenkung zu verbessern und um die Gefahr einer konträren Politik der nachgeordneten Gebietskörperschaften zu verringern, wird die Bundesregierung daher ihren Einfluß auf die Investitionstätigkeit dieser Gebietskörperschaften, insbesondere auf die investitionsintensiven Aufgabenbereiche der Kommunen verstärken [318].

Die wesentlichsten Konsequenzen der bisherigen Ausführungen gelten entsprechend auch für die Bundesländer und die Landesregierungen. Auch die Landtagswahlen sind in der Bundesrepublik vor allem unter Berücksichtigung der wirtschaftlichen Situation entschieden worden; insofern liegt die Stabilisierung der ökonomischen Verhältnisse durchaus im eigenen Interesse der Landespolitik. Die Länder sind aber darüber hinaus nach dem Stabilitätsgesetz auch zur Wahrung des wirtschaftlichen Gleichgewichts verpflichtet und sogar zur stabilitätsorientierten Einwirkung auf die Gemeinden angehalten; insofern entspricht die Tendenz zu Eingriffen in den kommunalen Aufgabenkreis und Investitionsbereich der gesetzlichen Norm. Interessenunterschiede zwischen der Zentralinstanz und den Gliedstaaten bestehen daher in erster Linie im Bereich der Durchführung einzelner Maßnahmen, sie drücken sich auch in der unterschiedlichen Konkretisierung allgemeiner Zielvorstellungen aus, betreffen aber nicht die obersten wirtschaftspolitischen Ziele selbst.

§ 8 Die raumordnungspolitisch motivierte Einflußnahme des Staates auf die Gemeinden

Die Tendenz zur stärkeren Einflußnahme der staatlichen Entscheidungsträger vornehmlich auf die Investitionstätigkeit bzw. die investiven Aufgabenbereiche der Gemeinden ergibt sich auch noch aus ganz anderen Erwägungen, die allerdings mit den erwähnten stabilitätspolitischen Interessen der Bundes- und Landespolitik in engem Zusammenhang stehen. Die Beziehung zwischen konjunktureller und struktureller Entwicklung einerseits sowie die Abhängigkeit des wirtschaftlichen Wachstums von der Verteilung der Produktivkräfte über den Gesamtraum andererseits [319] läßt »eine zielstrebige Strukturpolitik unter Gesichtspunkten der Raumordnung« [320] zu einer der wichtigsten Aufgaben der staatlichen Politik werden. In der Bundesrepublik ist die Bedeutung der Raumordnungspolitik seit langem erkannt worden; sie hat ihren Niederschlag im Raumordnungsgesetz des Bundes [321] gefunden, das als Rahmengesetz [322] die obersten Raumordnungsziele für Bund und Länder fixiert und dabei vor allem die Notwendigkeit zur zentralen Einwirkung auf die »raumwirksamen Investitionen« [323] postuliert hat, die größtenteils in den Zuständigkeits- und Aufgabenbereich der Gemeinden fallen [324]. Wegen ihrer fundamentalen Bedeutung für die in der Zukunft zu erwartende Einflußnahme der staatlichen Instanzen auf die kommunalen Aufgabenbereiche, auf die gemeindliche Investitionstätigkeit [325] und durch die Beeinflussung der Standorte kommunaler Einrichtungen nicht zuletzt auf die Bedarfsstruktur der einzelnen Gemeinden muß auf die raumordnungspolitische Gesamtkonzeption und ihre Konsequenzen im folgenden näher eingegangen werden.

Die Raumordnung in der Bundesrepublik geht von folgenden Gegebenheiten und eingetretenen bzw. sich abzeichnenden Entwicklungen aus [326]: die zunehmende Industrialisierung und die modernen Rationalisierungsmethoden in der Landwirtschaft haben zu einem starken Rückgang der in der Landwirtschaft tätigen Erwerbspersonen geführt; durch die Wanderungsbewegungen in die Großstädte ist es zu einer fortschreitenden Konzentration von Wohnungen und Arbeitsstätten in wenigen Gebietsteilen der Bundesrepublik gekom-

men [327]. Diese Ballungsgebiete umfassen zwar nur einen relativ geringen Anteil an der gesamten Fläche des Bundesgebiets; doch entfällt der größte Teil der Finanz- und Wirtschaftskraft auf jene Regionen und die dazugehörigen Gemeinden [328].
Diesen Ballungs- oder Verdichtungsräumen [329] stehen die in der Regel überwiegend agrarischen »Entleerungsräume« gegenüber, in denen sich die Anteile an der Gesamtfläche und an der Finanz- bzw. Wirtschaftskraft zueinander genau umgekehrt verhalten. Die Tendenz zur Entleerung dieser Gebiete, die zwangsläufig zu einer ökonomisch und gesellschaftlich unbefriedigenden Raumausnutzung mit allen ihren negativen Konsequenzen führt, wird durch den Strukturwandel der Wirtschaft [330], die unterschiedliche Grundausrüstung der ländlichen und städtischen Räume und nicht zuletzt durch eine langsame, aber stetige Anpassung der Ansprüche aller sozialen Schichten, vor allem was ihre Ansprüche an die Leistungen der öffentlichen Hand anbelangt, begünstigt. Städtische Standorte werden zudem von Jahr zu Jahr dadurch attraktiver, daß die Industriegemeinden infolge ihrer wesentlich höheren Finanzkraft ihre kommunale Grundausstattung sukzessive verbessern können und dadurch das Stadt-Land-Gefälle bei den Möglichkeiten der privaten Bedarfsdeckung nur noch verstärken. Ihr gestiegenes und sich dem allgemeinen Standard anpassendes Anspruchsniveau drängt die ländliche Bevölkerung daher fast zwangsläufig in die großstädtischen Räume.
Dieser Entwicklung, auf deren Gefahren für die Wirtschafts- und Gesellschaftsstruktur hier nicht näher eingegangen zu werden braucht [331], versucht der Staat durch eine gezielte Raumordnungs- und Strukturpolitik zu begegnen. Als oberstes Ziel gilt dabei die Schaffung einheitlicher Lebensverhältnisse im gesamten Bundesgebiet, wozu im besonderen auch ein einheitliches Angebot öffentlicher, speziell kommunaler Güter und Leistungen gehört. Es bedarf keiner Betonung, daß auch durch die Erfüllung dieser bereits im Grundgesetz [332] enthaltenen und sich durch alle raumordnungsrechtlichen Bestimmungen [333] ziehende Norm nicht sämtliche regionalen und örtlichen Unterschiede in der privaten und öffentlichen Ausstattung nivelliert werden können und sollen; es ist schlechterdings undenkbar, daß jede Gemeinde alle zur Befriedigung der privaten Ansprüche benötigten öffentlichen Einrichtungen besitzt. Unterschiede werden daher bis zu einem gewissen Grade immer vorhanden sein und sind sogar notwendig. »Worauf es ankommt, ist nur dies: Es gibt Punkte dieser Unterschiedlichkeit, die nach oben und unten zu unterschreiten verhindert werden sollte.« [334]
Bei der Schaffung einer möglichst einheitlichen Grundversorgung der Bevölkerung muß zunächst die traditionelle Stellung der Gemeinden neu überdacht werden. Die Gemeinden sind bisher stets in allen Bereichen der Verwaltung und Planung, sowohl in der Wirtschafts- als auch in der Finanzpolitik, »isoliert, d. h. ohne Berücksichtigung ihrer Beziehungen untereinander betrachtet worden und haben sich meist auch selbst so gesehen. In dieser Sicht waren sie Lebensräume, Verwaltungsträger und Träger der Daseinsvorsorge für die innerhalb ihrer Verwaltungsgrenzen lebenden Einwohner« [335]. Diese Betrachtung ist zumindest einseitig; sie läßt die funktionale Bedeutung der Einzelgemeinde für ihren Nahbereich und ihre weitere Umgebung, das gegenseitige Abhängigkeits- und Ergänzungsverhältnis der verschiedenen Kommunen außer Betracht. Mit der Berücksichtigung funktionaler Zusammenhänge rückte ein kommunales Kriterium in den Mittelpunkt der Diskussion, das im Rahmen dieser Arbeit auch eine entscheidende Bedeutung für die Bedarfssituation der Einzelgemeinde erlangt: ihre »Zentralität«.
Nach übereinstimmender Meinung von Wirtschaft und Politik hängt die Funktionsfähigkeit eines räumlichen Gebietes entscheidend davon ab, »ob bestimmte Einrichtungen der öffentlichen und privaten Daseinsvorsorge vorhanden sind, welche Qualität diese Einrichtungen aufweisen und inwieweit die Standorte zentralisiert sind« [336]. Das Hauptaugenmerk muß in Anbetracht der oben geschilderten Situation in ländlichen Räumen selbstver-

ständlich auf die unteren Zentralitätsstufen, insbesondere auf die Kleinzentren bzw. Mittelpunktgemeinden gelegt werden.

Der Bund hatte bereits seit 1951 innerhalb seines Regionalen Förderungsprogramms Mittel zur Sanierung bestimmter Notstandsgebiete zur Verfügung gestellt. Mit dem Entwicklungsprogramm für zentrale Orte in ländlichen, schwach strukturierten Gebieten [337] wurde die Strukturhilfe später gezielt auf die Förderung der Industrialisierung von Klein- und Mittelbetrieben abgestellt, die innerhalb der ländlichen Räume eine zentrale Stellung einnehmen. Seither zieht sich das Prinzip zentralörtlicher Gliederung durch die gesamte Raumordnungspolitik. Schon im Ersten Raumordnungsbericht der Bundesregierung vom 1. 10. 1963 wurde vor allem die funktionale Bedeutung der ländlichen »Kernsiedlungen« betont. »In diesen zentralen Orten müssen alle jene öffentlichen Einrichtungen, die zur Versorgung einer größeren Anzahl von Gemeinden und ihrer Bevölkerung notwendig sind, vorhanden sein. Die Wirtschaftlichkeit solcher Einrichtungen hängt von einer bestimmten Auslastung durch eine ausreichende Anzahl von Menschen ab. Die Erfahrungen haben gezeigt, daß diese Einrichtungen zweckmäßigerweise in Gemeinden mit zentralörtlicher Bedeutung zusammengefaßt sein müssen.« [338]

Als Beispiele für zentrale Einrichtungen im öffentlichen Bereich wurden dabei weiterbildende Schulen, Einrichtungen der Gesundheitsfürsorge und des Sports genannt. Eine zentralörtliche Gliederung legen auch das Bundesraumordnungsgesetz, das als ausgesprochenes Rahmengesetz die materiellen Raumordnungsgrundsätze bestimmt [339], sowie das Landesentwicklungsprogramm [340] und der Landesentwicklungsplan I [341] für Nordrhein-Westfalen zugrunde [342].

Es ist also längt erkannt, daß eine befriedigende Neuordnung des Gesamtraumes nur möglich ist, »wenn eine gewisse Schwerpunktbildung der Versorgungseinrichtungen in bestimmten Siedlungen erfolgt« [343], wenn also die Möglichkeit der Bedürfnisbefriedigung, deren Vorhandensein in jeder, auch der kleinsten Gemeinde aus wirtschaftlichen und technischen Gründen ausgeschlossen ist, in zentralen Orten zusammengefaßt werden. Strittig ist jedoch die Frage, was im einzelnen unter einem »zentralen Ort« zu verstehen ist, wie der Zentralortcharakter einer Gemeinde bestimmt werden kann, wie die Gemeinden nach ihrer Zentralität abgestuft werden können, welche Einrichtungen in zentralen Orten vorhanden sein sollten und welche deutschen Gemeinden als zentrale Orte in Betracht kommen. Im Rahmen dieser Arbeit kann selbstverständlich nicht auf alle Fragen aus diesem Wissenschaft und Politik gleichermaßen interessierenden Problemkreis eingegangen werden [344]; hier kommt es vor allem darauf an, diejenigen Maßstäbe zu ermitteln, nach denen die öffentlichen Einrichtungen auf die Zentralgemeinden der verschiedenen Stufen unter Berücksichtigung der gegenwärtig herrschenden Vorstellungen verteilt werden. Dabei sollen von vornherein in erster Linie die kommunalen Aufgabenbereiche und Einrichtungen berücksichtigt werden, die unter dem Gesichtspunkt der Investitionsbedarfe und der oben vorgenommenen Abgrenzung für diese Arbeit von Interesse sind [345]. Soweit auch andere Ausstattungsbereiche erwähnt werden, geschieht das nur, um die einzelnen Zentralgemeinden in ihrem Gesamtbild näher zu charakterisieren.

Die Theorie der zentralen Orte geht auf CHRISTALLER zurück [346], der 1933 in seiner Untersuchung über die zentralen Orte Süddeutschlands insgesamt 9 Zentralitätsstufen entwickelte, vom »hilfszentralen Ort« bis zum »Reichshauptort«; er definierte die Zentralität eines Ortes als Bedeutungsüberschuß, den seine zentralen Einrichtungen in ihrer Kapazität nach Abzug der von den Ortsbewohnern in Anspruch genommenen und benötigten Güter und Leistungen haben, also den Überschuß, der noch zur Versorgung der Bevölkerung umliegender Orte zur Verfügung steht [347]. Dabei diente ihm als Einteilungs- und Zuordnungskriterium der Grad der örtlichen Konzentration von Telefonanschlüssen. Im Anschluß an CHRISTALLER gab es eine ganze Reihe von Versuchen, den zentralörtlichen

»Bedeutungsüberschuß« an Hand verfeinerter und aussagekräftigerer Kriterien zu ermitteln; darauf soll hier nicht weiter eingegangen werden [348]. Hier erscheint es vor allem angebracht, »die Resonanz, die ein zentraler Ort aus dem Umland erfährt, durch Vergleich zur Stufung zentraler Orte« [349] zu verwenden. Dabei haben sich vorwiegend 4 Zentralitätsstufen herauskristallisiert: Zentrale Orte für

a) den Alltags- oder Grundbedarf
b) den selteneren Normalbedarf
c) den gehobenen Spezialbedarf
d) den Maximalbedarf.

Diese Vierstufigkeit liegt heute den meisten Zentralitätsuntersuchungen und Raumordnungsplänen zugrunde; doch ist die Bezeichnung und Abgrenzung der den einzelnen Bedarfsstufen zuzuordnenden Gemeinden sehr unterschiedlich. So geht beispielsweise ISBARY [350] in seinem Gutachten von einer Gliederung in ländliche Mittelpunktgemeinden und verstädterte Gemeinden, Unterzentren, Mittelzentren und Oberzentren aus; KLÖPPER [351] nennt die entsprechenden Stufen Kleinzentren, Mittelzentren, Höhere Zentren und Großzentren, während die Bundesvereinigung der Kommunalen Spitzenverbände in ihrer bereits erwähnten Denkschrift [352] unter Berücksichtigung des meist städtischen Charakters der höheren Zentralitätsstufen Mittelpunktgemeinden, kleinere zentrale Städte, mittlere zentrale Städte und Großstädte unterscheidet. Wir wollen uns im folgenden der Terminologie und Gliederung der letztgenannten Schrift anschließen.
Danach werden unter *Mittelpunktgemeinden* als den zentralen Orten niedrigster Stufe jene Gemeinden verstanden, »die einige andere Gemeinden (Siedlungen) in den unteren Bedarfsstufen sozialökonomischer Grundausrüstung mitversorgen« [353], also denjenigen Alltags- und Grundbedarf, dessen Deckung in den Gemeinden kleinster Größenordnung nicht gewährleistet werden kann, für jene in ihrer engeren Umgebung liegenden Orte zur Verfügung stellen. Die Mittelpunktgemeinden [354] weisen in der Regel eine eigene Einwohnerzahl von 1000 bis 6000 auf; zu dieser Einwohnerzahl der »Kernsiedlung« kommen die ebenfalls von den Einrichtungen der Mittelpunktgemeinde zu versorgenden Bewohner der umliegenden Orte (Nahbereiche) hinzu. Im Bundesdurchschnitt umfaßt das gesamte von einer derartigen Mittelpunktgemeinde im Hinblick auf den Bedarf an privaten und öffentlichen Leistungen zu versorgende »Einzugsgebiet« etwa 8000 Konsumenten [355].
In den Mittelpunktgemeinden sollten nach den gegenwärtigen Vorstellungen neben den Einrichtungen örtlicher oder überörtlicher Verwaltung vor allem neunklassige Mittelpunktschulen einschließlich Hilfsschulen, Sportanlagen, Kindergärten und Büchereien vorhanden sein. Für eine weitergehende Ausstattung reicht in aller Regel der Einzugsbereich von etwa 8000 Einwohnern nicht aus, wenn diese Einrichtungen ökonomisch und technisch den heutigen Anforderungen genügen sollen.
In einem nach funktionalen Gesichtspunkten geordneten Raum übernehmen die *»kleineren zentralen Städte«*, d. h. die Zentralorte der zweiten Stufe, die Aufgabe, neben der Versorgung ihrer eigenen Bevölkerung auch die Deckung des »selteneren Normalbedarfs« für die Einwohner der näheren und weiteren Umgebung sicherzustellen. »In ihrer raumpolitischen Funktion bilden die zentralen Orte dieser zweiten Stufen ihrerseits nicht nur ein Zentrum für ihre eigenen Nahbereiche, sondern sie sind – vor allem in ländlichen Räumen – ebenfalls ein Zentrum für mehrere Mittelpunktgemeinden und deren Nahbereiche [356]. Die Einwohnerzahl ihres Kerngebietes schwankt zwischen 6000 und 15 000 Einwohnern; einschließlich des Nahbereichs werden etwa 10 000 bis 20 000 Einwohner ihren Grundbedarf an öffentlichen Leistungen in den »kleineren zentralen Städten« befriedigen. Gleichzeitig muß die Zentralgemeinde zweiter Stufe aber auch die Einrichtungen schaffen, um einerseits ihren Kern- und Nahbereich andererseits aber auch die ihr zentralitätsmäßig

untergeordneten Mittelpunktgemeinden und deren Nahbereiche mit Gütern und Leistungen des »selteneren Normalbedarfs« versorgen zu können.
Geht man – bezogen auf die Verhältnisse in der Bundesrepublik – davon aus, daß einer »kleineren zentralen Stadt« jeweils etwa 5 Mittelpunktgemeinden regional und funktional zugeordnet werden können [357], so beläuft sich das gesamte Einzugsgebiet der Gemeinden in der zweiten Zentralitätsstufe für den »selteneren Normalbedarf« an kommunalen Leistungen auf etwa 50 000 bis 60 000 Einwohner.
Zur erforderlichen kommunalen Ausstattung dieser Orte gehören zusätzlich zu den bereits in den Mittelpunktgemeinden enthaltenen Einrichtungen: Berufsschulen, Realschulen, Gymnasien, Krankenhäuser zur medizinischen Grundversorgung, Schwimm- und Badegelegenheiten, zentrale Einrichtungen der Erwachsenenbildung u. a. m.
»Die zentralen Orte der beiden unteren Stufen finden ihre funktionale Ergänzung in den mittleren zentralen Städten und in den Großstädten« [358]. Die *»mittlere zentrale Stadt«* übernimmt dabei in erster Linie die Aufgabe, Zentrum für die Deckung des »gehobenen Spezialbedarfs« der beiden unteren Zentralitätsstufen zu sein; daneben müssen aber natürlich der »Alltags-« und »seltene Normalbedarf« für den eigenen Kern- und Nahbereich gedeckt werden. Zusätzlich zu den in unteren Stufen unterhaltenen öffentlichen Einrichtungen sollten in den Städten mittlerer Zentralität an kulturellen Einrichtungen vor allem Theater, Orchester und Museen, zudem Fach- und Hochschulen und diejenigen Krankenhäuser vorhanden sein, die die Befriedigung der medizinischen Regelversorgung [359] übernehmen können.
Nach den Ergebnissen von ISBARY gibt es in der Bundesrepublik etwa 300 derartige Mittelzentren, die einschließlich der Nahbereiche jeweils zwischen 20 000 und 100 000 Einwohner aufweisen [360]. Unterstellt man wiederum eine idealtypische Verteilung auf den Gesamtraum, so umschließt der Funktionsbereich dieser Zentren für den »gehobenen Spezialbedarf« neben dem eigenen Kern- und Nahbereich ein oder zwei »kleinere zentrale Städte« einschließlich der Gesamteinzugsgebiete. Über die insgesamt mit den Leistungen und Gütern des »gehobenen Spezialbedarfs« zu versorgende Konsumentenzahl können hier noch weniger als in den unteren Stufen exakte Angaben gemacht werden; das Maximum dürfte jedoch bei etwa 200 000 Einwohnern liegen.
Der höchste Grad der Zentralität wird in den »Großstädten« erreicht, in Städten mit einer Einwohnerzahl von über 100 000, deren Bedeutung in der Funktionshierarchie über den regionalen Rahmen hinaus oftmals ganze Bundesländer erfaßt. In der Bundesrepublik gab es 1965 58 derartige Großgemeinden. Ihre Ausstrahlungskraft und ihre Einzugsgebiete lassen sich wegen der großen Heterogenität kaum erfassen. Im Hinblick auf ihre kommunale Ausstattung sind naturgemäß die höchsten Anforderungen zu stellen; von ihnen wird erwartet, »daß sie im Bereich der Wirtschaft und Technik, des Ausbildungswesens und der Wissenschaft, der Kultur und des Gesundheitswesens über die spezialisierten und differenzierten Einrichtungen verfügen, die heute zum Funktionieren und zur Fortentwicklung auf den genannten Gebieten erforderlich sind« [361]. Neben ihrer dominierenden Stellung im kulturellen Leben (z. B. Theater) interessiert im Rahmen dieser Arbeit insbesondere die Ausstattung mit Krankenhäusern; hier haben die Großstädte die »Zentral-« und »Maximalversorgung« [362] sicherzustellen, die auch die kompliziertesten und kostspieligsten medizinischen Leistungen wie beispielsweise Herzchirurgie, Isotopendiagnostik, Hirnchirurgie usw. umfaßt [363].
Die raumordnende Abstufung nach der Zentralität bringt es zwangsläufig mit sich, daß die verschiedenen Ebenen in einem viel stärkeren Maße voneinander abhängig und aufeinander angewiesen sind als in einer räumlichen Struktur, die durch die Isolierung der Verwaltungseinheiten gekennzeichnet ist. Wenn in den zentralen Orten niedrigerer Stufen auf bestimmte Einrichtungen bewußt verzichtet wird, da sie nach funktionalen Gesichts-

punkten besser von größeren Einheiten unterhalten werden, dann kann die höhere Zentralitätsstufe ihrerseits nicht auf die Einrichtung und Unterhaltung dieser öffentlichen Einrichtungen verzichten, ohne daß die Gesamtstruktur darunter leidet. Mit der Annahme des oben skizzierten Zentralitätsmodells ist daher die Verteilung der darin aufgenommenen kommunalen Aufgaben auf die einzelnen Gemeinden bindend festgelegt. Bestimmte Aufgabenbereiche werden nur noch von zentralörtlichen Gemeinden wahrgenommen; *nur sie weisen daher in diesen Bereichen in der Zukunft noch Bedarfe auf.*

Durch die materiell-rechtlichen Vorschriften des Raumordnungsgesetzes sind auch die Bundesländer auf die obersten Raumordnungszielsetzungen verpflichtet, wie sie naturgemäß in erster Linie von der Bundespolitik verfolgt werden; insofern kann also auch hier von einer allgemeinen Interessengleichheit zwischen Bund und Ländern ausgegangen werden, die allerdings keineswegs grundsätzlich eine länderweise recht unterschiedliche Operationalisierung der unbestimmten Rechtsbegriffe »Einheitlichkeit der Lebensverhältnisse« und »Zentralörtliche Gliederung« sowie ganz verschiedene Konkretisierungen spezieller Normen in den Strukturprogrammen und Landesentwicklungsplänen ausschließen. Eine Tendenz zur einheitlichen Zielfixierung in den Bundesländern ergibt sich jedoch schon allein durch die institutionalisierte Zusammenarbeit zwischen den Trägern der Raumordnungspolitik in der Ministerkonferenz für Raumordnung [364], deren Entschließungen und Leitgedanken in die Landesplanungen einfließen [365]. Die Ministerkonferenz befolgt ihrerseits zum großen Teil die Empfehlungen des Beirates für Raumordnung [366], der den Bundesinnenminister in Grundsatzfragen der Raumordnung berät.

Dem »Trend zur Vereinheitlichung der Lebensverhältnisse« können sich eben weder Bund noch Länder entziehen. Dies um so weniger, als sie nicht nur durch die Grundgesetznormen dazu aufgerufen sind, sondern vor allem auch »durch die Empfindlichkeit, mit der die öffentliche Meinung auf regionale Leistungsunterschiede reagiert, und durch die immer allgemeiner werdende Forderung nach einem möglichst überall im Bundesgebiet gleichen Standard der Verwaltungsleistungen« [367] schon aus wahltaktischen Überlegungen dazu angehalten werden.

Für Nordrhein-Westfalen sind die Planungsgrundsätze und -ziele sowie die Leitlinien für die Entwicklung des Landesgebietes im Landesentwicklungsprogramm vom 7. 8. 1964 [368] festgelegt worden, das auf »ein System von Entwicklungsschwerpunkten und Entwicklungsachsen« [369] ausgerichtet ist und das gesamte Landesgebiet in Ballungskerne, Ballungsrandzonen und Ländliche Zonen einteilt. Die Konkretisierung dieses Grundsatzprogramms im Landesentwicklungsplan I [370] geht von einer zentralörtlichen [371] Gliederung der Ländlichen Zonen aus; insgesamt werden im Entwicklungsplan 309 Gemeinden und 21 städtische Verflechtungsgebiete mit zentralörtlicher Bedeutung dargestellt. »Ihrer unterschiedlichen funktionalen Bedeutung wegen, deren Kenntnis insbesondere für den weiteren Ausbau der Infrastruktur und die dabei anzustrebende Bündelung der erforderlichen Maßnahmen als Voraussetzung für eine wachstumsoptimale Entwicklung der Ländlichen Zonen unerläßlich ist, werden folgende sich funktional ergänzende Stufen zentralörtlicher Bedeutung unterschieden: *Gemeinden mit zentralörtlicher Bedeutung* für einen Versorgungsbereich, der

5 000 bis 10 000
10 000 bis 20 000
20 000 bis 50 000 bzw.
mehr als 50 000

Einwohner umfaßt oder in absehbarer Zeit umfassen wird. *Städtische Verflechtungsgebiete*, die 50 000 und mehr Einwohner haben oder in absehbarer Zeit haben werden und zentralörtliche Bedeutung für einen über ihre Grenzen hinausgehenden Versorgungsbereich haben.« [372]

Dieses System zentralörtlicher Gliederung scheint auf den ersten Blick erheblich von dem oben dargestellten vierstufigen Funktionalprinzip abzuweichen [373]. Unter Berücksichtigung der angestrebten Schwerpunktbildung und Standortpolitik in den meist großstädtischen Charakter aufweisenden Ballungskernen, in den Ballungsrandzonen und städtischen Verflechtungsgebieten läßt sich jedoch auch hier eine von der Mittelpunktgemeinde bis zur Großstadt durchgehende Aufgaben- und Funktionsverteilung erkennen, die der oben getroffenen Abgrenzung weitgehend entspricht; auffallend bleibt daher lediglich die detailliertere Abstufung im Bereich der Mittelzentren.

Für die künftige Raumordnungspolitik während des Zeitraums bis zum Jahre 1980 kann indessen eine vierstufige zentralörtliche Gliederung ohne Einschränkung unterstellt werden. Auch die Entschließung der Ministerkonferenz für Raumordnung über Zentrale Orte und ihre Verflechtungsbereiche unterscheidet vier Stufen der Gemeinden mit zentralörtlicher Bedeutung: Ober-, Mittel-, Unter- und Kleinzentren [374], und die Landesregierung hat in ihrem sechsten Raumordnungsbericht selbst erklärt, daß im einzelnen zu prüfen ist, wie der Landesentwicklungsplan I »an die in der Entschließung angestrebte zentralörtliche Gliederung angeglichen werden kann« [375].

Es ist daher davon auszugehen, daß in der Raumordnungspolitik des Bundes und des Landes eine Verteilung der kommunalen Einrichtungen und Grundlageninvestitionen, der »raumwirksamen Investitionen« schlechthin, nach dem vierstufigen zentralörtlichen Gliederungsprinzip vorgenommen bzw. angestrebt wird. Da eine freiwillige Befolgung der im Land konkretisierten Planungsziele durch die Gemeinden nicht vorausgesetzt werden kann [376], ergibt sich die Folgerung, daß neben dem Bund in erster Linie das Land zur Durchsetzung seines Willens Einfluß auf die gemeindlichen Entscheidungen über den Standort öffentlicher Einrichtungen und die Aufgabenwahrnehmung nehmen wird. Die Tendenz zur zwangsmäßigen Vereinheitlichung bestätigt sich also nicht nur in der konjunktur- und wachstumspolitisch motivierten, sondern auch in der raumordnungspolitisch motivierten zentralen Einwirkung und Steuerung des kommunalen Investitionsbereichs.

§ 9 Die staatliche Lenkung der kommunalen Aufgabenstruktur

Die »unaufhaltsame Tendenz zur Unitarisierung« [377] und zu Eingriffen in die Aufgabenbereiche untergeordneter Gebietskörperschaften läßt die Frage in den Vordergrund treten, inwieweit die für die Konjunktur-, Wachstums- und Raumordnungspolitik speziell interessanten kommunalen Investitionsaufgaben in concreto den Gegenstand von Maßnahmen der Bundes- und Landesregierung bilden können [378]; zumindest theoretisch stehen Bund und Ländern zahlreiche Eingriffsmöglichkeiten zur Verfügung [379]. Von der Art und Richtung des tatsächlichen Vorgehens der staatlichen Instanzen hängt nicht zuletzt – wie noch zu zeigen sein wird – auch die Entwicklung der kommunalen Investitionsbedarfe ab. Den oben erwähnten Zielsetzungen entsprechend kommt es für die Regierungen in Bund und Ländern darauf an, den Einfluß auf die Investitionstätigkeit der Gemeinden sowohl in quantitativer als auch in qualitativer Hinsicht zu verbessern; die Einflußnahme auf das Investitionsvolumen würde dabei in erster Linie den konjunkturpolitischen Erfordernissen, der Einfluß auf Art, Qualität und Standort der Investitionen und auf die Struktur von freiwilligen Aufgaben und Pflichtaufgaben vor allem den wachstumspolitischen Notwendigkeiten und den Bemühungen um eine Vereinheitlichung der Lebensverhältnisse Rechnung tragen.

Die Medien dieser Einflußnahme erstrecken sich von Formen relativ lockerer Kooperation und Koordination zwischen den beteiligten öffentlichen Ebenen auf freiwilliger Basis über Empfehlungen und materielle Anreize bis hin zur Ausnutzung der legislativen Kompetenzen durch ausdrückliche Verpflichtungen der untergeordneten Gebietskörperschaften [380].

Dieses Spektrum der Einwirkungsmöglichkeiten wird allerdings in der Realität nicht unerheblich eingeengt; das gilt im besonderen für die Steuerungsmöglichkeiten des Bundes [381].

Nach der Verfassungssystematik des Grundgesetzes besitzen die Länder die »Summe der kommunalen Gesetzgebungskompetenzen« [382]. Zwar lassen die politische Praxis und die Verwaltungsrealität erkennen, daß das heute von den Landes- und Kommunalbehörden vollzogene Recht zum großen Teil Bundesrecht ist [383], so daß das Grundgesetz dem Bund zahlreiche Möglichkeiten bietet, über seine Gesetzgebung auf kommunale Institutionen einzuwirken [384] und die Organisation der Kommunalverwaltung bundesrechtlich vorzuformen [385]; der direkte gesetzgeberische Zugang zu den hier relevanten kommunalen Investitionsaufgaben wie Schul- und Krankenhausbau, die Errichtung von Sportanlagen und Kindergärten usw. ist dem Bund jedoch weitgehend verschlossen [386]. Er kann daher in diesem Bereich nur innerhalb relativ enger Verfassungsgrenzen mit den Gemeinden kontrahieren und in seiner – im Hinblick auf die kommunale Wirksamkeit – eingeengten Zuständigkeit als Gesetzgeber sowie in seiner Eigenschaft als potentieller Geldgeber seinen Einfluß den Gemeinden gegenüber direkt geltend machen; er hat andererseits nur die, nicht zuletzt von der Einsicht, dem guten Willen und der Kompromißbereitschaft der Länder abhängige Möglichkeit [387], nach einer entsprechenden freiwilligen Koordination die Bundesländer zur einheitlichen Handhabung ihrer Steuerungsinstrumente gegenüber den Gemeinden zu veranlassen oder gar zur Einflußnahme auf die Gemeindetätigkeit zu verpflichten [388].

Unter *konjunkturpolitischen* Aspekten können Bund und Länder sich damit begnügen, in stärkerem Maße als bisher auf die den einzelnen Gemeinden zur Verfügung stehende Haushalts- und Finanzmasse einzuwirken, da durch sie nicht zuletzt das Volumen der kommunalen Investitionsausgaben bestimmt wird. Eine beträchtliche Erweiterung des konjunkturpolitischen Instrumentariums, die letztlich immer eine Stärkung der Position der Bundesregierung mit sich bringen wird und daher auch zu einer fortschreitenden Mediatisierung der Bundesländer führen muß [389], ist durch das Stabilitätsgesetz und die Verfassungsänderung in Art. 109 GG bereits erreicht worden.

Ein durchaus praktikables Instrument ist dadurch der Bundesregierung u. a. in §§ 19 ff. StabG mit dem Mittel der Kreditlimitierung verschafft worden, die es der Regierung gestattet, zeitlich befristete quantitative und qualitative Beschränkungen der kommunalen Kreditaufnahme durchzusetzen. Darüber hinaus sind auch die Länder verpflichtet, auf eine konjunkturpolitisch »richtige« Kreditaufnahme der Gemeinden mit eigenen Mitteln hinzuwirken [390]. Die Möglichkeit zur direkten Einflußnahme bietet sich den Ländern dabei auf Grund der aufsichtsbehördlichen Genehmigungspflicht kommunaler Darlehen [391] und durch die Einschaltung kommunaler Kreditausschüsse bei den kommunalen Spitzenverbänden [392].

Zu einem der wirksamsten Instrumente zur Beeinflussung der kommunalen Deckungsmittel und zur Erfüllung der ihnen aus § 16 Abs. 2 StabG erwachsenen Verpflichtung können die Bundesländer ferner die Bemessung ihrer allgemeinen Finanzzuweisungen an die Gemeinden ausbauen. Die konjunkturelle Effizienz dieses Steuerungsinstrumentes kann in der Zukunft vor allem dadurch erheblich verbessert werden, daß die Finanzzuweisungen in konsequenter Befolgung des Stabilitätsauftrages nach § 16 Abs. 2 StabG nicht mehr wie bisher in prozyklischer Weise direkt an das Steueraufkommen der Länder angelehnt werden [393].

Ob und inwieweit in diesem konjunkturpolitischen Sinne auch andere Möglichkeiten antizyklischer Ausgestaltung der gemeindlichen Einnahmewirtschaft – beispielsweise durch eine kurzfristige Änderung steuergesetzlicher Bestimmungen [394] oder eine gesamtwirtschaftlich-funktionale und konjunkturgerechte Kodifizierung der Rücklagenverordnung [395] – vom Kommunalgesetzgeber genutzt werden, braucht hier im einzelnen nicht untersucht zu werden, da alle möglichen Initiativen dieser Art zur Steuerung des gemeindlichen Haushaltsvolumens über die *allgemeinen* Deckungsmittel lediglich die *Ausgabenhöhe* verändern können; sie wirken daher ausschließlich im Bereich der Bedarfs*deckung*. Für die hier zur Diskussion stehende Problematik sind jedoch die Entwicklungstendenzen der staatlichen Einflußnahme sowie ihre Grenzen nur insoweit von Interesse, als sich aus ihnen möglicherweise Auswirkungen auf die kommunalen Investitions*bedarfe* ergeben können, die entsprechend der oben vorgenommenen Begriffsabgrenzung durch Zusammensetzung und Struktur der einzelgemeindlichen Aufgabenbereiche und durch die innerhalb dieser Aufgabenbereiche angestrebten kommunalen Verwaltungsziele bestimmt werden [396]. Es ist daher im folgenden zu prüfen, ob und inwieweit eventuell – vornehmlich unter *wachstums- und raumordnungspolitischen* Gesichtspunkten – für Bund und Länder Eingriffe in den Aufgabenbereich der einzelnen Gemeinden erforderlich und möglich werden, um einerseits die Wahrnehmung der für das gesamtwirtschaftliche Wachstum entscheidenden Aufgaben sicherzustellen und andererseits auch die räumliche Verteilung kommunaler Einrichtungen im Sinne der Gesamtvorstellungen steuern können.

Auf die Struktur des kommunalen Wirkungskreises können Zentralregierung und Länderregierungen zunächst durch Veränderung des den Gemeinden erlaubten Tätigkeitsbereichs einwirken. Die schärfste und wohl effizienteste Durchgriffsmöglichkeit des Staates bestünde dabei in der Übertragung investitionsintensiver kommunaler Aufgaben auf den Bund oder die Länder, wie sie beispielsweise von HALLER in Erwägung gezogen wurde [397]. Mag auch ein solcher Weg unter ökonomischen Effizienzgesichtspunkten zu begrüßen und zu rechtfertigen sein, »politisch ist er irreal, um nicht zu sagen illusionär« [398]. Die vor allem in jüngster Zeit unterbreiteten Vorschläge, einzelne Aufgaben auf überörtliche, aber kommunale Verbände zu übertragen, werden demgegenüber zwar u. U. zu realisieren sein, für den politischen Durchgriff von oben nach unten jedoch keine prinzipiellen Änderungen herbeiführen; dies um so weniger, als die meisten Vorschläge lediglich auf überörtliche Planungszuständigkeiten hinauslaufen [399].

Eine andere Lösung könnte man in einer stärkeren gesetzlichen Verpflichtung der Gemeinden zur Wahrnehmung bestimmter Aufgaben erblicken, also in einer Ausdehnung des »pflichtigen« kommunalen Aufgabenbereiches zu Lasten der »freiwilligen« Aufgaben. Grundsätzlich steht die Selbstverwaltungsgarantie der Gemeinden dieser stärkeren »Inpflichtnahme« durch staatliche Gesetze nicht entgegen; die Gemeinden sind ja nur insoweit zu eigenverantwortlichem Handeln berechtigt, als nicht gesetzliche Bestimmungen ihren Handlungsspielraum einengen. Der Umfang, in dem das möglich ist, wird allerdings durch die im übrigen recht vage Norm begrenzt, daß die Selbstverwaltung der Gemeinden nicht in ihrem Kern und Wesensgehalt angetastet werden darf, wie immer die Rechtsprechung diese »Essentialia« auch auslegen mag [400].

Auf jeden Fall trifft eine vom *Bund* ausgehende gesetzgeberische Einflußnahme auf den kommunalen Aufgabenbereich auf den politischen Widerstand der in dieser Hinsicht mit dem Bund konkurrierenden Bundesländer, denen ja durch die Zustimmungsbedürftigkeit bei entsprechenden Gesetzesänderungen eine nicht unerhebliche Kontrollfunktion zukommt. Zudem ist die Gesetzgebungskompetenz des Bundes – von wenigen Ausnahmen abgesehen – auf kommunale Aufgabenbereiche beschränkt, die wachstums- und konjunkturpolitisch nicht so stark ins Gewicht fallen [401], so daß selbst die gegen rechtliche und politische Bedenken durchzusetzenden Gesetzesänderungen keine spürbare Effizienzsteigerung des zentralen Steuerungsinstrumentariums bewirken würden. Dies um so weniger, als Pflichtaufgaben zwar die einzelne Gemeinde zur Erfüllung der betreffenden Aufgaben anhalten, die Gemeindeorgane jedoch weiterhin in eigener Verantwortung Umfang und Art der Aufgabenerfüllung und mithin auch ihrer damit verbundenen Investitionstätigkeit bestimmen [402].

Die den Gemeinden noch im freiwilligen Bereich verbliebenen investitionsintensiven, für Wirtschaftswachstum und Raumstruktur relevanten Aufgabenbereiche unterliegen der Gesetzgebungskompetenz der Bundesländer. Die Länder besitzen daher grundsätzlich »in ihrem Gesetzgebungsrecht und ihren Kontrollbefugnissen die geeigneten Mittel, mit denen die Politik der kommunalen Gebietskörperschaften der Landespolitik in erheblichem Umfang angepaßt zu werden vermag« [403]; sie sind daher auch in der Lage, »den Wirkungskreis und die Eigenverantwortlichkeit der Gemeinde sowie die Zuständigkeitsordnung der Gemeindeorgane« [404] nach ihren Vorstellungen zu verändern. In der Tat hat der Landesgesetzgeber seine Kompetenzen dazu genutzt, den Gemeinden immer mehr Aufgaben zur pflicht- und weisungsgemäßen Erfüllung zu übertragen [405]. Die Entscheidungsfreiheit der Gemeinden wird zudem auch dadurch eingeengt, daß sie mit dem Vollzug jener örtlich radizierbaren Auftragsangelegenheiten beauftragt werden, die der Bund den Ländern zuschreibt [406]. Die Sachverständigenkommission zur Verwaltungsvereinfachung schätzte daher schon 1960 den Anteil der weisungsgebundenen Gemeindeaufgaben, in denen die kommunale Verwaltung praktisch als unterste staatliche Behörde handelt, an der Gesamttätigkeit der Gemeinden auf 80–90 v. H. [407].

Damit ist die gesetzliche Reglementierung des kommunalen Wirkungskreises allerdings an einem Punkt angelangt, wo jede weitere formale Einschränkung an die verfassungsmäßige Selbstverwaltungsgarantie stoßen und politische Widerstände vor allem seitens der kommunalen Spitzenverbände auslösen würde. Zwar ist es wahrscheinlich, daß die Gemeinden dennoch in wachsendem Maße in den Vollzug staatlicher Vorschriften einbezogen werden [408]; direkte Eingriffe in den Bereich der den Gemeinden verbliebenen Investitionsaufgaben sind jedoch auch von der Länderseite her nicht zu erwarten.

Einen Einfluß auf die kommunale Investitionsgebarung könnte der Bund in Verbindung mit den Ländern andererseits durch den Erlaß von Rahmengesetzen und -bestimmungen ausüben [409]; dieser Gedanke ist inzwischen auch bereits in § 16 Abs. 1 StabG aufgegriffen worden. Neben Bund und Ländern haben danach auch die Gemeinden »bei ihrer Haushaltswirtschaft den Zielen des § 1 Rechnung zu tragen«, also bei ihren einnahme- und ausgabepolitischen Maßnahmen »die Erfordernisse des gesamtwirtschaftlichen Gleichgewichts zu beachten«. Muß einerseits bezweifelt werden, ob durch eine solche abstrakte »Inpflichtnahme« die Gemeinden überhaupt zu einer bewußten Orientierung ihrer Haushaltswirtschaft am »Magischen Viereck« bewegt werden können, so ist der Bund allein auf Grund seiner Rahmenkompetenz andererseits nicht befugt, die Effizienz dieses Instrumentes durch direkte Weisungen und Eingriffe in die kommunale Haushaltssphäre oder gar durch eine unmittelbare Beeinflussung der Aufgabenstruktur zu erhöhen. Auch der vom Forschungsinstitut der Friedrich-Ebert-Stiftung unterbreitete Vorschlag, die Bundesregierung innerhalb derartiger Rahmengesetze zum Erlaß von Rechtsverordnungen zu ermächtigen [410], die den Gemeinden konkrete Einzelmaßnahmen vorschreiben können, dürfte für die interessierenden Aufgabenbereiche der Gemeinden weder verfassungsrechtlich noch politisch zu realisieren sein.

Ebensowenig wird es gelingen, durch Rahmenbestimmungen haushaltsrechtlicher Art oder durch Leitlinien zur koordinierten Aufstellung von Finanzplänen, über gewisse »allgemeine Grundsätze konjunkturpolitischen Wohlverhaltens« hinaus, den Gemeinden auch die Befolgung konkreter Anweisungen oder die Wahrnehmung bestimmter Aufgaben vorzuschreiben. Die Kommission für die Finanzreform hat in ihrem Gutachten die allgemeine Auffassung von den Grenzen der bundespolitischen Einflußnahme auf die gemeindliche Aufgaben- bzw. Ausgabenstruktur sehr deutlich zum Ausdruck gebracht und auch die tatsächlichen rechtlichen und politischen Schranken dieser Einflußnahme klar hervorgehoben, wenn sie schreibt, daß direkte Eingriffsrechte der Bundesregierung in die Gestaltungsfreiheit der kommunalen Aufgabenbereiche »mit den Grundsätzen des föderativen Staatsaufbaus und des Prinzips der gemeindlichen Selbstverwaltung nicht vereinbar« seien, da sie einem »unerträglichen Dirigismus Tür und Tor öffnen« [411].

Nach dieser Grundauffassung, die sich natürlich vor allem die unteren Ebenen des Staatsgefüges zu eigen machen, sind auch partnerschaftliche Kooperationsversuche und Verwaltungsabkommen zwischen Bund, Ländern und Gemeinden, die darauf hinausliefen, die Gemeinden schlechthin oder aber einzelne Gemeinden zur Wahrnehmung bestimmter Aufgaben in einer spezifischen Art zu bewegen oder sie von der Durchführung von Aufgaben abzuhalten, in aller Regel von vornherein zum Scheitern verurteilt; sie scheitern ganz einfach an »der geringen Bereitschaft der ‚unteren Instanzen', auf einen Teil ihrer Entscheidungsfreiheit zu verzichten« [412]. Sie wären aber zum anderen auch technisch schon dadurch unmöglich, daß die deutschen Gemeinden wegen ihrer Vielzahl als Vertragspartner der staatlichen Gebietskörperschaften gar nicht in Betracht kommen, aber auch weder die kommunalen Spitzenverbände und ihre Dachorganisation mangels eigener Kompetenzen zu derartigen Vertragsregelungen für ihre Mitglieder befugt sind, noch die Länder Verwaltungsvereinbarungen zu Lasten ihrer Gemeinden schließen können [413].

Da die tatsächlich effizienten *direkten* staatlichen Eingriffsmöglichkeiten in den kommunalen Aufgabenbereich angesichts der zahlreichen verfassungsrechtlichen Schranken und der starken politischen Widerstände nicht genutzt werden können und die in praxi durchsetzbaren o. a. Maßnahmen lediglich zur Verbesserung des *konjunkturpolitischen* Instrumentariums geeignet sind, werden sich Bund und Länder zur Vergrößerung ihres Einflusses auf die kommunale Aufgaben- und Investitionsstruktur sowie zur Durchsetzung ihrer *raumordnungspolitischen* Vorstellungen in erheblich größerem Umfang jener indirekten finanziellen Lenkungsmittel bedienen, die auch schon in der Vergangenheit eine gewisse Bedeutung erlangt haben.

Den besten Ansatzpunkt bieten dabei die Zuweisungen im Rahmen des kommunalen Finanzausgleichs, der in immer stärkerem Maße den strukturpolitischen Vorstellungen von Bund und Ländern, insbesondere den Zielen der Raumordnungspläne angepaßt wird. So werden in Zukunft ohne Zweifel auch die allgemeinen Schlüsselzuweisungen zur standortlenkenden Beeinflussung der »raumwirksamen Investitionen« der Gemeinden genutzt werden. In diesem Sinne hat beispielsweise die Ministerkonferenz für Raumordnung im Herbst 1969 den Ländern bereits empfohlen, in ihren Finanzausgleichsgesetzen entweder »Sonderansätze für Zentrale Orte vorzusehen, die die laufenden Aufwendungen für zentrale Einrichtungen, die diese Gemeinden für die Gemeinden des Versorgungsbereichs vorhalten, angemessen zu berücksichtigen« oder aber »die spezifischen Aufgaben der Zentralen Orte in einzelnen Bereichen zur Grundlage eines Sonderansatzes zu machen (z. B. Schulkinder-Ansatz)« [414], um auf diesem Wege die funktionale Verteilung kommunaler Einrichtungen zu gewährleisten.

Die entscheidende Rolle wird jedoch den zweckgebundenen Zuweisungen und Zuschüssen (auch Finanzhilfen, Dotationen oder Subventionen genannt) von Bund und Ländern zukommen, deren Lenkungsfunktion und -effizienz durch die Instrumente der Kommunalaufsicht [415] wirkungsvoll ergänzt werden. Da einerseits die Möglichkeiten des Bundes in dieser Hinsicht relativ begrenzt sind [416], andererseits aber die Tendenzen und die Auswirkungen seiner Einflußnahme mit denjenigen der Bundesländer voll übereinstimmen, sollen hier lediglich die Möglichkeiten der Landespolitik erwähnt und dabei, sofern konkrete Hinweise notwendig sind, die Verhältnisse von Nordrhein-Westfalen zugrunde gelegt werden; die Arbeit nimmt ferner – ihrer Themenstellung entsprechend – nur Bezug auf jene Zuweisungen, die für investive Zwecke vergeben werden.

Im Gegensatz zu den »Schlüsselzuweisungen«, die als allgemeine Deckungsmittel die kommunale Finanzmasse verstärken und dementsprechend ohne besondere Auflagen gewährt werden, gehören die Zweckzuweisungen innerhalb und außerhalb des Steuerverbundes zu den speziellen Deckungsmitteln, dürfen von den Gemeinden also nur für die vom Land bestimmten Verwendungen und nur unter Berücksichtigung meist sehr konkreter und detaillierter Bestimmungen oder Richtlinien verausgabt werden [417]; sie werden zudem ganz selbstverständlich nur für solche Aufgaben vergeben, an deren Durchführung und Erfüllung der Geldgeber, also in diesem Fall das Land, ein besonderes Interesse hat [418].

Da die Zweckzuweisungen die Wahrnehmung der vom Land für besonders wichtig und vordringlich erachteten Aufgaben im örtlichen Bereich sicherstellen sollen, benötigen die staatlichen Bewilligungsbehörden einen relativ großen Spielraum bei ihrer Bemessung. Während beispielsweise die Schlüsselzuweisungen im Finanzausgleichsgesetz des Landes Jahr für Jahr nach festen Maßstäben und sowohl fingierten als auch pauschalierten Bedarfs- und Finanzkraftkriterien sozusagen »von Parlaments wegen« bestimmt werden, liegt daher die Vergabe von speziellen Zuweisungen und Zuschüssen – vor allem soweit sie außerhalb gesetzlicher Normen und des Steuerverbundes gewährt werden [419] – weitestgehend im Ermessen der Exekutivorgane und Verwaltungsbehörden [420].

Dem Charakter der Zweckzuweisungen entsprechend bleibt es nicht aus, daß der Staat auf diesem Wege einen ständig wachsenden Einfluß auf die Gemeindetätigkeit ausübt [421]. »Der gebende Verband wird sich (nämlich) sichern müssen, daß das empfangende Glied den Betrag überhaupt für den Zweck der Bestimmung verwendet, er wird vorher prüfen, ob der Zweck erfüllungswürdig ist und daß dem Glied die eigenen Mittel dazu fehlen, er wird die Grundsätze für die Durchführung aufstellen, deren Einhaltung überwachen, über die ausgegebenen Mittel Abrechnung verlangen usw.: der gebende Verband kontrolliert also den empfangenden.« [422]

Die Kontrollfunktion der Zweckzuweisungen macht dieses Instrument unter Einbeziehung der Kommunalaufsicht vor allem zu einem geeigneten Mittel der Landespolitik, ihre qualitativen Vorstellungen von der Gemeindetätigkeit im allgemeinen und der kommunalen Investitionsbereiche im besonderen jeder einzelnen Gemeinde gegenüber durchzusetzen. Die zweckgebundenen Zuschüsse haben nämlich vor allem den Sinn, »1. einen Anreiz zu bilden, bestimmte Vorhaben mit Nachdruck zu schaffen, 2. zur Berücksichtigung überörtlicher Gesichtspunkte und einer Koordination beizutragen, 3. in der Ausführung des Vorhabens mitsprechen zu können« [423]. In Ermangelung anderer Instrumente und weitergehender Kompetenzen werden die Länder daher die Zangenwirkung von »verwaltungszweiggebundenen Zuweisungen« und Mitteln der Kommunalaufsicht ganz bewußt in den Dienst ihrer strukturpolitischen Ziele stellen und durch Bewilligung oder Versagung von Zuschüssen die Gemeinden zwingen, die Auswahl ihrer Aufgaben- und Tätigkeitsbereiche und die Standortwahl [424] spezieller kommunaler Einrichtungen nach den zentralörtlichen Landesplanungszielen vorzunehmen. Der politische Rahmen für diese Einwirkung ist bereits durch eine Entschließung der Ministerkonferenz für Raumordnung abgesteckt worden: Die Ministerkonferenz geht in ihrer Empfehlung davon aus, »daß die für die räumliche Entwicklung bedeutsamen Mittel aller Fachbereiche unter raumordnerischen Gesichtspunkten vergeben werden« [425] und daß die Auswahl der geförderten bzw. zu fördernden Objekte nach Maßgabe der zentralörtlichen Konzeption der Landesplanungen zu erfolgen habe. Darauf, daß auch die allgemeinen Schlüsselzuweisungen durch Spezialansätze für zentrale Orte in diesem Sinne in das Instrumentarium der Raumordnungspolitik einbezogen werden sollen, wurde bereits hingewiesen [426].

In diesem Zusammenhang bedarf es keiner Diskussion, ob die »Verbandsaufsicht des Staats über die kommunalen Selbstverwaltungskörperschaften« (Stern), die ja nach geltendem Recht im allgemeinen keine Zweckmäßigkeitsaufsicht impliziert [427], zur struktur- oder auch konjunkturpolitischen Orientierung einer formalen Änderung ihrer Aufsichtsmaßstäbe bedürfte, und ob solche Änderungen Aussicht auf politischen Erfolg hätten. Die »Realität der Kommunalaufsicht« zeigt deutlich, daß diese indirekte Form der Steuerung der gemeindlichen Investitionstätigkeit und der Beeinträchtigung der Selbstverwaltungsautonomie auch praeter und teilweise sogar contra legem politisch respektiert und von den Betroffenen geduldet wird. Die Zurückhaltung der Gemeinden in diesem Punkt entspricht auch der für das Verhältnis zwischen Bund und Ländern gültigen Erfahrung, daß sich die nachgeordneten Gebietskörperschaften eher mit einer effektiven Beschränkung ihrer Aufgaben und Ausgaben von der Einnahmeseite her als mit einer kodifizierten Einflußnahme auf die Verwendung ihrer Mittel abfinden [428].

Um die tatsächlichen Steuerungsmöglichkeiten der Länder besser verstehen zu können, genügt ein kurzer Blick auf die finanzielle Schlüsselstellung der Kommunalaufsichtsbehörden. In Ermangelung eigener Einnahmen sind die meisten deutschen Gemeinden nur dann zu der von ihnen erwarteten Erfüllung ihrer Aufgaben in der Lage, wenn ihre Deckungsmittel über die allgemeinen Zuschüsse hinaus durch zweckgebundene Landeshaushaltsmittel verstärkt werden. Das Wissen um diese finanzielle Abhängigkeit veranlaßt die Gemeinden schon in dem Stadium Kontakt zu den staatlichen Instanzen zu suchen, in dem noch Unklarheit darüber besteht, ob eine örtliche Angelegenheit überhaupt von der Gemeinde wahrgenommen werden soll; da die einzelne Gemeinde bei Pflichtaufgaben der Entscheidung über das »Ob« der Aufgabenübernahme enthoben ist, gilt diese Konsequenz natürlich nur für den weiten Bereich freiwilliger Betätigung. In den übrigen Aufgabenbereichen beschränken sich die Kontakte darauf, die den Gemeinden zur Pflicht gemachte Investitionstätigkeit mit den finanziellen Möglichkeiten und den Qualitätsanforderungen des Landes in Einklang zu bringen.

Die Kommunalaufsichtsbehörde steht in allen Fragen der Bewilligung von Zweckzuweisungen, die also nicht zuletzt auch darüber entscheiden, ob eine Gemeinde einen Aufgabenbereich übernimmt, eine öffentliche Einrichtung unterhält oder ob sie davon Abstand nimmt, vor allem zwischen den kleineren Gemeinden und den offiziellen Bewilligungsstellen des Landes [429]. Kein Antrag auf Zweckzuweisungen geht an die Landesregierung, ohne daß die Aufsichtsbehörde ihre Stellungnahme dazu abgibt und ihre Bewilligung empfiehlt oder ablehnt. Da die unteren Aufsichtsbehörden einerseits schon wegen ihrer Nähe zur Gemeindeverwaltung einen relativ engen Kontakt zu den Einzelkommunen haben und die individuellen örtlichen Verhältnisse weitaus besser zu beurteilen wissen als die Regierung selbst, andererseits aber als staatliche Behörde den Willen der Landesregierung vollziehen, bietet sich diese Zwischeninstanz geradezu an, schon in der ersten Phase der Kontaktaufnahme und Beratung die finanziell unselbständigen Gemeinden zu einer Befolgung der landespolitischen Zielvorstellungen anzuhalten.

Diese Möglichkeit wird zudem noch dadurch verbessert, daß die Kommunalaufsichtsbehörde auch in die Objekt- und Zweckförderung der Landkreise eingeschaltet ist. Auch die Kreise vergeben ja freiwillige und zweckbezogene Zuschüsse und Darlehen [430], die von den kreisangehörigen Gemeinden in aller Regel neben den Landeszuschüssen für die Durchführung bestimmter Vorhaben und zur Wahrnehmung ihrer Aufgaben benötigt werden. Auch dem Kreis empfiehlt die Aufsichtsbehörde die Annahme oder Ablehnung eines Antrages, die Höhe der Förderung und entscheidet durch ihren beratenden Einfluß auch mit darüber, ob verlorene Zuschüsse oder Darlehen gewährt werden.

Das entscheidende Bindeglied zwischen den landespolitischen Interessen und den Förderungsmaßnahmen der Landkreise ist die dualistische Stellung des Oberkreisdirektors; dieser ist nicht nur untere staatliche Kommunalaufsichtsbehörde, die Empfehlungen über die Förderungsanträge ausspricht, sondern in seiner Eigenschaft als kommunaler Wahlbeamter zugleich Vorsitzender des Kreisausschusses und als Kreisorgan an den Entscheidungen der Landeskreisvertretung maßgeblich beteiligt. »Rechtlich-organisatorisch betrachtet sind die beiden Ämter des (Oberkreisdirektors) [431] als Kommunalaufsichtsbehörde und als vorsitzendes handelndes Mitglied des Kreisausschusses selbstverständlich völlig getrennt zu betrachten. Es bedarf allerdings keiner weiteren Ausführungen, daß eine Empfehlung des Amtes für Kommunalaufsicht an den Kreisausschuß von erheblichem Gewicht ist, denn der (Oberkreisdirektor) als Vorsitzender des Kreisausschusses wird den Empfehlungen des (Oberkreisdirektors) als Kommunalaufsichtsbehörde wohl kaum die notwendige Unterstützung versagen.« [432]

Dem Land bieten sich dementsprechend ideale Voraussetzungen, die kommunalen Aufgabenbereiche nach seinen programmatischen zentralörtlichen Raumordnungsvorstellungen zu beeinflussen und zu lenken; die Aufsichtsbehörden sind dabei in der Wahl ihrer Mittel nicht kleinlich, sobald es darum geht, ihre Anschauungen widerstrebenden Gemeinden gegenüber durchzusetzen. Wenn die legalen Möglichkeiten der Aufsicht erschöpft sind, wird daher in der Regel ein sehr massiver finanzieller Druck auf die Gemeinden ausgeübt. »Ein beliebtes Druckmittel ist ... die ausgesprochene oder unausgesprochene Drohung, Zuschüsse nicht mehr in der gewohnten Weise zu befürworten« oder der versteckte Hinweis darauf, daß auch »mit finanziellen Einbußen bei der Gewährung notwendiger Zuschüsse zu anderen Projekten gerechnet werden müsse« [433].

Die Wirksamkeit der Raumordnungs- und Standortpolitik der Länder erklärt sich bei gezieltem Einsatz der vorhandenen Instrumente aus zwei Faktoren. Einerseits können finanziell schwache Gemeinden, die eine örtliche Aufgabe überhaupt nur mit zweckgebundenen Zuschüssen in Angriff nehmen können, durch Bewilligung oder Versagung der Zuschüsse von Land und Kreis zur Durchführung einer Aufgabe angeregt oder zum Verzicht gezwungen werden. Die Förderung kommunaler Einrichtungen in bestimmten Gemeinden hat aber andererseits auch zur Folge, daß die Umlandgemeinden möglicherweise schon deshalb auf die Übernahme der gleichen Aufgabe und die Unterhaltung der gleichen Einrichtung verzichten werden, weil sie auf Grund des verringerten Einzugsbereiches keine wirtschaftliche Nutzung und keine Kostendeckung erwarten können.

Die Effizienz des Einsatzes von Aufsichtsmitteln und Zweckzuweisungen hängt aber nicht zuletzt von der »Machtverteilung zwischen aufsichtführender und beaufsichtigter Stelle« ab [434], die in erster Linie von der Finanz- und Verwaltungskraft der Gemeinden bestimmt wird [435]. Die weitaus überwiegende Mehrzahl der kleineren Gemeinden ist daher in der Regel nicht in der Lage, sich dem dominierenden Einfluß der Aufsichtsbehörden und dem Anreiz der Zuweisungen zu entziehen [436]. Andererseits ist es den Regierungspräsidenten als Aufsichtsbehörden über die größeren Städte mit ausreichender Finanzausstattung kaum möglich, »sich gegenüber der ganzen Machtfülle des ... Oberstadtdirektors«[437] durchzusetzen; einige Länder sind daher dazu übergegangen, die Großstädte unmittelbar der Aufsicht des Innenministers zu unterstellen. Auch eine relativ starke Finanzkraft schließt indessen die Durchsetzung der landespolitischen Ziele nicht aus, da keine Gemeinde die vom Staat gebotenen Zuschußmöglichkeiten ungenutzt läßt und lieber die mit der Inanspruchnahme verbundenen Bedingungen und Finanzierungsrichtlinien erfüllt, als auf Zuweisungen und Vergünstigungen zu verzichten [438].

In dem größten Teil der kommunalen Aufgabenbereiche greift der Staat daher tief in den Willensbildungsprozeß der einzelnen Gemeinden ein und bestimmt vorweg darüber, welche Aufgaben die Gemeinde übernimmt und erfüllt [439]. Den Gemeindebürgern, ihrer Vertretung und dem Verwaltungsstab bleibt schließlich nur ein sehr geringer Spielraum, den Wirkungskreis ihrer Selbstverwaltungskörperschaft eigenständig abzugrenzen, zu erweitern oder einzuengen.

§ 10 Der Entscheidungsspielraum der Gemeinden

Ist der politische Wille der Gemeindeorgane, der sich vor allem in der Entscheidung über die Auswahl der von der Gemeinde zu übernehmenden Aufgaben verkörpert, einerseits durch gesetzliche und finanzielle Einwirkungen des Staates vorgeformt, so erfährt ihre Entscheidungsfreiheit andererseits erhebliche Einschränkungen durch soziale Normen aller Art und die Erwartungsstruktur der Gemeindebürger. Im Bereich der pflichtgemäßen und weisungsgebundenen Selbstverwaltungsangelegenheiten hat der Staat ohnehin bereits definitiv entschieden, daß die einzelnen Gemeinden bestimmte Aufgaben wahrzunehmen haben; damit ist daher auch die Existenz eines kommunalen Bedarfs bestimmt. Im freiwilligen Aufgabenbereich besteht zwar eine formale Entscheidungsfreiheit der Gemeinden; die finanzielle Abhängigkeit der meisten Gemeinden von staatlichen Zweckzuweisungen versetzt die Bundes- und Landesregierungen jedoch in die Lage, die Gemeinden zur Befolgung staatlicher Vorstellungen über die Aufgabenstruktur zu zwingen. Daß diese Konsequenz nicht nur für finanzschwache, sondern auch für finanzstärkere Gemeinden gilt, wurde bereits erwähnt; »Geld vom Bund (oder den Bundesländern) auszuschlagen, gilt als völlig unmöglich« [440], so daß staatlicherseits zumindest die Möglichkeit besteht, durch finanzielle Angebote eine Gemeinde für die Übernahme einer Aufgabe und die Durchführung einer Investitionsmaßnahme zu interessieren.

Nach alledem verbleibt den Gemeinden nur ein relativ geringer Spielraum, innerhalb dessen sie sich frei von staatlichen Normen und Anreizen entscheiden können. Auch dieser Spielraum wird indessen in der Realität nicht unbeträchtlich eingeengt. Wie freiwillig nämlich jene Selbstverwaltungsangelegenheiten sind, auf die der Staat weder gesetzlich noch finanziell gezielten Einfluß ausübt, »wird ersichtlich, wenn die Gemeinde sie aufgeben wollte, obwohl dafür ein öffentliches Bedürfnis besteht« [441]. In der Praxis wird keine Gemeindevertretung auf eine einmal wahrgenommene Aufgabe verzichten können, an der die Wähler interessiert sind und deren Wahrnehmung zur Gewohnheit geworden ist [442]; so ist beispielsweise von einer Großstadt nicht zu erwarten, daß sie ihre Theater oder Museen schließt, um dafür andere Aufgabenbereiche übernehmen zu können.

Andererseits drängen gerade die Erwartungsstrukturen der Gemeindebürger die Städte mit wachsender Größe und Einwohnerzahl, immer neue Aufgaben in ihren Tätigkeitsbereich einzubeziehen. Von bestimmten Größenordnungen ab kommen Gemeinden daher z. B. einfach nicht umhin, Nahverkehrsmittel einzusetzen oder die Straßenreinigung in eigener Regie durchzuführen. Die gewohnheitsmäßige Abhängigkeit der Aufgabenentwicklung von der Gemeindegröße hat so dazu geführt, daß sich für die einzelne Gemeinde auch die Entwicklung der Bedarfsbereiche sprunghaft vollzieht [443] und praktisch jede Gemeinde auf allen Stufen ihres Entwicklungsprozesses die von ihr wahrzunehmenden Aufgabenbereiche und damit die ihr zukommenden Bedarfsbereiche bereits vorgezeichnet findet, wozu nicht zuletzt »quasi-technische Notwendigkeiten« beitragen [444].

Die Aufgabenstrukturen der Gemeinden gleicher Größe nähern sich zudem ständig einander an, da sich die Kommunen an anderen Gemeinden orientieren und ihr Prestigedenken [445] eine schlechtere Ausstattung als in vergleichbaren Gemeinden nicht zuläßt. Mit der Übernahme von Normen sogenannter Leitbild-Gemeinden [446] durch kleinere Verwaltungseinheiten geht darüber hinaus auch in vertikaler Richtung eine Angleichung der Bedarfs- und Aufgabenstrukturen Hand in Hand, sofern eine Uniformierung nicht ohnehin bereits durch den Pflichtcharakter zahlreicher Aufgaben induziert wird. Zu einer Anpassung der kommunalen Ausstattung an das Angebot größerer Gemeinden werden die kleinen Gebietskörperschaften auch in der Zukunft schon durch das steigende Anspruchsniveau ihrer Bürger angehalten, die andernfalls um so eher dem allgemeinen Trend zur Ansiedlung in den Großstädten oder an ihrer Peripherie folgen würden.

So stellt sich die kommunale Aufgabenstruktur heute weniger als eine vom Willen der Bürger und ihrer gesetzlichen Vertretung im Einzelfall bestimmte oder getragene, als vielmehr von zentralistischen Kalküls vorgeformte und im formal freiwilligen Bereich durch die finanzielle Abhängigkeit, durch Institutionalisierung und Habitualisierung geprägte

Ordnung dar. Die Bedarfsbereiche der einzelnen Gemeinden sind daher in den meisten Fällen von vornherein fixiert. Von einer echten Freiwilligkeit ist nicht mehr zu sprechen [447].

§ 11 Konsequenzen für die Bedarfsprojektion

Auf Grund der oben formulierten Hypothesen über die Entwicklungstendenzen der staatlichen Einflußnahme auf die kommunale Investitionstätigkeit und die eigene Entscheidungsfreiheit ergeben sich für die Aufgaben- und mit ihnen identischen Bedarfsbereiche der einzelnen Gemeinden folgende Konsequenzen.

1. Die Tendenz zur verstärkten Einflußnahme der Bundes- und Landesinstanzen auf die kommunalen Investitionen schließt die Möglichkeit aus, daß die Gemeinden aus bereits bestehenden Verpflichtungen zur Wahrnehmung bestimmter Aufgaben entlassen, also bisherige Pflichtaufgaben in den freiwilligen Aufgabenbereich der Gemeinden zurückgeführt werden, da ja gerade dadurch der staatliche Einfluß und die hoheitlichen Kontrollmöglichkeiten verringert würden. *Alle Gemeinden* werden also auch in Zukunft beispielsweise in den Aufgabenbereichen »Volksschule«, »Straßenbau« und »Abfallstoffbeseitigung« zur Errichtung und Unterhaltung kommunaler Anlagen verpflichtet sein. Darüber hinaus wird für *alle kreisfreien Gemeinden* nach wie vor die Pflicht bestehenbleiben, nach den Bestimmungen des Schulverwaltungsgesetzes, Berufsschulen zu errichten; und schließlich ergibt sich auch weiterhin für *alle jene Gemeinden, die eine bestimmte Anzahl hilfsschulpflichtiger Kinder aufweisen,* die rechtliche Notwendigkeit, Hilfsschulen zu erbauen und fortzuführen.

Da die Einbeziehung der genannten Aufgabenbereiche in ihren Wirkungskreis nicht mehr zur Disposition der Gemeindeverwaltung steht, bewirkt der Pflichtcharakter örtlicher Aufgaben für jede der verpflichteten Gemeinden einen kommunalen Bedarf, dessen Art und Höhe im einzelnen allerdings erst unter Berücksichtigung der übrigen Bedarfskriterien spezifiziert werden kann. Die Existenz des einzelgemeindlichen Bedarfs wird durch die unmittelbar oder mittelbar von den staatlichen Behörden gelenkte Standortwahl der zur Aufgabenerfüllung benötigten kommunalen Einrichtungen nicht berührt. Der den Gemeinden durch gesetzliche Verpflichtungen auferlegte Bedarf muß daher der einzelnen Gebietskörperschaft auch dann angelastet und zugerechnet werden, wenn sie die ihr auferlegten Leistungen nach vertraglichen Absprachen mit Nachbargemeinden in einem zentralen Ort für einen größeren Einzugsbereich anbieten läßt. Die Zentralisierung im interkommunalen Verband verschiebt zwar den Standort öffentlicher Einrichtungen und vermag auch durch Rationalisierungseffekte die Gesamtkosten eines Projektes zu beeinflussen; in den Pflichtaufgaben läßt sie jedoch den Grundbedarf der einzelnen Gemeinden im wesentlichen unberührt. Schließen sich beispielsweise mehrere Gemeinden zum Bau einer zentral gelegenen Volksschule zu einem Schulverband zusammen oder werden sie vom Land zwangsweise einem solchen Verband angegliedert, so wird demnach zwar der Schulverband Träger und die Zentralgemeinde Standort der Schule, der Gesamtbedarf muß jedoch auf die beteiligten Gemeinden aufgeschlüsselt werden, da jede Gemeinde für die Deckung des Volksschulbedarfs auf Grund gesetzlichen Zwangs Sorge zu tragen hat. Dieser formalen Bedarfsverteilung versucht man im übrigen auf der Finanzierungsseite dadurch Rechnung zu tragen, daß die Kosten auf die Mitglieder des Schulverbandes nach Bedarfsmaßstäben umgelegt werden.

2. Verfassungsrechtliche Schranken und politische Widerstände lassen keine Übertragung der hier interessierenden investitionsintensiven kommunalen Aufgabenbereiche in die Bundes- oder Landeskompetenz zu. Es besteht daher keine Tendenz zur Verringerung der kommunalen Bedarfsbereiche.

3. Die gleichen Gründe verhindern, daß bisher freiwillige Aufgaben der Gemeinden zu Pflichtaufgaben entwickelt werden. Es bleibt daher weiterhin der einzelnen Gemeinde formal überlassen, ob sie beispielsweise die Aufgabenbereiche »Krankenhäuser«, »höhere Schulen«, »Sportanlagen«, »Kindergärten«, »Theater«, »Museen« usw. in ihren Wirkungskreis einbeziehen will. Die Frage, ob in diesen Bereichen überhaupt kommunale Bedarfe im allgemeinen und Investitionsbedarf im besonderen entstehen, steht daher zumindest formal zur Disposition der Gemeindeverwaltung.

4. Die finanzielle Abhängigkeit schränkt allerdings die formal bestehende Entscheidungsfreiheit der meisten Gemeinden materiell erheblich ein. Durch die »Zangenwirkung« von Zweckzuweisungen und Kommunalaufsicht verfügt der Staat daher über die Möglichkeit, auch die Zusammensetzung der freiwilligen Aufgaben der Einzelgemeinde zu beeinflussen. Die staatlichen Steuerungsinstrumente werden dabei so eingesetzt, daß nur noch diejenigen Gemeinden örtliche Angelegenheiten aus dem freiwilligen Bereich wahrnehmen (können), die nach dem öffentlichen Raumordnungskonzept zu den zentralen Orten der verschiedensten Stufen gehören: Der staatliche Dirigismus erfaßt jedoch nur jene kommunalen Tätigkeiten und Einrichtungen, die nicht »flächengebunden bzw. netzartig« sind und die darüber hinaus als für das gesamtwirtschaftliche Wachstum und die einheitliche Daseinsvorsorge relevant angesehen werden. Dazu werden insbesondere gehören: Krankenhäuser, Schulen, Einrichtungen der Erwachsenenbildung, sonstige kulturelle Einrichtungen usw. Innerhalb dieser Aufgabenbereiche werden daher im allgemeinen nur noch zentralörtliche Gemeinden einen Investitionsbedarf aufweisen. Auf die Sonderstellung, die dabei finanziell unabhängige Gemeinden einnehmen, wird noch an anderer Stelle einzugehen sein. Der oben erwähnten Zentrale-Orte-Struktur entsprechend werden sich die entsprechenden Bedarfsbereiche in »Mittelpunktgemeinden« auf Sportanlagen, Kindergärten und Büchereien beschränken, während sie sich bereits in den »kleinen zentralen Städten« darüber hinaus auf Krankenhäuser zur medizinischen Grundversorgung, Schwimm- und Badegelegenheiten, Erwachsenenbildungsstätten und vor allem auf Schulen erstrecken, die über das Bildungsziel der Pflichtschulen hinausgehen. Zusätzlich zu diesen Bedarfen treten in den »mittleren zentralen Städten« Bedarfe an Theatern, Museen, Krankenhäusern der medizinischen Regelversorgung und in den »Großstädten« Spezialbedarfsbereiche hinzu, zu deren Wahrnehmung kleinere Einheiten ohnehin kaum in der Lage sind.

5. Die theoretisch bestehende Entscheidungsfreiheit der Gemeinden, Angelegenheiten aus dem freiwilligen Aufgabenbereich wahrzunehmen oder von einer Übernahme dieser Aufgaben Abstand zu nehmen, wird schließlich durch soziale Normen und Erwartungsstrukturen der Gemeindebürger und durch technische Zwangsläufigkeiten stark eingeengt. Von bestimmten Größenordnungen ab kommen Städte daher z. B. einfach nicht umhin, Nahverkehrsmittel einzusetzen oder Straßenreinigung und Müllabfuhr in eigener Regie durchzuführen. Von einer Freiwilligkeit im strengen Sinn kann also auch bei diesen Aufgaben kaum mehr gesprochen werden. Die Aufgaben- und Bedarfsstrukturen der gleichrangigen Gemeinden nähern sich schon deshalb immer stärker einander an, weil die Beispiele von »Leitbild-Gemeinden« vielfach imitiert werden. Die reale Entscheidungsfreiheit verbleibt daher nur jenen Gemeinden, die unterhalb gewisser »Schwellenwerte« bleiben, deren Höhe nur in dem einzelnen Aufgabenbereich festgestellt werden kann; nur in diesem relativ schmalen Bereich bleibt die Frage, ob im Einzelfall ein Bedarf besteht, ungelöst.

III. Kapitel

Zur Entwicklung kommunaler Bedarfsnormen

§ 12 Die kommunalen Organe im formalen Willensbildungsprozeß

Werden mit der Wahl der kommunalen Aufgabenbereiche zugleich jene Bereiche der einzelnen Gemeinden festgelegt, in denen überhaupt Bedarfe entstehen und existieren können, so fällt die Entscheidung über die Höhe dieser Bedarfe innerhalb jedes Aufgabenbereiches – unter Berücksichtigung der quantitativen Ansprüche und der Nachfrage der Bevölkerung – durch die Konkretisierung einzelner Verwaltungsziele, d. h. durch die Auswahl jener »technischen« Kriterien, die Aufschluß darüber geben, wieviel Schulklassen, Krankenbetten und Kindergartenplätze den Ideal- oder Normbestand kennzeichnen, wie groß die Wasserfläche des Schwimmbades und die Spielfläche der Sportanlagen im Zielzustand sein sollte usw. Die Erklärung und Voraussage kommunaler Investitionsbedarfe setzt daher nach den Hypothesen zur Entwicklung der Aufgabenbereiche eine Erklärung des Zustandekommens dieser Verwaltungsziele und Bedarfsnormen und eine Voraussage ihrer künftigen Entwicklung voraus.
Die Fixierung des Zielbestandes kommunaler Einrichtungen steht zunächst einmal formal zur Disposition der einzelnen Gemeinden. Jeder Erklärungsversuch muß daher auf der Gemeindeebene ansetzen und den gemeindlichen Willensbildungsprozeß analysieren, in dessen Ablauf auch Ziele und Maßstäbe der Verwaltungs- und Investitionstätigkeit festgelegt werden. Zunächst soll daher der formale Willensbildungsprozeß innerhalb einer Gemeinde beschrieben werden, wie er auf der Grundlage der rechtlich-institutionellen Vorkehrungen und Gegebenheiten abläuft. Erst danach wird versucht, die Faktoren und Kräfte aufzuzeigen, die tatsächlich und materiell den politischen Willen der Gemeinde bilden und bei der Zielbestimmung mitwirken. Nur daraus können dann schließlich gültige und realistische Aussagen über die Entwicklung der Bedarfsnormen gewonnen werden.
Nach § 2 der Gemeindeordnung für das Land Nordrhein-Westfalen sind die Gemeinden in ihrem Gebiet, soweit die Gesetze nichts anderes bestimmen, die ausschließlichen und eigenverantwortlichen Träger der öffentlichen Verwaltung [448], nehmen also in eigener Zuständigkeit die Gesamtheit der öffentlichen Aufgaben auf örtlicher Ebene wahr. Die Verwaltung und damit sämtliche kommunalen Angelegenheiten werden nach §§ 7–27 GO ausschließlich durch den Willen der Bürgerschaft bestimmt, die sich durch den von ihr in freier, allgemeiner, unabhängiger und geheimer Wahl gewählten Gemeinderat vertreten läßt. § 28 Abs. 1 GO greift diesen verfassungsrechtlichen Grundgedanken der bürgerschaftlichen Selbstverwaltung erneut auf, indem er dem Gemeinderat die Zuständigkeit für *alle* Angelegenheiten der Gemeindeverwaltung zuweist.
Aus diesen Vorschriften geht eindeutig die Intention des Gesetzgebers hervor [449], eine »monistische« Ratsverfassung zu schaffen, in der allein der Rat echte Organfunktion hat und sowohl die kommunalen Verwaltungsziele bestimmt, als auch für die Erledigung der Verwaltungsaufgaben zuständig ist. Eine Gewaltentrennung, die derjenigen auf Bundes- und Landesebene entspräche, kennt das Gemeinderecht ohnehin nicht, da die Gesamtheit der gemeindlichen Tätigkeit als Verwaltung angesehen wird [450]. Begriffspaare wie Parlament und Regierung bzw. Legislative und Exekutive, die in Schrifttum und Praxis oft zur Kennzeichnung des Rates einerseits und des Gemeindedirektors als Verwaltungsspitze andererseits herangezogen werden [451], lassen sich daher schwerlich auf den kommunalen Bereich übertragen. Der Allzuständigkeit des Rates entsprechend sollte der unter der Leitung des Gemeindedirektors stehende Verwaltungsstab – auch der Rat ist ja Verwaltungs-

organ – kein unabhängiges Exekutivorgan werden, sondern lediglich die Bedeutung eines »administrativen Hilfsorgans« [452] erhalten.

Allerdings ist es schlechterdings unmöglich, daß die Gemeindevertretung als einziges gemeindliches Verwaltungsorgan in allen Verwaltungsangelegenheiten selbst entscheidet. »Die Fülle und insbesondere die mit wachsender Größe zunehmende Komplizierung der gemeindlichen Aufgaben lassen heute die Verwirklichung einer ausschließlichen Zuständigkeit der aus Laien bestehenden gewählten Gemeindevertretung nicht mehr zu.«[453] Alleinige Handlungsfreiheit einer in der Regel aus zahlreichen Mitgliedern bestehenden Körperschaft müßte schließlich zur Handlungsunfähigkeit führen [454]. Insoweit tragen die vom Gesetzgeber wohl zunächst unbeabsichtigten Durchbrechungen des »monistischen Verfassungsprinzips« innerhalb der Gemeindeordnung und vor allem das berühmt gewordene Urteil des Verfassungsgerichtshofes vom 21. 8. 1954 [455] lediglich den rechtspraktischen Erfordernissen Rechnung. Der Verfassungsgerichtshof entwickelte aus der Gierkeschen und Schönbornschen Organlehre [456] und aus vereinzelten Vorschriften der Gemeindeordnung die Auffassung, daß neben dem Rat auch der *Gemeindedirektor* echte, wenn auch wohl nur mittelbare Organfunktion hat. Nach der herrschenden juristischen Begriffsbestimmung bedeutet diese Auslegung, daß das Wollen und Handeln des Gemeindedirektors in den von der Gemeindeordnung vorgeschriebenen Fällen »unmittelbar als Wollen und Handeln der Gemeinde« gilt, die gemeindliche Willensbildung also in einigen Fällen nicht auf den Rat beschränkt ist.

Die eindeutig dominierende Stellung des Rates im gesamten gemeindlichen Willensbildungsprozeß ist jedoch durch das genannte Urteil mit Gesetzeskraft keineswegs beseitigt worden. Daß es überhaupt nicht die Organqualität als solche ist, die über die willensbildende Funktion einer Institution und damit auch des Rates entscheidet, wird schon dadurch deutlich, daß bereits die Übertragung einer einzigen organschaftlichen Funktion genügt, um die Organqualität zuzuerkennen [457]; allenfalls vermag also der *Umfang* der organschaftlichen Funktionen Aufschluß über die rechtliche, willensbildende Kraft des Organs zu geben.

In seinem Urteil vom 21. August 1954 zählt der Verfassungsgerichtshof acht Handlungsbefugnisse des Gemeindedirektors auf, »die ihm zur selbstverantwortlichen, eigenständigen Tätigkeit für die Gemeinde übertragen sind und ihn damit zum Organ machen«. Von Bedeutung für die kommunale Investitionstätigkeit ist darunter vor allem die Wahrnehmung der »einfachen Geschäfte der laufenden Verwaltung« (§ 28 Abs. 3 GO), die den größten Raum der dem Gemeindedirektor übertragenen Aufgaben einnehmen [458]; sie gelten zwar auch nur im Namen des Gemeinderates als auf den Gemeindedirektor übertragen, soweit sich der Rat nicht ausdrücklich die Entscheidung selbst vorbehält, doch hat der Gemeindedirektor sie in eigener Zuständigkeit zu erledigen. Der Begriff dieser »einfachen Geschäfte der laufenden Verwaltung« ist ein sogenannter unbestimmter Rechtsbegriff [459], und wie bei allen Begriffen dieser Art bereitet die Auslegung im Einzelfall einige Schwierigkeiten. Die erste Verwaltungsordnung zur Gemeindeordnung [460] hat darauf hingewiesen, daß die Frage, welche Geschäfte »einfache Geschäfte der laufenden Verwaltung« seien, nicht generell zu beantworten sei, daß die Antwort vielmehr von der Einwohnerzahl, der Finanzkraft und der Bedeutung der Gemeinde abhänge. Sie empfahl daher grundsätzlich, die Bestimmung des Umfanges dieses Geschäftskreises entweder in der Hauptsatzung festzulegen oder dem Gemeindedirektor selbst zu überlassen.

In der Literatur [461] besteht allerdings weitgehende Übereinstimmung darüber, daß in erster Linie Geschäfte angesprochen sind, die sich als täglich vorkommende Verwaltungsgeschäfte im Rahmen der normalen Verwaltungsübung erledigen lassen, und soweit für den Gemeinderat nur eine untergeordnete Rolle spielen, als sie weder einen »Vorgang für spätere Entscheidungen schaffen, noch für den Gemeindehaushalt von größerer Tragweite werden können« [462], also insgesamt »keine weitreichende allgemein kommunal*politische* Bedeutung« [463] aufweisen. Immerhin ist wohl unbestritten als typisches Geschäft der laufenden Verwaltung auch die Bedarfsermittlung und die regelmäßig wiederkehrende Beschaffung des Büro- und Geschäftsmaterials zu verstehen [464], die ja nach dem Umfang des o. a. Investitionsbegriffes [465] unter Umständen als gemeindliche Investition angesehen werden kann.

In der Regel sind jedoch alle übrigen Investitionsentscheidungen, die Fixierung der Investitionsziele und die Ermittlung der Investitionsbedarfe dem Gemeinderat vorbehalten; nach § 28 GO sind die wichtigsten Investitionsentscheidungen nicht einmal mit Willen des Rates auf andere Entscheidungsträger übertragbar. § 28 Abs. 1 GO zählt nämlich ausdrücklich einmal den Erwerb von Vermögensgegenständen (soweit es sich dabei nicht um die oben erwähnten Geschäfte der laufenden Verwaltung handelt), zum anderen die Errichtung, Erweiterung und Übernahme von öffentlichen Einrichtungen und wirtschaftlichen Unternehmungen zu den nicht übertragbaren Angelegenheiten. Für alle bedeutenden Investitionsziele und -entscheidungen bleibt daher der Streit um die Organqualität und willensbildende Kraft des Gemeindedirektors ohne nennenswerte Bedeutung; es ist also festzuhalten, daß im gemeindlichen Bereich die Festsetzung der kommunal*politisch* relevanten Verwaltungsziele im allgemeinen und der investitionsrelevanten Verwaltungsziele im besonderen praktisch ausschließlich dem Rat als Gemeindevertretung obliegt. Die dominierende Rechtsstellung des Rates kann allerdings erst vollständig gewürdigt werden, wenn man einen Blick auf die übrigen kommunalen »Organe« bzw. Institutionen und Ämter wirft.

Von den bereits erwähnten Funktionen abgesehen, die ihn nach der Auffassung des Verfassungsgerichtshofes zum Gemeindeorgan werden lassen [466], hat der Gemeindedirektor in erster Linie die Aufgabe, den Gemeinderat zu entlasten und zu unterstützen [467]. Das Schwergewicht seiner »Hilfsdienste« liegt in der Planung, Vorbereitung und Durchführung der Ratsbeschlüsse nach § 47 Abs. 1 GO; was die Planung und Vorbereitung anbelangt, so muß der sachkundige und informierte Gemeindedirektor mit seinem Verwaltungsstab die in der Regel fachlich unkundigen Gemeindevertreter informieren und dem Rat dadurch eine Entscheidungshilfe bieten. Bei der Durchführung der so ermöglichten Ratsbeschlüsse und der Weisungen der Landesregierung bei Pflichtaufgaben gemäß § 3 GO steht der Gemeindedirektor unter der Kontrolle und in der Verantwortung des Rates. Die eindeutige Subordination des Gemeindedirektors wird im übrigen dadurch deutlich, daß der Gemeinderat sein Dienstvorgesetzter ist (§ 53 Abs. 2 GO).

Unter den Beigeordneten hat die Gemeindeordnung dem *Kämmerer* noch insofern eine besondere Stellung eingeräumt [468], als dieser nach § 86 Abs. 1 GO den Entwurf der Haushaltssatzung aufstellt und damit bereits frühzeitig Weichen der kommunalen Tätigkeit stellen kann [469]. Der Haushaltsentwurf wird über den Gemeindedirektor an den Rat weitergeleitet, der ihn in öffentlicher Sitzung berät und beschließt. Die Haushaltssatzung ist die finanzwirtschaftliche Grundlage der gesamten Gemeindeverwaltung; der Gemeindedirektor hat die Verwaltung nach dieser Grundlage zu führen, ist allerdings an die vom Finanzausschuß oder anderen zuständigen Ausschüssen getroffenen Entscheidungen über die Ausführung des Haushaltsplanes und an die vorgegebenen Ziele gebunden [470].

Nach der Systematik der in Nordrhein-Westfalen geltenden sogenannten norddeutschen Ratsverfassung [471] hat auch der *Bürgermeister* im wesentlichen den Rat unterstützende Funktionen zu erfüllen; seine Tätigkeit erstreckt sich vor allem darauf, den Vorsitz im Rat zu führen und den Rat nach außen zu vertreten. Im Rahmen seiner Internfunktionen beruft er den Rat ein, setzt nach Benehmen mit dem Gemeindedirektor die Tagesordnungspunkte fest, führt die Verhandlungen des Rates und leitet dessen Beschlüsse dem Gemeindedirektor zur Durchführung zu. Für die gemeindliche Willensbildung kann er, abgesehen von seiner allgemeinen Einflußmöglichkeit als Ratsmitglied bzw. Bürgerschaftsvertreter, besondere Bedeutung erlangen, wenn er gemäß § 39 GO einem Ratsbeschluß innerhalb von drei Tagen nach der Beschlußfassung widerspricht, weil er das Wohl der Gemeinde gefährdet glaubt. Verfassungsrechtlich bemerkenswert ist das Recht des Bürgermeisters, in Fällen »äußerster Dringlichkeit« (§ 43 Abs. 1 Satz 3 GO) zusammen mit einem einzelnen Ratsmitglied zu entscheiden. Von derartigen Extremsituationen abgesehen, ist der Bürgermeister jedoch nicht dazu berufen und befugt, »in bestimmtem Umfang selbständig, also neben dem Rat, kommunalpolitische Verwaltungsziele zu bestimmen. Er muß alle ihm obliegenden Aufgaben nach dem Willen des Rates erfüllen. Dabei hat er ... alles zu tun, was notwendig oder zweckmäßig erscheint, um die *grundsätzlich umfassende und letztlich maßgebende Willensbildung des Rates* über kommunalpolitische Verwaltungsziele sinnvoll vorzubereiten und zu organisieren ...« [472].

Zu seiner eigenen Entlastung kann – und muß sogar in einigen Fällen – der Gemeinderat *Ausschüsse* bilden. Die Bedeutung der Ausschußtätigkeit liegt grundsätzlich nicht in der Beschlußfassung, sondern ganz allgemein in der Möglichkeit, in kleineren Gremien wichtige Verwaltungsfragen in engem Kontakt mit dem Verwaltungsstab sachverständig vorzuberaten und dadurch die eigentlich entscheidenden Ratssitzungen und -beschlüsse vorzubereiten. Der Rat kann allerdings auch bestimmte Angelegenheiten auf seine Ausschüsse übertragen. Er kann in diesem Fall die übertragene Angelegenheit nur dann wieder an sich ziehen, also selbst beeinflussen, wenn er sich dieses Recht in der Hauptsatzung vorbehalten hat.

Zu den Pflichtausschüssen des § 41 Abs. 2 GO gehören Hauptausschuß, Finanzausschuß und Rechnungsprüfungsausschuß, wobei die Aufgaben des Finanzausschusses ausnahmsweise auch vom Hauptausschuß wahrgenommen werden können. Nicht nur dadurch hat die Gemeindeordnung dem Hauptausschuß eine zentrale Bedeutung innerhalb des Ausschußwesens zugewiesen. Der Hauptausschuß soll einmal die Arbeiten aller übrigen Ausschüsse koordinieren (§ 43, Abs. 1, Satz 1 GO); er hat zum anderen über die ihm vom Rat gemäß § 28 Abs. 2 GO möglicherweise delegierten Zuständigkeiten hinaus eine gesetzliche Entscheidungszuständigkeit über alle Angelegenheiten, die keinen Aufschub dulden, sowie über die Planung der Verwaltungsaufgaben »von besonderer Bedeutung« erhalten (§§ 43, 46 GO).

Eine wesentliche Rolle als »Vorformer« des gemeindlichen Willens ist den *politischen Parteien* zugewiesen worden. Der Gemeinderat ist als Vertretungsorgan der Bürgerschaft *das* »politische« Willensbildungsorgan der Gemeinden. Sein Wille aber ist primär ein politischer Wille, denn er erstreckt sich ganz allgemein auf die Gestaltung öffentlicher Angelegenheiten [473]. Insofern gilt auch für den kommunalen Bereich der Grundsatz des Art. 21 GG, daß die Parteien bei der politischen Willensbildung des Volkes mitwirken; die kommunale Willensbildung ist dadurch voll in den modernen Parteienstaat integriert worden [474], ohne daß sie indessen dadurch ihre spezifischen örtlichen Eigenheiten verloren hätte. So spielen auf Gemeindeebene vor allem Wählergruppen und Einzelkandidaten eine wesentlich größere Rolle als bei den Wahlen übergeordneter Körperschaften. Die lokalen Wählergruppen, auch Rathausparteien [475] genannt, gehören zwar nicht zu den Parteien im Sinne des Art. 21 GG [476], sind ihnen jedoch durch eine Entscheidung des Bundesverfassungsgerichtes [477] gleichgestellt worden.

Der rechtliche Rahmen und die institutionelle Ordnung verleihen nach alledem dem Gemeinderat eine eindeutig dominierende Stellung im innergemeindlichen Willensbildungsprozeß. Der Gemeindevertretung ist vor allem auch die Zielfindung und Bedarfsfeststellung auf der einen sowie die Entscheidung über die Gemeindetätigkeit und die Bedarfsdeckung auf der anderen Seite zugewiesen. Der Einfluß der übrigen kommunalen Institutionen bleibt de jure entweder auf das Vorfeld des eigentlichen Willensbildungsprozesses beschränkt oder erschöpft sich in Hilfsdiensten für die Gemeindevertretung; er besteht dann letztlich darin, den Rat bei der ihm allein zukommenden Fixierung der Verwaltungsziele, Bedarfsmaßstäbe und -normen sowie bei den Entscheidungen über die Durchführung konkreter Einzelmaßnahmen zu informieren und zu unterstützen.

§ 13 Die Realität der kommunalen Willensbildung

Die Realität der kommunalen Willensbildung sieht indessen ganz anders aus; das gilt auch und vor allem für die Bestimmung der Zielbestände und Bedarfsnormen der gemeindlichen Investitionstätigkeit. Um einen tieferen Einblick in die tatsächliche Praxis der Verwaltungszielbestimmung zu erhalten, befragte der Verfasser in 28 nordrhein-westfälischen Gemeinden Kommunalpolitiker und Verwaltungsbeamte über die Kriterien, die im Einzelfall als Richtschnur für die kommunale Investitionstätigkeit zugrunde gelegt werden und damit letzten Endes innerhalb der einzelnen Aufgabenbereiche den Investitionsbedarf determinieren; die Interviews umfaßten weiterhin den Ablauf von Investitionsbedarfsentscheidungen, den Einfluß der kommunalen Organe und Institutionen und den Einfluß der nicht zur Gemeinde gehörigen Instanzen auf die gemeindliche Willensbildung.
Die Ergebnisse dieser Befragung liegen den folgenden Ausführungen zugrunde; sie sind jedoch nicht als strenge Falsifizierungstests der hier vorgetragenen Hypothesen im Sinne einer kritisch-rationalen empirischen Theorie zu verstehen. Der empirische Befund der Befragungsaktion, die in der Art form- und zwangloser Interviews durchgeführt wurde, sollte lediglich dazu beitragen, die dem Verfasser aus einer anderen Studie [478] zur Verfügung stehenden Informationen über den kommunalen Entscheidungsprozeß und die innergemeindliche Zielbestimmung zu vervollständigen; ihre Ergebnisse waren insofern lediglich eine notwendige Voraussetzung für die Gewinnung der Hypothesen, können jedoch nicht als selbständiger Beitrag zu ihrer Überprüfung gewertet werden.
Es ist daher auch von geringer Bedeutung, daß die Namen und die ökonomisch-finanziellen Daten der 28 Gemeinden, in denen die Befragung durchgeführt wurde, hier nicht genannt werden können. Alle befragten kommunalen Verwaltungsbeamten und der weitaus größte Teil der interviewten Kommunalpolitiker erklärten sich nämlich zu einem Gespräch nur unter der Bedingung bereit, daß nicht nur, was selbstverständlich ist, keinerlei Angaben zur Person, sondern auch keine Gemeindenamen und keine »Schlüsselzahlen« veröffentlicht würden, die unter Umständen auf dem Umweg über die Kommunalstatistik Rückschlüsse auf die Gemeinden und damit auch auf die in ihnen tätigen Amtspersonen zulassen könnten. Aus diesem Grunde kann hier nur ganz generell von Gemeinden bestimmter Größenordnungen, von Gemeindedirektoren, Kämmerern und Kommunalpolitikern gesprochen werden.
Insgesamt wurden in den 28 Gemeinden 19 Gemeindedirektoren, 13 Kämmerer sowie 38 Gemeinderatsmitglieder interviewt. Die Befragung erfaßt in jeder Gemeinde mindestens einen Kommunalpolitiker als Mitglied des Gemeinderates und entweder den Gemeindedirektor oder – vor allem in größeren Städten – den Kämmerer. In einigen Gemeinden wurden darüber hinaus mehrere Kommunalpolitiker und sowohl der Gemeindedirektor als auch der -kämmerer befragt. Auf die Ergebnisse wird im einzelnen noch einzugehen sein.
Eindeutig hat sich jedoch generell erwiesen, daß der Gemeinderat als offizielle Vertretungskörperschaft weder in der Lage noch dazu bereit ist, die ihm gesetzlich zustehende und zugewiesene Aufgabe der Bestimmung konkreter investitionsrelevanter Verwaltungsziele und damit auch der gemeindlichen Bedarfslage materiell wahrzunehmen. Der Gemeinderat hat diese Funktion, unabhängig von seiner formalen Entscheidungspraxis, in vollem Umfang an den Verwaltungsstab unter der Leitung des Gemeindedirektors abge-

treten; er läßt sich mit anderen Worten die Bedarfe und Zielwerte von der Verwaltung vorgeben. In einigen Aufgabenbereichen, in denen hochspezialisierte und -technisierte Einrichtungen und Anlagen benötigt werden, erfolgt zudem die Zielkonkretisierung mit Hilfe wissenschaftlich-technischer Gutachten.

Ebenso wie die staatliche Willensbildung [479] ist auch das Verhältnis von Gemeinderat und kommunalem Verwaltungsstab durch ein eindeutiges und ständig im Zunehmen begriffenes Übergewicht des bürokratischen Apparates gekennzeichnet. Diese Dominanz der Gemeindebürokratie geht auf verschiedene Ursachen zurück: »Eine dieser Ursachen ist in der soziologischen Struktur und der Mentalität des Beamtentums als Gruppe sui generis zu suchen« [480], der sich die moderne Bürokratieforschung auf soziologischer und sozialpsychologischer Grundlage angenommen hat [481]. Der heutige Charakter der Bürokratie hat sich vor allem aus dem nunmehr praktisch abgeschlossenen Übergang vom Ehren- zum Berufsbeamten entwickelt, der auch vor dem für die ehrenamtliche Tätigkeit der Bürger geradezu prädestinierten kommunalen Bereich nicht Halt machte. Sachlichkeit, Disziplin, Sachwissen, Respektieren der herrschenden Normen und das Gefühl, zur Normerfüllung verpflichtet zu sein, sind die unverkennbaren Züge gerade der Berufsbeamten auf jeder Ebene der Beamtenhierarchie [482]. Gerade diese Merkmale haben andererseits die Ausweitung der bürokratischen Machtbefugnisse und den Expansionsdrang der Administrativbehörden zu einer permanenten Tendenz der Verwaltungsaktivität werden lassen, die schließlich zu einer weitestgehenden »Emanzipation von den Trägern der Souveränität, dem Volk oder dem Parlament als seiner Repräsentation« [483] geführt und auch zu einer weitgehenden Autonomie der kommunalen Bürokratie gegenüber der Gemeindevertretung beigetragen hat.

In der starken Expansion der Verwaltung liegt die zweite Hauptursache des administrativen Übergewichts. Die zunehmende Verwirklichung des sozialen Rechtsstaates, das steigende Anspruchsniveau der Bürger im Hinblick auf öffentliche Leistungen und die staatliche sowie kommunale Daseins- und Zukunftsvorsorge haben natürlich auch zu einer quantitativen Veränderung der bürokratischen Einrichtungen geführt. Von dieser Entwicklung blieben auch die Gemeinden nicht ausgenommen; zwar haben sie sowohl aus strukturellen als auch aus finanziellen Gründen bisher mit der Expansion der staatlichen Verwaltungsbehörden noch nicht Schritt halten können. Die Verwaltungskapazität vor allem der kleineren Gemeinden ist im Gegenteil den Anforderungen, die an eine moderne Kommunalverwaltung gestellt werden, noch nicht angepaßt worden. Die Entwicklung zur Schließung dieser Kapazitätslücken durch eine Gebiets- und Strukturreform ist jedoch nicht zu übersehen, so daß von daher und durch die damit einhergehende Spezialisierung und qualitative Verbesserung der einzelnen Verwaltungszweige schon in naher Zukunft ein weiteres Anwachsen der kommunalen Administrativmacht vor allem im Verhältnis zur eigenen Gemeindevertretung zu erwarten ist.

Die wohl entscheidende Ursache des Übergewichtes der Verwaltungsbürokratie liegt nämlich vor allem in der durch die Spezialisierung und Fachausbildung hervorgerufenen sachlichen und fachlichen Überlegenheit. Der kommunale Verwaltungsstab ist in qualitativer Hinsicht nicht mit der Staatsverwaltung zu vergleichen, was u. a. auch zu einer eindeutigen Abhängigkeit von den Instanzen der Aufsichtsverwaltung geführt hat [484]; das liegt vor allem daran, daß die Kommunalverwaltungen in wesentlich geringerem Maße mit Beamten und um so mehr mit Angestellten besetzt sind [485], deren Ausbildungsniveau in der Regel erheblich unter demjenigen der Beamtenspitze liegt. Im Vergleich zum Gemeinderat ist das Übergewicht der beamteten Verwaltungsspitze jedoch dadurch verstärkt worden, daß auch in der kommunalen Verwaltung einerseits der Berufsbeamte den ehrenamtlich und »nebenberuflich« tätigen Beamten praktisch völlig verdrängt hat, während andererseits im Gemeinderat – im Gegensatz zu den Bundes- und Länderparlamenten –

von wenigen Ausnahmen abgesehen, keine Berufspolitiker vertreten sind, die bei entsprechender »beruflicher« Spezialisierung auf einzelne kommunale Tätigkeitsbereiche noch am ehesten in der Lage wären, der Verwaltungsspitze sachkompetent gegenüberzustehen.
Da die Kommunalpolitik vielfach als Sprungbrett für die Übernahme bundes- und landespolitischer Aufgaben und Ämter in der Partei angesehen wird, bereiten sich die meisten Gemeinderatsmitglieder – soweit sie nicht in kleinen Gemeinden ganz einfach ihrer örtlichen Prominenz wegen gewählt werden oder aus beruflichem und privatem Interesse an den kommunalen Entscheidungen und Aufträgen kandidieren – mehr auf die »große« Politik als auf die gemeindespezifischen Probleme vor. Der relativ kleine Kreis derjenigen, die ihrer privaten Aus- und Vorbildung entsprechend zur sachkundigen Mitarbeit in der Lage sind, reicht oftmals kaum aus, um die Ausschüsse zu besetzen, in die – wie auf Bundes- und Landesebene [486] – auch hier die Sachdiskussionen in erster Linie verlagert worden sind. Auch die Ausschußarbeit wird indessen in immer stärkerem Maße von der Spitze des Verwaltungsstabes beherrscht. Da in den Fachausschüssen die meist einzigen Fachleute der örtlichen politischen Fraktionen und Parteien mitwirken, reicht der Verwaltungseinfluß über den Gemeinderat und seine Arbeitsgremien hinaus bis in die Parteien hinein; dieser enge Kontakt wird durch die Parteizugehörigkeit oder Parteiorientiertheit vieler kommunaler Beamter noch verstärkt.
Das unbestreitbare und unbestrittene Übergewicht des kommunalen Verwaltungsstabes hat so schließlich dazu geführt, daß die Gemeindebürokratie auch im Bereich der Zielbestimmung und der Ermittlung örtlicher Bedarfe ihre formale Befugnis und Verpflichtung zur Vorbereitung der Ratsentscheidungen sowie Planungszuständigkeit praktisch zu einer materiellen Entscheidungsvorwegnahme ausbauen konnte. Die Mitglieder des Gemeinderates entwickeln in der Regel keine eigenen Vorstellungen über die quantitativen und qualitativen Erfordernisse kommunaler Einrichtungen und die Zielbestände an Investitionsgütern; sie überlassen die Auswahl der Bedarfsmaßstäbe – und die Bedarfsbestimmung selbst – den einzelnen Dezernaten und dem Gemeindedirektor. Ihre eigene Initiative bleibt daher auf das Gebiet der Bedarfs*deckung* beschränkt, die sich dann innerhalb der von der Verwaltung vorgegebenen oder aus Gutachten übernommenen Normen vollzieht.
Diese Entwicklung wird sowohl von der Gemeindevertretung akzeptiert als auch von der Verwaltung zugegeben und bestätigt. 35 der insgesamt 38 befragten Kommunalpolitiker waren der Ansicht, daß die Bedarfsfeststellung und die Auswahl der Bedarfsnormen ausschließlich zum Aufgabenbereich des Verwaltungsstabes gehöre oder in Sonderfällen »wissenschaftlichen« Gutachten überlassen werden sollte, da es sich letzten Endes um einen rein technisch-objektiven Verwaltungsvollzug handle. Dahinter steht natürlich die Auffassung, daß der Bedarf ohnehin eine objektive, zwangsläufig vorgegebene Größe darstellt, die nicht von der Willensbildung beeinflußbar ist und für die daher kein politischer Spielraum besteht.
Nur 3 der befragten Gemeinderäte sahen im Bedarf und in den zugrunde liegenden Bedarfsnormen politische Faktoren, deren Bestimmung eigentlich der Gemeindevertretung obliege. Diese sei jedoch nicht in der Lage, sich so eingehend mit den in der Regel komplizierten technischen Details zu befassen, wie es erforderlich wäre, so daß sie im Grunde den Vorarbeiten und Vorschlägen, Richtwerten und Normen, die ihr von der Verwaltung vorgelegt oder in Gutachten empfohlen werden, nur mehr oder weniger kritiklos zustimmen könne.
Aus den Äußerungen der Gemeindedirektoren und -kämmerer zu diesem Problem sprach andererseits die nüchterne Selbsteinschätzung ihrer dominierenden Rolle bei der Bestimmung der Verwaltungsziele, bei der Bedarfsermittlung und auch bei den konkreten Maßnahmen zur Bedarfsdeckung. Die Verwaltungsbeamten gaben deutlich zu verstehen, daß

die Politiker nicht in der Lage seien, die Bedarfsverhältnisse der Gemeinden zu übersehen und die einzelnen Verwaltungsziele »den Notwendigkeiten entsprechend« abzustecken. Sie gaben unumwunden zu, den gemeindlichen Entscheidungsprozeß materiell zu lenken. Als typisch für den Verwaltungsstandpunkt kann folgende, hier sinngemäß wiedergegebene Stellungnahme angesehen werden: »Welche Einrichtungen wir in der Gemeinde benötigen, wieviel Schulklassen erforderlich sind, welche Klassenfrequenzen wir anstreben, wie groß die Bettenzahl des städtischen Krankenhauses bei unserem Einzugsgebiet sein soll, wieviel Kindergartenplätze uns fehlen usw., das wissen die Ratsmitglieder nicht. Schon wegen der Kontinuität in der kommunalen Daseinsvorsorge müssen wir das planen und entscheiden. Art und Höhe der Bedarfe erfahren die Politiker erst von uns.«

Angesichts der Präponderanz der administrativen Pläne, Entscheidungen und Vorstellungen, die durch das »Selbstbild« der Kommunalpolitiker und -beamten nur bestätigt wird, ist es kein Wunder, wenn auch die »programmatischen Forderungen« der örtlichen Parteiprogramme lediglich ein Abbild der von der Verwaltung vorgegebenen Ziele und Normen darstellen und in ihnen letztlich jene Zielbestände und Bedarfe »ermittelt« und auf Grund jener technischen Normen »errechnet« werden, die auch den Verwaltungsplänen zugrunde liegen. Als typisches Beispiel für diese Tendenz kann das von der SPD-Fraktion des Stadtrates, vom kommunalpolitischen Arbeitskreis, vom Vorstand und der Mitgliederversammlung des SPD-Ortsvereins Bad Godesberg vorgelegte Zukunftsprogramm für diese Stadt angesehen werden [487], das in enger Zusammenarbeit mit der lokalen Verwaltung entwikkelt wurde und dessen konkrete Bedarfsangaben daher auch auf der Grundlage derjenigen Maßstäbe und kommunalpolitischen Zielvorstellungen beruhen, die auch der Verwaltung zur Bedarfsermittlung dienen. So wird beispielsweise davon ausgegangen, »daß für jedes zweite Kind im Alter zwischen drei und sechs Jahren ein Kindergartenplatz vorhanden sein sollte«; auf Grund dieser Norm und der erwarteten Kinderzahl sowie der bereits bestehenden Platzzahl wird ein »Fehlbedarf von ungefähr 660 Plätzen« [488] errechnet. Der Bedarf an Sporteinrichtungen, ja sogar die Beckenmaße des Hallenbades werden nach den Richtlinien des »Goldenen Planes« ermittelt. Ähnliche Beispiele lassen sich in zahlreichen anderen örtlichen Parteiprogrammen finden.

Da diese technischen Bedarfswerte und Bedarfe ganz allgemein in der innergemeindlichen Kommunikation von der Verwaltung und den einzelnen Dezernaten vorgegeben werden, gibt es auch praktisch keinerlei Unterschiede in den Bedarfsrechnungen und -vorstellungen der verschiedenen Parteien und Fraktionen einer Gemeinde; die investitions- und bedarfsorientierten Verwaltungsziele und -maßstäbe werden daher meist von allen tragenden politischen Gruppen der Gemeinde anerkannt und als eigene Zielvorstellungen perzipiert.

Politische Unterschiede finden ihren Ausdruck lediglich in jener Phase der Bedarfsdeckung, in der unter Berücksichtigung der vorhandenen finanziellen Ausstattung die Prioritäten festgelegt und die Ausgaben auf die einzelnen Aufgabenbereiche verteilt werden. Die gemeindespezifische »municipal power« [489] entscheidet darüber hinaus auch über Prioritätsfragen innerhalb der Aufgabenbereiche, also beispielsweise darüber, welche der reparaturbedürftigen Straßen zuerst instand gesetzt werden, welcher Ortsteil als erster eine neue Straßenbeleuchtung oder eine neue Sportanlage erhält usw.; sie beeinflußt durch die Einwirkung auf die Auftragsvergabe und die qualitative Ausstattung der kommunalen Einrichtungen nicht zuletzt auch die Höhe des Finanzbedarfs. Sosehr auch einerseits eine Vereinheitlichung im Bereich des mengenmäßigen Bedarfs an Klassenräumen, Sport- und Spielflächen, Kindergarten- und Altenheimplätzen usw. festzustellen ist, sowenig läßt sich andererseits über die Ausführung der Investitionsvorhaben und die dabei anfallenden Kosten bzw. Ausgaben im interkommunalen Vergleich Allgemeingültiges aussagen. Die Entscheidung, ob aus einem Hallenbad mit einer bestimmten Nutz- und Wasserfläche eine »Schwimmoper« als »Architektendenkmal« [490] und Prestigeobjekt oder ein nüchter-

ner Zweckbau wird, hängt stets von den örtlichen Gegebenheiten, der Besonnenheit der Rats- und Verwaltungsmitglieder und der finanziellen Ausstattung der Gemeinde ab.
Die sehr unterschiedliche qualitative Ausgestaltung der gemeindlichen Einrichtungen ist es denn auch, die permanent Gegenstand der öffentlichen Kritik ist. Die Bedenken gegen einen allzu sorglosen Umgang mit Steuergeldern werden vor allem vom Bund der Steuerzahler artikuliert, der in seinen Veröffentlichungen [491] nicht nur Planungsfehler, Kostenüberschreitungen [492] und ungerechtfertigten Luxus [493] geißelt, sondern auch bemüht ist, die damit in Zusammenhang stehenden Korruptionsfälle [494] aufzudecken und auszubreiten, die oft genug erst der Anlaß zur Vergabe überhöhter Aufträge und für unwirtschaftliche Einrichtungen sind.
So bedauerlich diese immer wieder vorkommenden Auftrags- und Bauskandale im einzelnen auch sein mögen, die auf diesem Gebiet den Gemeinden verbliebene Entscheidungsfreiheit und die Möglichkeit zur »Individualisierung« ihres Finanzbedarfs kann nicht mit dem traditionellen Maßstab eines »treusorgenden Familienvaters« gemessen werden. Auch die Auswüchse der kommunalen »Prachtentfaltung« sind letzten Endes das Ergebnis einer ansonsten nahezu perfekten staatlichen Reglementierung, die die Eigenständigkeit der Gemeinden eben auf die Ausgestaltung und Ausstattung der kommunalen Einrichtungen begrenzt hat. In diesem Bereich der näheren Konkretisierung der allgemeinen Bedarfs- und Planvorstellungen ist dementsprechend ein vielschichtiger und höchst interessanter Willensbildungsprozeß zu beobachten, in den je nach den örtlichen Gegebenheiten auch die Kirchen, Bürgergemeinschaften, Vereine und Anliegerverbände in mehr oder weniger starkem Maße eingreifen. Diese für die Machtstruktur innerhalb einer Gemeinde bedeutsamen Gruppen und ihre Einflußnahme auf die Willensbildung können jedoch hier vernachlässigt werden, da sie die hier interessierenden Bedarfsnormen nicht beeinflussen [495].
In der kommunalen Praxis gehen die meisten Investitionsinitiativen ohnehin von der Verwaltung aus. Der Gemeindedirektor präsentiert seine Vorschläge dem Rat, den Ausschüssen und den Fraktionen und begründet sie in der Regel damit, daß zwischen dem gegenwärtigen Bestand und der »erforderlichen« kommunalen Ausstattung erhebliche Diskrepanzen bestehen. So wird beispielsweise der Aus- oder Umbau einer Volksschule vorgeschlagen, weil die angestrebte Klassenfrequenz bei weitem überschritten sei, oder die Errichtung eines neuen Kindergartens befürwortet, weil die für die Normerfüllung [496] erforderliche Platzzahl um mehr als 40 v. H. unterschritten wird usw.
Bei den Investitionsinitiativen, die vom Gemeinderat bzw. von den örtlichen Parteivereinen ausgehen, handelt es sich in erster Linie um »typische Wahlkampfanträge«, die kurz vor den Kommunalwahlen publiziert werden [497]. Auch sie passieren allerdings vor der offiziellen Antragstellung im Rat den »Bedarfsfilter« der Kommunalverwaltung und werden so mit den Bedarfsvorstellungen der Administrative in Einklang gebracht. Der chronologische Ablauf der Fraktionsanträge ist daher zugleich kennzeichnend für den innergemeindlichen Prozeß der Bedarfsbestimmung.
Am Anfang dieser Initiative steht die Kontaktaufnahme zur Verwaltung. Nach Vorgesprächen mit den Dezernaten werden in der Regel der Gemeindedirektor und in größeren Gemeinden auch der Kämmerer und der zuständige Fachdezernent zu einer Fraktionssitzung geladen, in der ihnen der Antrag zunächst einmal formlos unterbreitet wird. Die Stellungnahme der Verwaltungsspitze entscheidet zumeist schon in dieser Phase darüber, ob der Antrag weiterverfolgt oder fallengelassen wird.
Handelt es sich dabei um Anträge zu Aufgabenbereichen, die bisher noch nicht von der Gemeinde wahrgenommen werden (z. B. Bau eines ersten Schwimmbades), und findet der Fraktionsvorschlag die Unterstützung des Gemeindedirektors, wird also der Bedarf von der Verwaltungsseite anerkannt und begründet, so wird die Fraktion aus wahltaktischen Gründen ihr Vorhaben zunächst in der Lokalpresse herausstellen und dann mit den

von der Verwaltung zur Verfügung gestellten Unterlagen über die Bedarfssituation (z. B. über den Einzugsbereich, die erforderliche Wasserfläche usw.) als offiziellen Antrag im Gemeinderat einbringen. Dieser Weg wird normalerweise auch dann eingeschlagen, wenn die Verwaltung zwar grundsätzlich den Bedarf bestätigt, die Realisierung des Projektes aber aus finanziellen Gründen erst zu einem späteren Zeitpunkt in Aussicht stellen kann.

Bestreitet die Verwaltung andererseits die Notwendigkeit der Investition und damit die Existenz eines Bedarfes schlechthin, weil die Gemeinde beispielsweise im Einzugsbereich einer nicht zu weit entfernten und gut ausgestatteten zentralörtlichen Anlage einer anderen Gemeinde liegt, so wird in der Regel von einer offiziellen Antragstellung abgesehen.

Innerhalb der von der Gemeinde bereits wahrgenommenen Aufgaben dient zudem der Hinweis auf die Bedarfssituation und die Bedarfsnormen der Verwaltung nicht selten dazu, von bestimmten Projekten zur Kapazitätserweiterung abzuraten und z. B. den Bau einer weiteren Turnhalle mit der Begründung »abzulehnen«, daß die bereits vorhandenen und noch im Bau befindlichen Turnhallen eine »sportliche Nutzfläche« bieten, die dem tatsächlichen Bedarf schon entspricht.

Ein Blick auf die *gemeindeinterne* Willensbildung zeigt nach alledem recht deutlich, daß die Bedarfsfeststellung und die Zielbestimmung im kommunalen Investitionsbereich der Verwaltung überlassen bleibt, die letzten Endes allein über die von der Gemeinde angestrebten Bedarfsnormen und Zielbestände entscheidet. Damit bestätigt sich auch für den kommunalen Bereich der allgemeine Erfahrungssatz, daß »die wirkliche Herrschaft, welche sich ja weder in parlamentarischen Reden noch in Enunziationen von Monarchen, sondern in der Handhabung der Verwaltung im Alltagsleben auswirkt, notwendig und unvermeidlich in den Händen des Beamtentums« [498] liegt. Das eindeutige Übergewicht der Verwaltung gilt jedoch nur für das Innenverhältnis zum Gemeinderat. Da auch die Gemeindebürokratie an sich nicht kreativ und normensetzend ist, empfängt sie die Impulse für ihre Entscheidungen und Planungen von dritter Seite. Auch die Maßstäbe, Richtwerte und -normen für die Bedarfsermittlung entstammen daher nur in den seltensten Fällen den Zielvorstellungen der Verwaltungsbeamten in den einzelnen Gemeinden; sie werden lediglich von der Verwaltung als bestehende und gültige Normen und Notwendigkeiten übernommen. Der Frage, woher diese Normen im einzelnen kommen, und welche Ziel- und Bedarfsvorstellungen von den Kommunalbeamten in concreto rezipiert werden, gilt es im folgenden nachzugehen. Dabei ist einerseits zu berücksichtigen, daß ein starker Einfluß auf die kommunale Willensbildung und auf die einzelgemeindliche Bedarfssituation durch die finanzielle Unselbständigkeit der Gemeinden von staatlicher Seite ausgeht, und daß andererseits eine sehr starke Neigung besteht, von Wissenschaftlern und Technikern geforderte und hinreichend publizierte Normen als allgemeingültig anzusehen und auch für die eigene Situation zu übernehmen.

§ 14 Die Herkunft der Bedarfsnormen

Ihre finanzielle Abhängigkeit, die daraus resultierende Übermacht der staatlichen Aufsichtsbehörden, die in den Gemeinden noch immer vorherrschende einseitig juristische Betrachtungs- und Denkweise und nicht zuletzt das Gefühl von der Objektivität der Bedarfe haben die meisten Gemeinden zu einer kritiklosen Normenperzeption veranlaßt und ihnen dadurch auch in jenen Bereichen die Eigenständigkeit beschnitten, in denen sich die Selbstverwaltung am stärksten manifestiert: bei der Fixierung der eigenen Verwaltungsziele und -maßstäbe und bei der Bestimmung ihrer eigenen Bedarfsverhältnisse. In dieser Situation ist eine resignierende Haltung vor allem der kleineren und »finanzschwächeren« [499] Gemeinden nicht zu verkennen, die sich aus der permanenten Erkenntnis entwickelt hat, ihre auf dem Papier stehende Selbstverwaltung ohnehin nicht ohne fremde

Hilfe, insbesondere nicht ohne Billigung der Staatsaufsicht, wahrnehmen zu können. »Die Beratung in der Hand der Kommunalaufsichtsbehörde wird dann zu einer Art Arbeitsanweisung, die von dem Bürgermeister [500] der Gemeinde ohne weitere Kritik befolgt wird, wobei es doch gerade zum Wesen der Beratung gehört, daß der Beratene den Rat abwägt und ihn auf seine Anwendbarkeit ... prüft« [501]. Die Gefahr, daß die Gemeindeverwaltungen zu bloßen Vollzugsorganen staatlicher Ziele und Direktiven degradiert werden, erhöht sich zudem ständig dadurch, daß sie auch innerhalb der von ihnen durch staatliche Gesetze und aufsichtsbehördliche »Empfehlungen« übernommenen Pflichtaufgaben und »freiwilligen« Angelegenheiten zur Befolgung detaillierter Vorschriften und Normen gezwungen werden, die vor allem in den mit der Gewährung von Zweckzuweisungen gekoppelten Finanzierungsrichtlinien enthalten sind.

Einen guten, wenngleich noch nicht lückenlosen Überblick über die von den Gemeinden zu beachtenden Formalitäten, Normen, Richtwerte und Vorschriften geben die in den Zeitschriften »Gemeinde« und »Der Gemeinderat« veröffentlichten Merkblätter über die »zweckgebundenen staatlichen Zuwendungen« [502]. Danach werden die einzelnen kommunalen Aufgabenbereiche nur dann zweckgebunden gefördert, wenn sich die Gemeindeanträge im Einklang mit den staatlicherseits vorgegebenen Zielvorstellungen [503] und Bedarfsnormen [504] befinden. Den Gemeindeverwaltungen bleibt daher gar keine andere Wahl, als die staatlichen Normen ihren eigenen Bedarfsanalysen und -berechnungen zugrunde zu legen; die Gewöhnung an den Umgang und das Rechnen mit diesen Bedarfswerten läßt sie überdies auch ihre internen Planungsunterlagen, die schließlich auch zum Leitfaden der Ratsbeschlüsse werden, an diesen Bedarfswerten orientieren.

Zu den am stärksten reglementierten und genormten Aufgabenbereichen gehören die freiwilligen und pflichtigen kommunalen Schulangelegenheiten, bei denen von der Konstatierung und Anerkennung des Bedarfs bis zur Bauausführung staatliche Vorschriften und aufsichtsbehördliches Ermessen allein ausschlaggebend sind. Bleibt die Feststellung, ob überhaupt ein Bedarf besteht, der sogenannten Schulbereisung [505] überlassen, so folgt die Berechnung der Bedarfshöhe sowohl bei den kommunalen Schulträgern [506] als auch bei den zuständigen staatlichen Behörden in Gesetzen, Richtlinien und Erlassen vorgegebenen staatlichen Normen. Der wichtigste schulische Investitionsbedarf, der Bedarf an Klassenräumen, dem die übrigen Bedarfe leicht zugerechnet werden können [507], ist durch eine Verordnung des Kultusministers über die Klassenfrequenzen [508] praktisch vorausbestimmt und hängt daher nur noch von der Schülerzahl der Gemeinde ab. Durch detaillierte Vorschriften sind aber auch andere Bedarfsfaktoren genormt; so enthält beispielsweise das Raumprogramm für Grund- und Hauptschulen [509] genaue Angaben über die Anzahl der Klassenräume, die Raummaße, die Gymnastikräume und Verwaltungsbauten, die bei der Errichtung von ein- bzw. zweizügigen Grundschulen oder Hauptschulen zu befolgen sind [510].

In anderen Aufgabenbereichen wird den Gemeinden selbst ihre formale Zuständigkeit zur Bedarfsfeststellung beschnitten und die Ermittlung der lokalen Bedarfe »neutralen« Institutionen übertragen. Um einen Eindruck über diese Praxis zu gewinnen, genügt ein Blick auf die Förderung des Sportstätten- und Spielplatzbaus. Rechtsgrundlage für die Bezuschussung kommunaler Sportanlagen ist in Nordrhein-Westfalen ein Erlaß des Landeskultusministers vom 10. 8. 1964 [511]. Danach gehört zu den Antragsvoraussetzungen u. a. eine Stellungnahme bzw. ein Gutachten des Instituts für Sportstättenbau oder bei Schwimmbädern der Deutschen Gesellschaft für das Badewesen. Die Gutachten für einzelne Gemeinden können sich beziehen: »a) auf den Bedarf und die Größe, b) auf den Bedarf, die Größe und den Vorentwurf, c) auf den Bedarf, die Größe und den Entwurf« [512]. Die Gemeinden werden außerdem darauf hingewiesen, daß die »Einschaltung des DSB-Instituts bei der Bedarffestlegung und bei der Aufstellung der Flächen- und

Raumprogramme vor dem Beginn der Planung« [513] das Verfahren erheblich vereinfacht. Zur Bedarfsermittlung sind dem Institut für Sportstättenbau Unterlagen über die Einwohnerentwicklung der Gemeinde bzw. des Einzugsgebietes, die Klassenzahlen der Schulen, die Größe der in der Gemeinde bestehenden Turn- und Sportvereine, den Bestand an Sportanlagen usw. einzureichen [514]. Unter Berücksichtigung dieser gemeindespezifischen Daten wird dann der Bedarf nach den allgemeinen »Richtlinien für die Schaffung von Erholungs-, Spiel- und Sportanlagen« [515] errechnet, die von der Deutschen Olympischen Gesellschaft zur Grundlage der Bemühungen von Bund, Ländern und Gemeinden zur Erfüllung des »Goldenen Planes« erhoben wurden und die sich heute zur einzigen und im gesamten Bundesgebiet von allen öffentlichen Ebenen anerkannten Bedarfsnormen für den Aufgabenbereich »Spiel- und Sportanlagen« entwickelt haben.

Diese Bedarfsrichtwerte, die beispielsweise für Gemeinden mit mehr als 5000 Einwohnern 0,5 qm nutzbare Spielfläche (für Kinder und Jugendliche im Alter von 10 bis 17 Jahren) je Einwohner, 3,5 qm nutzbare Sportfläche je Einwohner und für einen Einzugsbereich von 60 000 bis 80 000 Einwohnern ein Normalhallenbad mit einem Schwimmerbecken (12,5×25 m) sowie ein Lehr- und Nichtschwimmerbecken (6×12,5 m) vorsehen [516], wurden in Zusammenarbeit mit dem Deutschen Gemeindetag, dem Deutschen Landkreistag, dem Deutschen Städtebund, dem Deutschen Sportbund [517] und der Deutschen Gesellschaft für das Badewesen aufgestellt. Welche allgemeine Bedeutung sie heute gewonnen haben, geht schon allein daraus hervor, daß die Bundesregierung die Vergabe ihrer Sportstättenförderungsmittel von der Befolgung der DOG-Richtlinien abhängig macht [518] und die Richtlinien der Länder damit in vollem Umfang übereinstimmen [519]. Auch die Ständige Konferenz der Kultusminister hat in ihrer »Empfehlung zur Förderung der Leibeserziehung in den Schulen« [520] eine Deckung nur jener Bedarfe empfohlen, die nach den genannten Richtlinien ermittelt worden sind.

Ist damit einerseits die Feststellung der Bedarfe an Sport- und Spielanlagen für alle Gemeinden, die Zweckzuschüsse beantragen, zu einer reinen Spielerei mit den Zahlenwerten der Deutschen Olympischen Gesellschaft geworden, die ihnen sogar in der Regel von den Sportinstituten abgenommen wird, so werden die genannten Richtlinien andererseits auch von jenen Gemeinden zur Grundlage ihrer Bedarfsrechnung gemacht, denen es die finanzielle Eigenausstattung durchaus erlaubt, in Einzelfällen von Finanzzuweisungen unabhängige Projekte zu realisieren. Diese allgemeine Anerkennung im Gemeindebereich verdankt der »Goldene Plan« nicht zuletzt den Empfehlungen, Hinweisen und Publikationen der kommunalen Spitzenverbände, die in zahlreichen Prognosen und Zeitschriftenartikeln die DOG-Vorstellungen zur alleinigen Grundlage der Bedarfsplanung erhoben [521].

Der Einfluß, der durch die Beratung und die Veröffentlichungen der kommunalen Spitzenverbände auf die gemeindlichen Entscheidungen und Zielvorstellungen ausgeht, darf nicht geringgeschätzt werden. In der bereits erwähnten Befragung kommunaler Verwaltungsbeamter konnte festgestellt werden, daß die Sachbearbeiter auch von den Normen des »Goldenen Planes« in den meisten Fällen erst über die einschlägigen, von den Spitzenverbänden herausgegebenen Kommunalen Zeitschriften unterrichtet worden sind und in diesen Veröffentlichungen eine wertvolle Entscheidungshilfe sehen [522]. So ist es kein Wunder, wenn heute in jeder Gemeinde eine Ausgabe des »Goldenen Planes« vorhanden ist und die in den »Richtlinien« enthaltenen Bedarfsnormen überall übernommen und zur Grundlage der eigenen Bedarfsrechnungen gemacht worden sind. Die Tatsache, daß sich die Gemeindeverwaltungen in ihren Presseverlautbarungen selbst auf diese Planziele berufen [523] und sogar Gutachten der Deutschen Olympischen Gesellschaft anfordern, »um festzustellen, inwieweit das Ziel des ‚Goldenen Planes‘ noch nicht verwirklicht ist« [524], mag diese Behauptung bestätigen.

Ein anderes Beispiel für die Vereinheitlichung der Bedarfsnormen und der kommunalen

Investitionsziele bietet der Aufgabenbereich »Krankenhäuser«. Auch in diesem kommunalen Tätigkeitsbereich beruhen praktisch alle Bedarfszahlen und Richtwerte und selbst die politischen Ordnungsvorstellungen auf den Vorarbeiten *eines* Instituts, des Deutschen Krankenhausinstituts, das seine Vorstellungen vom Krankenhausbedarf und der Krankenhausstruktur in einer Vielzahl eigener Veröffentlichungen publiziert hat [525], dessen Aussagen aber auch in den Verlautbarungen anderer Instanzen vertreten und zur Bedarfsvorsorge in allen Gutachten herangezogen werden [526].

Das Deutsche Krankenhausinstitut wurde 1953 in Zusammenarbeit mit den vier großen Verbänden der Krankenhauspraxis gegründet. Seine Tätigkeit umfaßte neben der Krankenhausforschung seit jeher vor allem die Beratung einzelner Krankenhausvorhaben – allein in den ersten zehn Jahren waren es bereits 1500 Krankenhäuser [527], die den Rat des Instituts in Anspruch nahmen. »Gegenstand der Beratungen sind alle Fragen des Betriebes und des Baus von Krankenhäusern, angefangen von einfachen Fragen der Einrichtung und Ausstattung bis zu den Grundsatzfragen der Betriebs- und Bauplanung (Bettenbedarf – ärztlich-pflegerische Zielsetzung – Standort – Betriebsprogramm – Bauprogramm), der Betriebsgestaltung und Personalbesetzung, der Einzelheiten der baulichen und technischen Lösungen sowie der wirtschaftlichen Situation« [528]; mit anderen Worten: sobald die Entscheidung über die Notwendigkeit eines Krankenhausbaus oder einer Erweiterung vorhandener Kapazitäten gefallen ist, übernimmt das Krankenhausinstitut die Bedarfsfeststellung und Planung nach den von ihm selbst erarbeiteten Maßstäben und Normen.

Die Veröffentlichungen des Instituts haben dafür Sorge getragen, daß die von ihm entwickelten Bedarfswerte Allgemein»gültigkeit« erlangt haben, und sich heute praktisch jedermann, der den Bettenbedarf beim Einzelprojekt oder regionale bzw. lokale Bettenbedarfe ermitteln will, entweder direkt an das Institut wendet oder aber seine Methoden und Faustregeln der Bedarfsberechnung übernimmt. Die »Monopolstellung«, die das Institut bei der Bedarfsfeststellung und auf dem Gebiet der Normgebung innehat, wird schließlich dadurch vervollständigt, daß die vom DKI entwickelten »Leittypen für Allgemeine Krankenhäuser . . ., die eine zweckmäßige Staffelung und räumliche Ordnung des Bettenangebots in der allgemeinen Krankenversorgung ermöglichen« [529], weitestgehend in die Krankenhausplanung des Landes übernommen wurden [530], und so durch die Förderungsbedingungen des Landes auch von dieser Seite die Befolgung der Institutsvorstellungen gewährleistet ist. Das Land hat überdies durch detaillierte Bestimmungen über die notwendige Ausstattung und die baulichen Mindestvoraussetzungen auch jene Bedarfsfaktoren normiert, die zusammen mit dem grundlegenden Bettenbedarf den gesamten Krankenhausbedarf qualifizieren und quantifizieren [531].

In den Investitionsbedarfsbereichen, in denen keine staatlichen bedarfsbestimmenden Vorschriften und Finanzierungsrichtlinien die gemeindliche Bedarfssituation im voraus festlegen, ist die gemeindliche Entscheidungs- und Planungsfreiheit durch die technische Kompliziertheit der benötigten Anlagen einerseits und die zwangsläufig ungenügende Spezialausbildung der Verwaltungsangehörigen andererseits nicht minder eingeengt. Das zeigt sich deutlich beispielsweise bei der Ermittlung des Bedarfs an Müllverbrennungsöfen, bei der die Gemeinden auf die Berechnungen der Herstellerfirmen oder auf die Gutachten von Spezialinstituten angewiesen sind. In diesen Fällen wird die gemeindliche Bedarfslage also eindeutig von Technikern bestimmt, ohne daß Verwaltung und Rat eigene Ziel- und Bedarfsalternativen vorlegen können.

Obgleich die Anzahl der Herstellerfirmen in diesem sich gerade erst entwickelnden Investitionsbereich noch relativ begrenzt ist, kann bei der Müllverbrennung und auch bei der alternativen Möglichkeit der Müllkompostierung allerdings nicht von einheitlichen Bedarfsgrundsätzen ausgegangen werden. So verbleibt den Gemeinden immerhin die Möglichkeit, auf Grund unterschiedlicher Firmenangebote, Bedarfsanalysen und technischer

Ausführungen sich zumeist unter Kostengesichtspunkten unter mehreren technisch vorgegebenen Bedarfen für einen bestimmten Bedarf zu entscheiden.

Vor allem in der jüngsten Zeit sind zahlreiche Gemeinden dazu übergegangen, die Ermittlung ihrer Investitionsbedarfe entweder für alle Aufgabenbereiche [532] oder nur für einzelne Aufgaben [533] Gutachtern zu übertragen. Auch in den für einzelne Gemeinden angefertigten Gutachten [534] werden indessen keine neuen Bedarfswerte und -normen entwikkelt, die sich von den bereits erwähnten Richtwerten abheben würden. Die Investitionsbedarfsrechnungen beruhen vielmehr auf der Vorausschätzung der demographischen Größen und der Entwicklung der Wirtschaftsstruktur, aus denen die zu erwartenden »Bedarfsanmeldungen« abgeleitet werden, die dann mit den Bedarfsnormen des »Goldenen Planes«, den Klassenfrequenzen der Kultusministerverordnung, den »allgemein anerkannten Einheitswerten« für Altenheime und Kindergärten und den bereits erwähnten Faustregeln zur Krankenhausbedarfsbestimmung zu Normalbedarfen multipliziert werden [535].

Nach alledem ist es kein Wunder, wenn sich die Investitionsbedarfe der einzelnen Gemeinden in wesentlichen Punkten nicht allzusehr voneinander unterscheiden [536]. Differenzen treten hauptsächlich durch die unterschiedliche Größe und Wirtschaftsstruktur und einige andere quasi-objektive Faktoren der »Bedarfsanmeldungen« auf. Die Eigenart der finanziellen, ökonomischen, rechtlichen und sozialen Situation der deutschen Gemeinden gewährleistet jedoch seine weitgehend einheitliche Anerkennung und Perzeption, eine interkommunale Identität der verwendeten, von Technikern und Fachverbänden [537] entwickelten Bedarfsnormen; sei es, daß der Staat die Gemeinden direkt oder indirekt zur Befolgung dieser Normen zwingt, sei es, daß diese Orientierungswerte durch die gezielte Informationspolitik der kommunalen Spitzenverbände oder durch ihre Verwendung in kommunalen Einzelgutachten freiwillig von den Gemeinden übernommen werden. In jedem Fall kommt den von den zuständigen Fachverbänden in enger Zusammenarbeit mit den Spitzenorganisationen der Gemeinden berechneten und veröffentlichten Bedarfsschätzungen und Bedarfswerten insofern eine besondere Bedeutung zu, als sie wegen ihrer unterschiedslosen Anerkennung im Gemeindebereich die Tendenz haben, sich selbst zu erfüllen und zu bewahrheiten.

Die zukünftige Entwicklung der von den Gemeinden zur Bedarfsberechnung herangezogenen Normen und Maßstäbe und damit auch die Bedarfsentwicklung selbst hängt mithin in erster Linie von den Entscheidungen und Veröffentlichungen einiger weniger allgemein anerkannter Institutionen ab. Über die Entwicklung der Bedarfsnormen läßt sich daher allgemeingültig nur wenig aussagen. Immerhin muß aus verschiedenen Gründen mit einer relativ langfristigen Konstanz der augenblicklich verwendeten Werte gerechnet werden. Einerseits können es sich im Blickpunkt der Öffentlichkeit stehende Organisationen und Institute wie die Deutsche Olympische Gesellschaft, das Deutsche Krankenhausinstitut, die Arbeitsgemeinschaft der Freien Wohlfahrtspflege oder die Kultusministerkonferenz nicht erlauben, ständig neue Zielvorstellungen zu postulieren. Andererseits aber ist eine wirkungsvolle Schranke gegen eine allzu ungestüme Bedarfsniveauverschiebung darin zu sehen, daß die finanzielle Ausstattung der Gemeinden und auch die für Finanzausgleichsleistungen zur Verfügung stehende staatliche Finanzmasse kaum ausreichen, um schon in absehbarer Zeit die derzeitigen Bedarfe zu decken. Solange aber noch eine erhebliche Diskrepanz zwischen Bedarf und Deckung besteht, wird in der Regel von einer Anhebung der Bedarfsnormen abgesehen. Andererseits ist allerdings zu berücksichtigen, daß einige Bedarfsrelationen von der technischen Entwicklung abhängig sind und daher auch bis 1980 Veränderungen erfahren werden.

Für die hier interessierenden kommunalen Investitionsbereiche ist im Hinblick auf das Jahr 1980 von folgenden Bedarfsnormen auszugehen:

Im Bereich der Spiel- und Sportanlagen werden die von der Deutschen Olympischen Gesellschaft im Jahre 1967 veröffentlichten Richtwerte auch bis zum Jahre 1980 die Grundlage für die kommunalen Bedarfsrechnungen bilden. Die Zielvorstellungen der DOG sind seit 1959, seit der Veröffentlichung der 1. Fassung der Richtlinien über die Bedarfsermittlung, relativ konstant geblieben. Die in der 2. Fassung vorgenommenen Änderungen sind lediglich auf die staatlichen Bestrebungen zur Entwicklung zentraler Orte und auf die technische Entwicklung im Übungsstättenbau zurückzuführen [538], die zu einer Umorientierung in der funktionalen Sportstättenverteilung Anlaß gaben; die Grundwerte blieben jedoch unverändert [539].
Gleiches gilt für den Aufgabenbereich »Krankenhäuser«. Die Bedarfswerte des Krankenhausinstitutes können auch für die weitere Entwicklung zugrunde gelegt werden. Modifikationen werden allerdings für die »durchschnittliche Verweildauer« [540] angebracht sein.
Demgegenüber ist bei den schulischen Bedarfen – wie im Bildungswesen überhaupt – mit einer erheblichen Veränderung der bisher im Gemeindebereich verwendeten Klassenfrequenzwerte zu rechnen. Die Richtlinien des nordrhein-westfälischen Kultusministers [541] können schon heute nicht mehr als tatsächliche Zielvorstellungen des Landes angesehen werden, zumal sie in zahlreichen Gemeinden bereits unterschritten sind; sie dienen daher gegenwärtig vor allem dazu, die Bedarfe der Gemeinden und ihre Anträge auf Zweckzuweisungen mit den finanziellen Möglichkeiten des Landes in Einklang zu bringen. Es kann jedoch davon ausgegangen werden, daß bis 1980 die von der Kultusministerkonferenz als Zielwerte vorgegebenen Klassenfrequenzen [542] auch vom Land Nordrhein-Westfalen offiziell als Richtwerte übernommen werden.
Für den Investitionsbereich »Müllbeseitigung« lassen sich schließlich keine festen und eindeutigen Richtwerte bestimmen; hier wird daher mit alternativen Annahmen gerechnet werden müssen.

§ 15 Konsequenzen für die Bedarfsprojektion

Auf Grund der oben formulierten Hypothesen und der unterstellten Annahmen über die von den Gemeinden zur Bedarfsermittlung verwendeten Bedarfsnormen ergeben sich für eine auf das Jahr 1980 abstellende Bedarfsprojektion folgende Konsequenzen.

1. Bei der Voraussage des Bedarfs an Schulklassen sind die Zielwerte der Ständigen Konferenz der Kultusminister zugrunde zu legen. Sie sehen für die Klassenfrequenzen in den einzelnen Schularten folgende Richtzahlen vor:

Volksschulen	30 Schüler je Klasse
Sonderschulen	14 Schüler je Klasse
Gymnasien	20 Schüler je Klasse
Realschulen	26 Schüler je Klasse
Berufsschulen	20 Schüler je Klasse [543]

2. Die Voraussage des Spiel- und Sportstättenbedarfs hat von den Bedarfsrichtlinien der Deutschen Olympischen Gesellschaft auszugehen. Danach wird der Normalbedarf der einzelnen Gemeinde von folgenden Faustregeln bestimmt:

a) in Gemeinden über 5000 Einwohner

Spielplätze für Kleinkinder (bis 5 Jahre)	0,5 qm nutzbare Spielfläche je Einwohner
Spielplätze für Kinder (6–9 Jahre)	0,5 qm nutzbare Spielfläche je Einwohner
Spielplätze für Kinder (10–17 Jahre)	0,5 qm nutzbare Spielfläche je Einwohner
Allgemeine Spiel- und Sportflächen	3,5 qm nutzbare Sportfläche je Einwohner
Turn-, Spiel- und Sporthallen	0,1 qm nutzbare Hallenfläche je Einwohner
Hallenbäder/Freibäder	Je nach Einwohnerzahl des Einzugsgebietes unterschiedliche Beckenabmessungen

b) in Gemeinden bis 5000 Einwohner

Allgemeine Spiel- und Sportanlagen		
in Gemeinden bis	1 000 Einwohner	8 500 qm nutzbare Spielfläche
	3 000 Einwohner	12 000 qm nutzbare Spielfläche
	5 000 Einwohner	16 000 qm nutzbare Spielfläche

Turn-, Spiel- und Sporthallen		
in Gemeinden bis	1 000 Einwohner	180 qm nutzbare Hallenfläche
	5 000 Einwohner	600 qm nutzbare Hallenfläche

Hallenbäder in Gemeinden mit einem Einzugsbereich von	
5 000–15 000 Einwohner	Beckengröße 8 × 16,5 m
bis 30 000 Einwohner	Beckengröße 8 × 25 m
bis 45 000 Einwohner	Beckengröße 10 × 25 m
bis 70 000 Einwohner	Beckengröße 12,5 × 25 m
bis 80 000 Einwohner	Beckengröße 12,5 × 25 m
	und 12,5 × 6 m

Freibäder in Gemeinden mit einem Einzugsbereich	
bis 5 000 Einwohner	312,5 qm Wasserfläche
bis 10 000 Einwohner	1000,0 qm Wasserfläche
bis 15 000 Einwohner	1750,0 qm Wasserfläche
bis 20 000 Einwohner	2100,0 qm Wasserfläche
bis 40 000 Einwohner	2600,0 qm Wasserfläche

3. Bei der Ermittlung des Krankenhausbedarfs müssen die vom Deutschen Krankenhausinstitut verwendeten Richtwerte und Berechnungsmethoden berücksichtigt werden. Danach sind in den Krankenhäusern für die Ergänzungs- und Mindestversorgung mindestens 120 Betten, in Krankenhäusern für die Grundversorgung mindestens 200 Betten, in Krankenhäusern für die Regelversorgung mindestens 400 Betten, für die Zentral- und Maximalversorgung schließlich ein Minimum von 650 bzw. 1000 Betten erforderlich. Der exakte Bettenbedarf einer Krankenanstalt hängt nach der auch vom Krankenhausinstitut und allen Bedarfsgutachtern zugrunde gelegten Berechnungsformel einerseits von der Zahl der Krankenhausfälle, andererseits von der Verweildauer der Patienten im Krankenhaus und dem Bettenauslastungsgrad ab.

4. Die technische Entwicklung auf dem Gebiet der Müllverwertungs- bzw. Abfallstoffbeseitigungsanlagen kann im einzelnen nicht abgeschätzt werden. Die Bedarfsrechnung muß daher von den alternativen Möglichkeiten nach dem gegenwärtigen technischen Stand ausgehen und die Bedarfe an Sammelgefäßen, Sammelwagen und Verbrennungs- sowie Kompostierungsanlagen in Alternativprojektionen zu ermitteln versuchen; dabei bleibt die Auswahl der einzelnen Investitionsvorhaben den Gemeinden überlassen.

IV. Kapitel:

Zur Entwicklung kommunaler Investitionsbedarfe bis zum Jahre 1980

§ 16 Vorbemerkungen

Die oben skizzierten Entwicklungstendenzen kommunaler Aufgaben- und Bedarfsbereiche und der in den Gemeinden angestrebten Verwaltungsziele und Bedarfsnormen erlauben eine Projektion der tatsächlichen kommunalen Investitionsbedarfe, wenn die bisherigen Hypothesen und Prämissen durch Annahmen über die zukünftige Entwicklung der Bedarfsursachen und »Bedarfsanmeldungen« ergänzt werden. Es wurde bereits darauf hingewiesen [544], daß die »Bedarfsanmeldungen«, die Nachfrage nach kommunalen Gütern und Leistungen, in praxi von zahlreichen Faktoren beeinflußt werden, deren quantitative Erfassung der Wissenschaft bisher noch nicht gelungen ist. Wie die meisten Projektionen, so muß sich daher auch diese Arbeit darauf beschränken, die Nachfrageentwicklung in erster Linie als Funktion der Bevölkerungsentwicklung zu betrachten und von statistischen Relationen zwischen der künftigen Schülerzahl, der Krankenhausfälle, des Müllanfalls usw. und der Wohnbevölkerung auszugehen; die Zahlen zur Bevölkerungsentwicklung werden dabei vorhandenen Projektionen entnommen.

Es hieße ferner den Rahmen dieser Arbeit sprengen, sollten die Bedarfe aus allen kommunalen Aufgabenbereichen errechnet und vorausbestimmt werden. Die folgende Projektion soll daher nur die Investitionsbereiche »Volksschulen«, »Höhere Schulen«, »Berufsschulen«, »Krankenhäuser« und »Müllbeseitigung« umfassen. Auf eine rechnerische Darstellung des zukünftigen Bedarfs an Spiel- und Sportanlagen wurde verzichtet, weil die bereits erwähnten Richtlinien der Deutschen Olympischen Gesellschaft über die Angaben einzelner Bedarfsnormen hinaus praktisch für jede Gemeinde und Einwohnerstufe gestaffelte Investitionsbedarfe enthalten und zudem auch bereits die Sonderstellung und -funktionen der zentralen Orte berücksichtigen; eine Projektion des Sportstättenbedarfs könnte daher lediglich eine bloße Wiedergabe der DOG-Bedarfe sein.

Die in diesem Sinne abgegrenzte Projektion ermittelt für bestimmte kommunale Größen- und Funktionsgruppen die Zielbestände bzw. Normalbedarfe, bezogen auf das Jahr 1980. Für die einzelnen Gemeinden ergeben sich die gemeindespezifischen Investitionsbedarfe dadurch, daß sie nach ihrer Größe und Funktion den entsprechenden Gruppen zugeordnet werden und ihr vorhandener Bestand an Investitionsgütern, an Klassenräumen, Krankenhausbetten oder Sportanlagen beim gruppeneigenen Normalbedarf in Abzug gebracht wird.

§ 17 Der Krankenhausbedarf

In der Bundesrepublik gibt es keine allgemeine gesetzliche Pflicht zur Errichtung und Unterhaltung von Krankenhäusern. Die Gemeinden müssen lediglich auf Grund der Verordnung zur Bekämpfung von übertragbaren Krankheiten [545] unter besonderen Umständen die Einrichtungen schaffen und die Krankenbetten »vorhalten«, die zur Verhütung bzw. Bekämpfung dieser Krankheiten erforderlich sind; zur »Vorhaltung« von Krankenbetten sind auch die Sozialversicherungsträger für die Unfallverletzten sowie die Landesfürsorgeverbände für hilfsbedürftige Geisteskranke und Körperbehinderte verpflichtet. Im übrigen aber bleibt die Errichtung von Krankenanstalten der freiwilligen Selbsthilfe überlassen. Im Rahmen der örtlichen Allzuständigkeit der Gemeinden gehört das Krankenhauswesen daher zu den freiwilligen Selbstverwaltungsangelegenheiten, und nach den oben formulierten Hypothesen wird sich daran auch bis 1980 nichts ändern; von der genannten Ausnahme abgesehen, kann die Gemeinde mithin nach rechtlichen Gesichtspunkten frei darüber entscheiden, ob sie ein Krankenhaus errichten, sich an der Errichtung oder Unterhaltung beteiligen oder die Krankenversorgung anderen Standorten überlassen will. Es ist jedoch – wie an anderer Stelle erwähnt – davon auszugehen, daß die Errichtung und Unterhaltung von Krankenhäusern den Zielvorstellungen der Landesraumordnungspolitik entsprechend [546] in der Zukunft auf die zentralen Orte der verschiedenen Stufen beschränkt bleibt. Krankenhausbedarfe entfallen also nur auf die vom Land ausgewählten zentralen Orte zweiten bis vierten Grades; damit steht zunächst einmal für jede Gemeinde fest, ob sie überhaupt einen Bedarfsbereich »Krankenhaus« aufweist. Gemäß den Ausführungen über die Entwicklung der Bedarfsnormen wird außerdem unterstellt, daß die Zielvorstellungen und Bedarfsnormen der kommunalen und nichtkommunalen Krankenhausträger weitgehend den Normen und Richtwerten entsprechen, die vom Deutschen Krankenhausinstitut bzw. seinen Mitarbeitern entwickelt und nahezu allen Bedarfsermittlungen zugrunde gelegt wurden [547].

Die deutschen Krankenanstalten können nach ihrer Trägerschaft in öffentliche, freigemeinnützige und private Häuser gegliedert werden. An den öffentlichen Krankenhäusern sind alle Ebenen der Gebietskörperschaften sowie die Sozialversicherungsträger beteiligt; die freigemeinnützigen werden von den Kirchen, kirchlichen Vereinigungen, weltlichen Genossenschaften und Stiftungen usw. getragen, während die privaten Krankenhäuser in der Regel von einzelnen oder mehreren Ärzten oder auch von juristischen Personen geführt werden [548]. 1967 standen 37,7 v. H. der nordrhein-westfälischen Krankenbetten in öffentlichen, 60,4 v. H. in freigemeinnützigen und etwa 1,9 v. H. in privaten Krankenhäusern [549]. Da Krankenhäuser also nicht nur von den Gemeinden, sondern auch von anderen Trägern errichtet und geführt werden (wobei die Gemeinde allerdings in der Regel mit Zuschüssen beteiligt ist), läßt sich ein kommunaler Bedarf letzten Endes nur insoweit konstruieren, als der Gesamtbedarf im Gemeindebereich nicht von außerkommunalen Trägern gedeckt wird.

Da die Anteile der verschiedenen Krankenhausträger von Land zu Land, von Bezirk zu Bezirk und von Gemeinde zu Gemeinde ganz unterschiedlich sind, erscheint es nicht angebracht, den Anteil der einzelnen, als Standort eines zentralen Krankenhauses ausersehenen Gemeinde am Gesamtbettenbedarf ihres Einzugsbereiches auf der Grundlage des landes- oder gar bundesdurchschnittlichen Anteils der Gemeinden am Gesamtbettenstand zu berechnen.

Bei der Ermittlung des »Normalbedarfs« einer Gemeinde an Krankenhausplätzen für das Jahr 1980 soll vielmehr zunächst davon ausgegangen werden, daß die Gesamtheit der Krankenhausfälle in Krankenbetten der Gemeinde zu behandeln ist, mit anderen Worten, daß die Deckung des gesamten privaten Krankenhausbedarfs der zentralörtlichen Gemeinde obliegt und nichtkommunale Krankenhausträger nichts zur Bedarfsdeckung beitragen. Der so als kommunaler »Normalbedarf« ermittelte Bettenbedarf kann im Einzelfall auf die tatsächliche kommunale Bedarfssituation reduziert werden, wenn bei der Berechnung des künftigen Investitionsbedarfs der Bestand an nicht zu den kommunalen Häusern gehörenden Krankenbetten in Abzug gebracht wird.

Das mag an folgendem Beispiel verdeutlicht werden: wenn in einer Gemeinde ein Gegenwartsbedarf von 400 Krankenbetten besteht, so gelten diese 400 Betten im folgenden als derzeitiger Normalbedarf. Stehen 150 Betten in privaten oder freigemeinnützigen Krankenhäusern im Gemeindebereich und umfaßt das kommunale Krankenhaus 200 Betten, so ergibt sich ein kommunaler Nachholbedarf von 50 Betten, da die nichtkommunale Bettenzahl als Bestand in Rechnung gestellt wurde; ebenso läßt sich der Wachstumsbedarf berechnen: Bei einem für 1980 errechneten Normalbedarf von 500 Betten beträgt dieser

Wachstumsbedarf im Beispiel 100 Betten. Die Summe aus Nachhol- und Wachstumsbedarf wird im folgenden stets dem kommunalen Träger zuzurechnen sein.

Nach den Behandlungsmöglichkeiten lassen sich Akutkrankenhäuser bzw. Allgemeine Krankenhäuser und Fachkrankenhäuser unterscheiden. Allgemeine Krankenhäuser nehmen in der Regel alle Krankheitsfälle auf, die einer stationären Behandlung bedürfen; sie unterhalten meistens mehr oder weniger stark gegliederte Fachabteilungen in den verschiedensten medizinischen Disziplinen, z. B. internistische, chirurgische, gynäkologische und geburtshilfliche Abteilungen, Stationen für Hals-, Nasen- und Ohrenkrankheiten, für Augenkrankheiten usw.[550]. Der Zahl und Zusammensetzung der Fachabteilungen entsprechend lassen sich verschiedene Anforderungsstufen Allgemeiner Krankenhäuser feststellen[551], auf die später noch einzugehen ist. Fachkrankenhäuser sind demgegenüber entweder auf bestimmte Krankheits- oder auf bestimmte Behandlungsarten spezialisiert.

Nicht ganz entspricht diesem Unterschied die Einteilung in die allgemeine Krankenversorgung für Akutkranke und in die besondere Krankenversorgung für Chronischkranke[552], die an der Verweildauer der Patienten orientiert ist. Zwar wird die besondere Krankenversorgung in der Regel nur von Fach- bzw. Sonderkrankenhäusern stationär wahrgenommen, die allgemeine Versorgung der Akutkranken wird jedoch sowohl in Allgemeinen als auch in Fachkrankenhäusern sichergestellt. Gegenstand der weiteren Untersuchung ist allein der kommunale Bedarf an Krankenbetten in Allgemeinen und Fachkrankenhäusern, die der Versorgung von Akutkranken dienen. Diese Abgrenzung findet ihre Berechtigung in der gegenwärtigen Praxis, nach der die besondere Krankenversorgung der Chronischkranken in aller Regel von überörtlichen Gebietskörperschaften oder von freien gemeinnützigen Anstalten gewährleistet wird (Länder, Landschaftsverbände, Caritasorganisationen). Im folgenden wird auch nicht nach Allgemeinen und Fachkrankenhäusern unterschieden, sondern der Bedarf an Krankenbetten ermittelt, soweit er für die einzelnen medizinischen Fachabteilungen besteht, unabhängig davon, ob diese Fachabteilungen selbständige Einrichtungen oder Bestandteil eines Allgemeinen Krankenhauses sind.

Nach unseren obigen Annahmen[553] soll bereits in *»kleinen zentralen Städten«* (2. Zentralitätsstufe) ein Allgemeines Krankenhaus für Akutkranke bestehen mit mindestens je einer internistischen, chirurgischen, gynäkologischen und geburtshilflichen Abteilung, die die Grundversorgung des eigenen Kern- und Nachbereichs der Gemeinde sowie des Einzugsbereichs der untergeordneten Mittelpunktgemeinden übernehmen können. Dieser Forderung liegen folgende Überlegungen zugrunde:

1. Die zweite Zentralitätsstufe zeichnet sich in der Regel durch einen Kern- und Nahbereich von etwa 10 000 bis 20 000 Einwohner und einem gesamten Einzugsbereich von 50 000 bis 60 000 Einwohner aus, der gleichzeitig den Versorgungsbezirk des Krankenhauses bildet. Eine derartige Größenordnung würde gerade die Errichtung eines Allgemeinen Krankenhauses auf der Basis der Grundversorgung rechtfertigen, das sowohl in seiner medizinisch-technischen Ausstattung als auch in seiner Wirtschaftlichkeit den heutigen Vorstellungen genügt; als untere Grenze für ein solches Schwerpunktkrankenhaus in der 1. Krankenhausstufe gelten heutzutage mindestens 200–250 Betten.
2. Der Grundsatz gleicher Lebensverhältnisse in allen Teilen des Gesamtraumes könnte die Forderung nach einer Einrichtung von Krankenhäusern in der ersten Zentralitätsstufe (Mittelpunktgemeinden) nahelegen; es leuchtet jedoch ein, daß die in diesen Gebieten allein benötigten Klein- und Kleinstkrankenhäuser weder in ärztlich-pflegerischer noch in ökonomischer Hinsicht befriedigend geführt werden können. Die Einheit und Gleichheit der Lebensverhältnisse und der Versorgung kann dadurch nicht erreicht werden; aus diesem Grunde ist ein Krankenhaus in »kleinen zentralen Städten«, das ein wesentlich höheres Anspruchsniveau befriedigen kann, auch dann vorzuziehen, wenn dabei umständlichere, kostspieligere und zeitraubendere Krankentransporte in Kauf zu nehmen sind.

3. Auf die Disziplinen Chirurgie, Innere Medizin, Gynäkologie und Geburtshilfe entfielen 1967 insgesamt etwa 74 v. H. der Krankenhausfälle und damit des gesamten Bettenbedarfs [554]; zur Gewährleistung der medizinischen Grundversorgung darf daher in der untersten Krankenhausstufe keine dieser Fachabteilungen fehlen.

Die *»zentralen Gemeinden mittlerer Größe«* (3. Zentralitätsstufe) müssen einmal für ihren eigenen Kern- und Nahbereich den medizinischen Grundbedarf sowie den gehobenen Bedarf decken, zum anderen aber auch die gehobene medizinisch-stationäre Versorgung für alle ihnen nachgeordneten kleineren Gemeinden übernehmen; sie benötigen daher eine zusätzliche Ausstattung an Krankenbetten, Fachabteilungen und medizinisch-technischen Einrichtungen.

Was die Grundversorgung anbelangt, so gilt das für die 2. Zentralitätsstufe Gesagte entsprechend; die gehobene Versorgung umfaßt neben den bereits in den Gemeinden dieser 2. Zentralitätsstufe enthaltenen Abteilungen Fachstationen für Hals-, Nasen- und Ohren- sowie für Augenkrankheitenn und Pädiatrie, auf die 1967 im Landesdurchschnitt etwa 15 v. H. der gesamten Krankenhausfälle entfielen [555].

Eine wesentlich weitergehende Ausstattung wird in den *»Großstädten«* (4. Zentralitätsstufe) erforderlich. Neben den zur Grund- und gehobenen Versorgung für ihren eigenen Kern- und Nahbereich erforderlichen Stationen müssen diese Gemeinden alle Einrichtungen unterhalten, die zur Deckung des medizinischen Maximal- und Spezialbedarfs für die Großstadt selbst sowie für sämtliche kleineren nachgeordneten Gemeinden benötigt werden; dazu gehören z. B. urologische, neurologische, dermatologische Abteilungen, Speziallaboratorien, Pathologie, Herz- und Hirnchirurgie usw.

Die Verteilung der erforderlichen Krankenhäuser bzw. Krankenhausbetten auf die einzelnen Zentralitätsstufen entspricht in etwa der Einteilung Eichhorns [556] und des Deutschen Krankenhausinstitutes, die den Bedarf an allgemeinen Krankenbetten nach Anforderungsstufen der klinischen Versorgung staffeln. In der unteren Anforderungsstufe wird dabei die Mindest- und Ergänzungsversorgung gewährleistet; sie ist mit der von den Krankenanstalten in der 2. Zentralitätsstufe übernommenen Grundversorgung nicht identisch, da zur Mindestversorgung lediglich Chirurgie und Innere Medizin rechnen und als Ergänzungsversorgung die Versorgung durch Klein- und Kleinstkrankenhäuser (unter 120 Betten) angesehen wird. Die mittlere Anforderungsstufe, die der Grund- und Regelversorgung, weicht dementsprechend von der gehobenen Versorgung der Krankenhäuser der mittleren zentralen Städte nur insoweit ab, als hier erstmals die gynäkologischen und geburtshilflichen Leistungen erfaßt werden. Die Zentral- und Maximalversorgung der oberen Anforderungsstufe nach Eichhorn entspricht dagegen durchaus der Spezial- und Maximalversorgung in den Großstädten, wie sie hier unterstellt wird.

Der gesamte Krankenhausbedarf läßt sich am besten als Bettenbedarf bestimmen, dem dann die übrigen Bedarfsbestandteile und Bedarfe zugeschlagen werden können. Der Bettenbedarf eines zentralen Krankenhauses hängt von der Zahl der im Jahr zu behandelnden Patienten, der mittleren Verweildauer der Patienten und der durchschnittlichen Belegzeit jedes Krankenbettes im Jahr ab. In Anlehnung an die Ausführungen des Deutschen Krankenhausinstitutes [557], an die Denkschrift des baden-württembergischen Innenministers [558] und an die Projektion des Deutschen Städtetages [559] kann daher der Normalbettenbedarf für ein zentralörtliches Allgemeines Krankenhaus für Akutkranke generell nach der Formel

$$\frac{\text{Krankenhausfälle} \times \text{mittlere Verweildauer}}{\text{Bettenausnutzung}}$$

errechnet werden.

Die mittlere Verweildauer differiert naturgemäß zwischen den einzelnen Krankheitsarten und Fachabteilungen [560]; im Durchschnitt lag sie in den nordrhein-westfälischen

Krankenanstalten für Akutkranke im Jahre 1953 bei 21,1 Tagen und hat sich bis 1967 auf 19,1 Tage verringert [561]. Sie lag damit noch immer über dem Bundesdurchschnitt (18,8 Tage) und auch wesentlich höher als in den meisten europäischen Ländern und den USA. Eine Verkürzung der Verweildauer würde sich in einem erheblich niedrigeren Bettenbedarf niederschlagen. Hier wird in Übereinstimmung mit AFHELDT [562] davon ausgegangen, daß sich die Verweildauer in den kommenden Jahren, wenngleich nicht auf den Stand vergleichbarer europäischer Länder, so doch erheblich reduzieren wird [563]. Nach dem bereits erwähnten Kommissionsbericht [564] wird sich der auch hier unterstellte Wert im Jahre 1980 auf 17,5 Tage belaufen.

In der Regel wird mit einer durchschnittlichen Bettenausnutzung von 80 bis 85 v. H., also von 290 bis 310 Tagen Istbelegung pro Kalenderjahr gerechnet [565]; als technischer Höchstwert gilt eine Auslastung von 90 v. H. Im folgenden wird eine durchschnittliche Bettenauslastung von 85 v. H. oder 310 Tagen zugrunde gelegt.

Die Zahl der Krankenhausfälle pro Jahr läßt sich als Vomhundertsatz der Bevölkerung bestimmen. 1963 wurden in Nordrhein-Westfalen 12,7 v. H. der mittleren Jahresbevölkerung stationär behandelt, im Jahre 1980 ist mit einem Anteil von 13,7 v. H. zu rechnen, bei einer Gesamteinwohnerzahl von 17 596 160 also mit 2 410 674 Krankenhausfällen [566].

Diese Krankenhausfälle beanspruchen natürlich die einzelnen Fachabteilungen ganz unterschiedlich. Es kann davon ausgegangen werden, daß 1980 etwa 29 v. H. der Krankenhausfälle auf die Chirurgie, 24,5 v. H. auf die Innere Medizin einschließlich der Infektionsabteilungen, 21,6 v. H. auf Gynäkologie und Geburtenhilfe, 5,5 v. H. auf die Pädiatrie, 7,6 v. H. auf Hals-, Nasen- und Ohrenstationen, 1,6 v. H. auf Augenstationen und der Rest von 11,2 v. H. auf sonstige Abteilungen entfallen werden [567].

Setzt man diese Zahlen ins Verhältnis zum Gesamtanteil der stationär Behandelten an der Bevölkerung, so ergeben sich für die einzelnen Fachabteilungen folgende Krankenhausfälle in v. H. der Wohnbevölkerung:

Chirurgie	3,8 v. H.
Innere Medizin (einschl. Infektion)	3,4 v. H.
Gynäkologie und Geburtshilfe	3,0 v. H.
Pädiatrie	0,8 v. H.
Hals-, Nasen- und Ohren	1,0 v. H.
Augen	0,2 v. H.
Sonstige	1,5 v. H.
Insgesamt	13,7 v. H.

Damit lassen sich nach der oben genannten Bedarfsformel die künftigen Bedarfe für die Krankenhäuser in den einzelnen Zentralitätsstufen näherungsweise bestimmen. Das Allgemeine Krankenhaus in »kleinen zentralen Städten« mit einem Gesamtversorgungsbereich von 50 000 bis 60 000 Einwohnern, das Abteilungen für Chirurgie, Innere Medizin, Gynäkologie und Geburtshilfe umfaßt, weist danach insgesamt einen Bettenbedarf von

$$\frac{17{,}5 \cdot \frac{10{,}2^{568} \cdot B}{100}}{310}$$

auf, wobei *B* die Gesamtbevölkerung des Einzugsgebietes bezeichnet. Bei einem Einzugsbereich von 50 000 Einwohnern (60 000 Einwohnern) beträgt der Normalbedarf 288 (346 Betten). Davon entfallen auf die Chirurgie 107 (129) Betten, auf die Innere Medizin 96 (115) Betten und auf Gynäkologie und Geburtshilfe 85 (102) Betten.

In »mittleren zentralen Städten« müssen einerseits die erforderlichen Krankenbetten für

Kommunaler Krankenbettenbedarf 1980

Zentralitätsstufe der Gemeinde	Einwohnerzahl des eigenen Kern- und Nahbereichs	Einwohnerzahl des gesamten Einzugsgebietes	Bettenbedarf Chirurgie	Bettenbedarf Innere Medizin	Bettenbedarf Gynäkologie und Geburtshilfe	Bettenbedarf Pädiatrie	Bettenbedarf Hals-, Nasen-, Ohrenkrankheiten	Bettenbedarf Augenkrankheiten	Bettenbedarf Sonstige
Kleinere	10 000	50 000	107	96	85	–	–	–	–
zentrale Städte	20 000	60 000	129	115	102	–	–	–	–
Mittlere	30 000	100 000	64	58	51	45	56	11	–
zentrale	50 000	150 000	107	96	85	68	85	17	–
Städte	100 000	200 000	215	192	169	90	113	23	–
	150 000	500 000	322	288	254	68	85	17	423
Großstädte	300 000	800 000	644	576	508	135	169	34	677
	500 000	1 000 000	1 073	960	847	226	282	56	847

die Grundversorgung des eigenen Kern- und Nahbereichs zur Verfügung gestellt werden, der nach den hier zugrunde gelegten Vorstellungen zwischen 20 000 und 100 000 Einwohnern schwanken kann [569]. Der gesamte Bedarf zur Sicherung der Grundversorgung läßt sich an Hand der bereits für »kleine zentrale Städte« angewandten Formel ermitteln; er beträgt zwischen 115 Betten (bei 20 000 Einwohnern) und 576 Betten (bei 100 000 Einwohnern).

Andererseits muß für einen Einzugsbereich bis zu etwa 200 000 Einwohnern die gehobene Versorgung gewährleistet, also Betten für Kinderkrankheiten, Hals-, Nasen- und Ohren- sowie Augenkrankheiten bereitgestellt werden. Der gesamte Normalbedarf errechnet sich hier nach der Formel

$$\frac{17{,}5 \cdot \frac{2{,}0^{570} \cdot B}{100}}{310};$$

er beträgt also für einen Versorgungsbereich von 70 000 (200 000) Einwohnern insgesamt 79 (226) Betten.

Die Ergebnisse für die medizinische Grundversorgung und die gehobene Versorgung lassen sich sinngemäß auf die »Großstädte« übertragen. Für die Maximalversorgung tritt jedoch ein zusätzlicher Bettenbedarf in Höhe von

$$\frac{17{,}5 \cdot \frac{1{,}5^{571} \cdot B}{100}}{310}$$

hinzu. Beispielsweise werden in einer Großstadt mit einem Gesamtbereich für die Maximalversorgung von 500 000 Einwohnern 424 Betten für »sonstige Krankheitsfälle« benötigt. In der nebenstehenden Tabelle sind die bisher gewonnenen Bedarfsergebnisse noch einmal zusammengefaßt und ergänzt worden; dabei sind die Bettenbedarfe für alle Zentralitätsstufen nach Fachdisziplinen aufgeschlüsselt.

Für die Zurechnung der übrigen im Krankenhausbereich anfallenden Bedarfe auf den Bettenbedarf haben sich gewisse Erfahrungssätze herausgebildet; teilweise liegen aber auch ordnungspolizeiliche Vorschriften vor, die für alle Krankenhäuser Mindestquantitäten und -qualitäten zwingend vorschreiben und dadurch auch bestimmte Bedarfe – oftmals in fester Relation zum einzelnen Krankenhausbett – entstehen lassen. So besagt z. B. die ordnungsbehördliche Verordnung über die Krankenhäuser [572], daß das Krankenhausgebäude insgesamt mindestens 72 m² je Krankenbett, die Garten- und Erholungsanlagen mindestens 10 m² je Krankenbett umfassen müssen (§ 1 Abs. 1). Ferner werden danach benötigt (Mindestbedarfe): Tagesräume von 0,75 m² je Planbett (§ 4 Abs. 1), Einrichtungen zur Versorgung jedes Planbettes mit 300 Liter Wasser pro Tag (§ 22 Abs. 1), in der geburtshilflichen Abteilung 1 Entbindungsbett je 15 Planbetten usw. Dies sind nur einige Beispiele aus einer Vielfalt zwingender oder auch aus Erfahrung gewonnener Zuordnungsmaßstäbe, die natürlich letzten Endes wegen der unterschiedlichen Basis der Maßstäbe nur dann zu einer genauen Gesamtbedarfsermittlung führen können, wenn die verschiedenen Größen durch Kostenansätze vergleichbar gemacht werden, also letztlich der Finanzbedarf pro Krankenbett ermittelt wird; darauf soll jedoch hier verzichtet werden [573].

§ 18 Der Bedarf an Müllbeseitigungsanlagen

»Zu den Aufgaben, die von den Gemeinden im Laufe der Entwicklung in den Kreis ihrer Selbstverwaltungsaufgaben einbezogen wurden, gehört neben der Beseitigung der flüssigen auch die Beseitigung der festen Abfallstoffe. Die Gemeinden sind heute in allen Bundesländern als verpflichtet anzusehen, für die Abfuhr des Mülls zu sorgen.«[574] Diese soziale Verpflichtung, die zwar keine Pflichtaufgabe im eigentlichen Sinne begründet, deren Erfüllung jedoch nicht mehr zur freien Disposition der Gemeindevertretung steht und auch in Zukunft jeder Gemeinde obliegt, gilt allerdings nach der heutigen Auffassung nur für die Beseitigung des Hausmülls[575], nicht für die Beseitigung der festen Abfallstoffe der Industrie. Diese Begrenzung des gemeindlichen Aufgabenbereichs wird expressis verbis auch in einem Runderlaß des nordrhein-westfälischen Innenministers befürwortet: »Die Gemeinden sollten sich in der Regel nur mit der Beseitigung häuslichen Mülls befassen.«[576] Ob in der kommunalen Zuständigkeit für den gewerblichen Müll bis 1980 Änderungen zu erwarten sind, braucht hier nicht untersucht zu werden; im folgenden wird nur der Hausmüll berücksichtigt.

Die wichtigsten gesetzlichen Grundlagen für die Müllabfuhr sind neben dem Kommunalrecht das Wasserhaushaltsgesetz[577], das Bundesseuchengesetz[578] und die neuen Bestimmungen der Gewerbeverordnungen von 1959[579]; ein einheitliches Recht für den gesamten Bereich der Abfallstoffe fehlt allerdings. Wenngleich sich aus den genannten Bestimmungen die Verpflichtung zu einer ordnungsgemäßen Müllabfuhr ableiten läßt, so bleibt es doch den Gemeinden selbst überlassen, für welche Verfahren der Abfuhr und Beseitigung sie sich im Einzelfall entscheiden. Die Gemeinden können daher die Abfuhr selbst übernehmen, aber auch privaten Unternehmen überlassen, sie können bei der Abfuhr das Wechseltonnen- oder das Umleerverfahren, privateigene oder kommunale Müllbehälter bevorzugen und die Beseitigung des Mülls durch Ablagerung, Kompostierung oder Verbrennung vornehmen[580]. Die meisten Gemeinden verbinden mit der Erklärung der Müllabfuhr zur Gemeindeangelegenheit den örtlichen Anschluß- und Benutzungszwang.

Für die Entwicklung des kommunalen Bedarfs soll es hier keine Rolle spielen, ob die Gemeinde die Müllabfuhr selbst durchführt oder durch einen privaten Unternehmer durchführen läßt, zusammen mit privaten Unternehmern die Beseitigung übernimmt oder sie einem Zweckverband überträgt; es wird unterstellt, daß der nach der Erklärung der Müllabfuhr zur kommunalen Angelegenheit auftretende Investitionsbedarf zum Kommunalbedarf wird. Da sich hier – anders als beispielsweise in den Investitionsbereichen »Krankenhaus«, »Schulen« und »Sportanlagen« keine allgemein akzeptierten Bedarfsnormen entwickelt haben, müssen die unterschiedlichen technischen Bedarfsvorstellungen in Alternativprojektionen berücksichtigt werden.

Das kommunale Müllwesen macht Einrichtungen zur Lagerung des Mülls am Anfallsort, zur Abfuhr des Mülls und zu seiner endgültigen Beseitigung erforderlich; demgemäß umfaßt der kommunale Bedarf die Bedarfe an Sammelgefäßen, Sammelfahrzeugen und Müllbeseitigungsanlagen.

I. Der Normalbedarf an Sammelgefäßen

Nach einer Umfrage des Deutschen Städtetags in Zusammenarbeit mit dem Verband kommunaler Fuhrpark- und Stadtreinigungsbetriebe und der Arbeitsgemeinschaft für kommunale Abfallwirtschaft[581] wurden in der Bundesrepublik 1962 als Sammelgefäße

> nicht genormte Gefäße mit einem Fassungsvermögen zwischen 15 und 200 Litern,
> genormte Haushaltseimer[582] mit einem Fassungsvermögen zwischen 25 und 50 Litern,
> genormte Hofstandgefäße[583] mit einem Fassungsvermögen zwischen 60 und 170 Litern und
> Großbehälter mit einem Inhalt von 1100 bis 5500 Litern

benutzt. Weil sie weder den Anforderungen der Hygiene noch denen eines rationellen Arbeitseinsatzes der Müllabfuhr entsprechen und ihre absolute Anzahl im Abnehmen

begriffen ist, sollen die »nichtgenormten« Gefäße nicht weiter behandelt werden. Auch die Großbehälter finden bei der Bedarfsfeststellung keine Berücksichtigung, da ihr Einsatz wohl auch in der nächsten Zukunft auf wenige Großstädte und Anwendungsbereiche beschränkt bleiben dürfte. Es werden daher die kommunalen Normalbedarfe an Mülltonnen und Mülleimern ermittelt und dabei die DIN-Normen für Mülltonnen von 60 und 110 Litern (DIN 6629) und Mülleimer von 35 und 50 Litern (DIN 6628) zugrunde gelegt.
Der Bedarf an Müllgefäßen hängt vor allem von der Leerungshäufigkeit (der Anzahl der wöchentlichen Entleerungen), von dem Müllanfall je Einwohner und Woche und von der Anzahl der die Sammelgefäße gemeinsam benutzenden Personen ab. Da die Verweildauer des Mülls im Sammelgefäß vor allem wegen der Reaktionen der organischen Stoffe eine Woche nicht überschreiten darf [584], müssen die Sammelgefäße mindestens einmal pro Woche entleert werden. Bei einmaliger Leerung ist der wöchentliche Müllanfall (Volumen) einer Gemeinde mit den insgesamt zur Verfügung zu stellenden Gefäßvolumen identisch. Bei wachsender Müllmenge kann entweder die Zahl der Sammelgefäße vergrößert, zu größeren Sammelgefäßen übergegangen oder der Abfuhrplan auf eine mehrmalige Leerung eingestellt werden. Allerdings ist zu berücksichtigen, daß den ersten beiden Möglichkeiten durch die dabei ständig größer werdende notwendige Stellfläche enge Grenzen gezogen sind, so daß in der Regel nur der Übergang zur mehrmaligen Entleerung übrigbleibt. Im folgenden soll der Bedarf an Sammelgefäßen der oben genannten Größe alternativ für einmalige und zweimalige Müllabfuhr ermittelt werden.
Ist die Leerungshäufigkeit vorgegeben, so muß sich der jeder Person bzw. jedem Haushalt zur Verfügung zu stellende Sammelgefäßanteil nach dem wöchentlichen Müllanfall richten. Ein Blick auf die vorhandenen Müllstatistiken zeigt, daß der Müllanfall in den letzten Jahren beständig zugenommen hat; er wird aller Wahrscheinlichkeit nach auch in den kommenden Jahren bis 1980 mit kaum geringerer Intensität anwachsen. Bemerkenswert ist allerdings die Tatsache, daß das Müllgewicht je Einwohner keineswegs eindeutig – wie immer angenommen wird – mit zunehmender Gemeindegröße und Verstädterung zunimmt. Dabei ist indessen zu berücksichtigen, daß in der Statistik kleinere Gemeinden mit weniger als 10 000 Einwohnern nicht enthalten sind; bei ihnen ist sicher mit einer Abnahme des Müllgewichts je Einwohner zu rechnen, da hier die Verwendung häuslicher Abfälle zu landwirtschaftlichen Zwecken eine größere Rolle spielt [585]. Demgegenüber nimmt das Müllvolumen je Einwohner mit abnehmender Gemeindegröße ab, so daß sich hier deutlichere Kriterien für eine Gemeindeklassifizierung ergeben. Mithin muß das Raumgewicht des Hausmülls in den kleineren Gemeinden erheblich größer sein.
Aus den vorliegenden Statistiken [586] ergeben sich für jede Gemeindegrößenklasse (GKl) [587] folgende Werte für das Müllvolumen je Einwohner:

Müllvolumen je Einwohner und Woche[588] (in Litern)

GKl	im Jahresmittel[589] 1954	1957	1961	1965	1980	in den Wintermonaten 1980
A	9,8	14,1	16,9	21,7	36,1	43,3
B	8,5	10,6	14,4	19,5	28,9	34,7
C	7,9	10,6	13,9	14,5	21,5	25,8
D	7,8	10,1	11,2	14,8	20,3	24,4
E	5,3	8,8	–	13,7	17,7	21,2

Da sich Art und Umfang der öffentlichen Einrichtungen nach dem Spitzenbedarf richten müssen, hat die Ermittlung des Bedarfs an Müllsammel- und Müllbeseitigungsanlagen vom maximalen Müllanfall im Laufe des Jahres auszugehen, der sich erfahrungsgemäß in den Wintermonaten ergibt und dann etwa das 1,2fache des Jahresmittels beträgt [590]. Die

in Spalte 7 der obigen Tabelle angegebenen Wintermüllwerte werden daher auch für die Bedarfsprojektion auf das Jahr 1980 herangezogen.
Im übrigen wird vorausgesetzt, daß in Gemeinden bis zu 50 000 Einwohnern in jedem Haushalt genormte *Mülleimer* verwandt werden, in allen größeren Gemeinden dagegen *Mülltonnen,* und daß auf einen Haushalt im Durchschnitt 3 Personen entfallen; da im Durchschnitt jede Wohnung von 1 Haushalt besetzt ist, kann in den Gemeinden über 50 000 Einwohner von folgender *Anzahl von Haushalten je Wohngebäude* ausgegangen werden:

Gemeindegrößenklasse A: 4,7
Gemeindegrößenklasse B: 3,6
Gemeindegrößenklasse C: 3,2 [591]

1. Bei *einmaliger* wöchentlicher Entleerung ergeben sich dann folgende Normalbedarfe an Sammelgefäßen [592]:

In Gemeinden der Größenklasse E fallen je Haushalt und Woche maximal 63,6 Liter Müll an; in diesen Gemeinden würden also zwei 35-Liter-Eimer je Haushalt benötigt.
In Gemeinden mit 20 000–50 000 Einwohnern (Größenordnung D) fallen je Haushalt und Woche 73,2 Liter Müll an; hier werden daher je Haushalt ein 60-Liter- und ein 35-Liter-Mülleimer benötigt.
In Gemeinden mit 50 000–100 000 Einwohnern (Größenklasse C) beträgt der Müllanfall je Haushalt und Woche 77,4 Liter; auf jedes Wohngebäude entfallen 3,2 Haushalte, so daß je Wohngebäude und Woche 247,7 Liter Müll abgeholt werden müssen. Es werden mithin je Wohngebäude zwei 110-Liter-Mülltonnen und eine 60-Liter-Tonne benötigt.
In Großstädten mit einer Einwohnerzahl von 100 000–200 000 (Größenklasse B) fallen je Haushalt und Woche 103,1 Liter Müll an; auf jedes Wohngebäude entfallen 3,6 Haushalte, so daß insgesamt in jedem Wohngebäude durchschnittlich etwa 371,2 Liter Müll wöchentlich zu beseitigen sind. Es werden praktisch drei 110-Liter-Tonnen und eine 60-Liter-Tonne benötigt.
In Großstädten über 200 000 Einwohner (Größenklasse A) beträgt das Müllvolumen je Haushalt und Woche 129,9 Liter; da auf jedes Wohngebäude im Durchschnitt 4,7 Haushalte entfallen, beläuft sich die wöchentliche Müllmenge je Wohngebäude auf ca. 610,5 Liter. Zu ihrer Lagerung werden für jedes Wohngebäude praktisch sechs 110-Liter-Tonnen benötigt, die dann allerdings auch wie in den bisherigen Beispielen für einen noch längeren Zeitraum ausreichen würden.

2. Bei *zweimaliger* Entleerung pro Woche reduziert sich das Müllvolumen je Haushalt und Abfuhrtag auf die Hälfte; ceteris paribus werden daher an Müllsammelgefäßen benötigt:

In Gemeinden bis zu 20 000 Einwohnern (Größenklasse E): ein 35-Liter-Haushaltseimer je Haushalt.

In Gemeinden mit 20 000–50 000 Einwohnern (Größenklasse D): ein 50-Liter-Eimer je Haushalt.

In Gemeinden mit 50 000–100 000 Einwohnern (Größenklasse C): eine 110-Liter-Tonne und eine 60-Liter-Tonne je Wohngebäude.

In Großstädten von 100 000 bis 200 000 Einwohnern (Größenklasse B): zwei 110-Liter-Tonnen je Wohngebäude.

In Großstädten über 200 000 Einwohnern (Größenklasse A): drei 110-Liter-Tonnen je Wohngebäude.

II. Der Normalbedarf an Sammelfahrzeugen

Der *Bedarf an Sammelfahrzeugen* hängt ab von dem Müllanfall je Einwohner, der wöchentlichen Häufigkeit der Müllentleerung, der Arbeitsgeschwindigkeit des Fahrzeugs und der Fahrstrecke je Kubikmeter des abgeführten Mülls [593].

Der Müllanfall je Einwohner wurde bereits oben ermittelt [594]; auf dieser Grundlage soll der Bedarf alternativ für eine einmalige und für eine zweimalige wöchentliche Entleerung ermittelt werden.

Müllsammelwagen werden heute mit einem Nutzinhalt von 4 bis 20 m^3 gebaut. In der Regel erfolgt die Beladung am Fahrzeugende durch Schütteinrichtungen universeller oder spezieller Art. Während die Entleerung der Mülleimer in der Regel von Hand erfolgt, werden zur Leerung der Mülltonnen zumeist maschinelle Hub- und Kipphilfen angewendet [595]. Entsprechend der Unterteilung bei den Sammelgefäßen wird im folgenden vorausgesetzt, daß in Gemeinden bis zu 50 000 Einwohnern Fahrzeuge benötigt werden, die von Hand beladen werden, während in größeren Gemeinden Fahrzeuge mit maschinellen Ladehelfern eingesetzt werden müssen. Außerdem wird unterstellt, daß die Sammelfahrzeuge eine Arbeitsgeschwindigkeit von 5 km/h aufweisen [596] und an einem achtstündigen Arbeitstag 40 km bei voller Tätigkeit zurücklegen; die letzte Annahme setzt vor allem voraus, daß die Sammelwagen während des achtstündigen Arbeitstages keine Arbeitsunterbrechung durch Entleerungsfahrten zur Müllbeseitigungsanlage erleiden bzw. daß diese Unterbrechungen in der durchschnittlichen Kilometerleistung pro Stunde bereits Berücksichtigung gefunden haben. Hier ist die Arbeitsleistung auf ein Fahrzeug mit einem Fassungsvermögen von 13 m^3 oder 13 000 Liter abgestellt [597].

Als letzter Einflußfaktor des kommunalen Bedarfs an Sammelfahrzeugen ist schließlich die pro Kubikmeter Müll zu fahrende Kilometerzahl zu bestimmen. Aus der Müllstatistik ergeben sich für die einzelnen Gemeindegrößenklassen folgende Werte [598]:

Gemeindegröße		km/m^3 Müll
A	über 200 000	1,4
B	100 000–200 000	1,4
C	50 000–100 000	1,4
D	20 000– 50 000	1,4
E	unter 20 000	1,5

Auf dieser Grundlage soll der Bedarf alternativ für eine einmalige und für eine zweimalige wöchentliche Entleerung ermittelt werden. Die Berechnung wird nur für die Gemeindegrößenklasse E (Gemeinden bis 20 000 Einwohnern) im einzelnen dargestellt, für die übrigen Größenklassen lediglich im Ergebnis festgehalten:

1. Bei einmaliger Leerung

In Gemeinden der Größenklasse E wird das Müllvolumen je Einwohner und Woche im Jahre 1980 21,2 Liter betragen. Das Sammelfahrzeug mit einer durchschnittlichen Arbeitsgeschwindigkeit von 5 km/h muß 1,5 km je aufzunehmenden Kubikmeter Müll fahren, kann also pro Stunde etwa 3,333 m^3 Müll aufnehmen; in einer fünftägigen Arbeitswoche, d. h. in 40 Arbeitsstunden, können mithin 133,320 m^3 oder 133 320 Liter Müll abgefahren werden.

Da pro Person wöchentlich 21,2 Liter Müll anfallen, reicht ein Sammelfahrzeug der oben genannten Beschaffenheit zur Versorgung von jeweils etwa 6289 Einwohnern aus; Gemeinden dieser Größenklasse benötigen also von einer Einwohnerzahl von 18 867 ab vier Sammelwagen.

Unter Berücksichtigung der klassenspezifischen Werte für die wöchentliche Müllmenge je Einwohner [599] und für die je Kubikmeter Müll zurückzulegende Entfernung [600] ergeben sich bei den übrigen Größenklassen folgende Bedarfszahlen:

Gemeindegrößenklasse	je ... Einwohner wird ein Sammelfahrzeug benötigt
A	3299
B	4116
C	5536
D	5854
E	6289

2. Bei zweimaliger Leerung

Unter der Annahme gleichbleibender Arbeitsgeschwindigkeit kann ein Sammelfahrzeug bei zweimaliger Müllabfuhr in einer vierzigstündigen Arbeitswoche entweder nur den gesamten wöchentlichen Müllanfall der Hälfte der oben errechneten Einwohnerzahl abfahren oder aber die Hälfte der wöchentlichen Müllmenge aller Einwohner, die auch bei einmaliger Leerung von diesem Fahrzeug versorgt werden; dabei wird allerdings unterstellt, daß sich das gesamte Müllvolumen gleichmäßig auf die beiden Abfuhrtermine verteilt. Unter diesen Voraussetzungen wird zur Versorgung der Einwohner einer Gemeinde die doppelte Anzahl an Sammelfahrzeugen benötigt. Mit anderen Worten: die in der vorstehenden Tabelle enthaltenen Einwohnerzahlen beziehen sich hier nicht auf 1 Sammelfahrzeug, sondern auf 2 Sammelfahrzeuge.

III. Der Normalbedarf an Müllbeseitigungsanlagen

Die Beseitigung des Mülls kann nach dem gegenwärtigen Stand der Technik durch Ablagerung in Müllkippen, Landauffüllung, Kompostierung oder Verbrennung erfolgen. Abgrenzungsschwierigkeiten lassen es ratsam erscheinen, die Beseitigung durch Müllkippen und durch Landauffüllung unter der Sammelbezeichnung Ablagerung zusammenzufassen [601]; die Ablagerung ist die gegenwärtig vorherrschende Methode. 1962 wurden nur 3 v. H. des gesamten Müllanfalls verbrannt oder kompostiert; der Rest wurde abgelagert. Aus dem Gutachten von FERBER, KOLKENBROCK und NEUKIRCHEN geht allerdings hervor, daß in einem großen Teil der damals befragten Gemeinden über 10 000 Einwohner die Ablagerungsflächen bereits ausgelastet sind. Legt man die damaligen Befragungsergebnisse zugrunde, so müßten 1968 die Ablagerungsmöglichkeiten für 280 Gemeinden erschöpft sein; bis Mitte der siebziger Jahre müßten sogar 374 der befragten Gemeinden auf andere Formen der Müllbeseitigung ausweichen. STRAUB nimmt an, »daß in absehbarer Zeit alle Städte über 5000 Einwohner dazu kommen werden, von dem bisher geübten Verfahren der Deponie abzukommen« [602]. Da andererseits nach Merkblatt 7 des Verbandes kommunaler Fuhrpark- und Stadtreinigungsbetriebe Abfall-Lagerplätze nur für Gemeinden mit mehr als 20 000 Einwohnern oder für Zweckverbände mit einer entsprechenden Anschlußzahl erlaubt werden sollen, weil Wartung und Aufsicht kleiner Ablagen erfahrungsgemäß mangelhaft durchgeführt werden, kann das Deponieverfahren im folgenden vernachlässigt werden [603]. Die Notwendigkeit, in nicht allzu ferner Zukunft auf die Methoden der Kompostierung und vor allem der Verbrennung auszuweichen, wird im übrigen durch zahlreiche Ablagerungsverbote innerhalb der Landeswassergesetze sowie durch die zunehmenden Klagen über Geruchsbelästigung und das Auftreten von Ungeziefer noch verstärkt [604].

STRAUB nimmt in seinem Gutachten an, »daß sich die Abfallstoffe der Gemeinden zwischen 5000 und 100 000 Einwohnern und der Hälfte der aus Gemeinden bis 500 000 Einwohnern sich zur Kompostierung eignen und die Abfallstoffe aller größeren Städte durch Verbrennung beseitigt werden müssen« [605]. Aus dieser Aufteilung soll hier jedoch nicht geschlossen werden, daß bestimmte Gemeinden diese oder jene Form der Müllbeseitigungsanlage »benötigen«; es steht den Gemeinden grundsätzlich frei, sich für eine der beiden Möglichkeiten (ausschließlich der Ablage) zu entscheiden, zumal die Wahl der Anlage mit den Absatzmöglichkeiten der anfallenden Aufbereitungsprodukte zusammenhängen wird. Der kommunale Bedarf kann daher nur alternativ bestimmt werden, also getrennt für die einzelnen Verfahren der Müllbeseitigung. Dabei ist auch zu berücksichtigen, daß sich für kleinere Gemeinden überörtliche Lösungen geradezu anbieten; der für größere Verbände entstehende Bedarf ist indessen auf die einzelnen Gemeinden umzulegen.

1. Müllverbrennungsanlagen

Der Vorteil der Müllverbrennungsanlagen besteht vor allem in der starken Volumenminderung auf 5–10 v. H. des Ausgangsvolumens, wie sie durch andere Beseitigungsverfahren nicht zu erreichen ist. »Auf weite Sicht gesehen, ist aber auch diese Verminderung nicht befriedigend, weil sie schließlich die Zeit der Möglichkeit zur Ablage nur verlängert, wenn nicht die Schlacke einer anderen Verwendung zugeführt werden kann, wie etwa dem Wegebau oder der Baustoffindustrie« [606]. Der Bedarf an Müllverbrennungsanlagen wird also in starkem Maße von dem Bedarf an Aufbereitungsprodukten bestimmt.

Müllverbrennungsanlagen werden zwar in praxi nach dem »Wärmedurchsatz« angelegt [607], doch soll hier allein auf die Verbrennungsleistung (in kg/h oder t/h) der Anlage eingegangen werden. Der Bedarf an Verbrennungsanlagen wird daher als Bedarf an Verbrennungsöfen mit einer bestimmten Ofenleistung je Stunde dargestellt, dem die übrigen Bedarfe an Grundstücken, Bunkern, Nebeneinrichtungen (Entkarbinisierungsanlagen, Rückkühlwerken, Waagen usw.) anteilig hinzugerechnet werden können. Die Leistung der einzelnen Anlagen schwankt derzeit zwischen 250 kg/h und über 10 000 kg/h im Durchschnitt.

Bei der Notwendigkeit, den laufend anfallenden Müll täglich zu beseitigen, ergibt sich das Problem einer ausreichenden Reservehaltung. Dabei haben sich grundsätzlich zwei Möglichkeiten durchgesetzt. Entweder arbeiten zwei Verbrennungsöfen einschichtig 8 Stunden pro Tag; bei Ausfall eines Ofens übernimmt dann der andere die gesamte Müllverbrennung notfalls in mehreren Schichten. Oder aber eine Anlage umfaßt mehrere Öfen, von denen jeweils einer unbeschäftigt in Reserve steht [608]. Hier wird in Anlehnung an PALM und RASCH davon ausgegangen, daß Öfen mit einer Leistung unter 7500 kg/h einschichtig 8 Stunden pro Tag eingesetzt werden, während Öfen mit einer Verbrennungsleistung ab 7500 kg/h mehrschichtig arbeiten. Dem entspricht, daß im ersten Fall zu einer Anlage unter Berücksichtigung der Reservehaltung jeweils zwei Öfen gehören, die gleichzeitig in jeweils einer Schicht eingesetzt werden; demgegenüber erfordert der mehrschichtige Einsatz der größeren Öfen die Reserve eines ansonsten nicht eingesetzten Ofens.

Während das Müllvolumen durch den wachsenden Papier- und Verpackungsanteil auch in der Zukunft stark zunehmen wird [609], läßt das Wachstum des hier allein relevanten Müllgewichts wegen des beständigen Abnehmens des Raumgewichtes etwas nach; es wird 20 v. H. in zehn Jahren kaum überschreiten [610]. Aus den Vergangenheitswerten läßt sich allerdings keine statistisch-mathematische Regelmäßigkeit der Entwicklung des Müllgewichtes in den einzelnen Gemeindegrößenklassen ablesen; die für das Jahr 1980 angegebenen Werte beruhen daher auf Schätzungen. Unter dieser Voraussetzung beträgt das Müllgewicht je Einwohner und Woche:

Müllgewicht je Einwohner und Woche[611] (in kg)						
Gkl	im Jahresmittel					in den Wintermonaten 1980[612]
	1954	1957	1961	1965	1980	
A	4,3	5,6	3,9	5,1	6,1	7,3
B	4,1	4,8	5,1	5,6	7,5	9,0
C	4,2	4,8	5,0	4,8	5,6	6,7
D	4,4	5,2	5,1	5,1	6,0	7,2
E	2,9	5,4	–	4,8	7,2	8,6

Als Basis für die Bedarfsermittlung dient auch hier wieder der Wintermüll. Außerdem wird vorausgesetzt, daß ein Ofen mit einer durchschnittlichen Verbrennungsleistung von 100 kg/h minimal 60 kg/h, maximal 120 kg/h aufnehmen kann, daß also jeder Ofen um 40 v. H. unterlastbar und um 20 v. H. überlastbar ist. Ein Ofen mit einer durchschnittlichen Verbrennungsleistung von 250 kg/h, der danach mindestens 150 kg/h, höchstens 300 kg/h verarbeitet, kann mithin bei einschichtigem Einsatz (8 Stunden am Tag) in einer fünftägigen Arbeitswoche zwischen 6000 und 12 000 kg Müll aufnehmen. Unter der Annahme, daß bis zu einer Gesamtleistung von 7500 kg/h jeweils zwei einschichtig eingesetzte Öfen eine Verbrennungsanlage bilden [613], können in einer Anlage mit zwei 250-kg/h-Öfen pro Woche 12 000–24 000 kg Müll verbrannt werden. In der Größenklasse E – bei einem maximalen Müllgewicht von 8,6 kg je Einwohner und Woche – können damit ca. 1395–2790 Einwohner versorgt werden.

Auf diese Weise kann der Ofenbedarf für jede Gemeinde innerhalb der einzelnen Größenklassen ermittelt werden [614]. Die nachstehende Tabelle enthält allerdings lediglich Orientierungsvorschläge; selbstverständlich können einerseits auch Öfen mit Zwischengrößen errichtet, andererseits größere Öfen durch mehrere kleinere ersetzt werden. Ausschlag-

Bedarf an Verbrennungsanlagen					
Gemeindegrößenklasse	Einwohnerzahl	Zahl der Öfen im Betrieb	in Reserve	Kapazität je Ofen (kg/Std.)	Arbeitsstunden je Betriebsofen und Tag
E	1 395– 2 790	2	–	250	8
	2 790– 5 580	2	–	500	8
	5 580– 11 160	2	–	1 000	8
	11 160– 22 320	2	–	2 000	8
D	20 000– 26 660	2	–	2 000	8
	20 000– 33 333	2	–	2 500	8
	20 000– 40 000	2	–	3 000	8
	23 333– 46 666	2	–	3 500	8
	26 666– 50 000	2	–	4 000	8
C	50 000– 57 313	2	–	4 000	8
	50 000– 64 477	2	–	4 500	8
	50 000– 71 641	2	–	5 000	8
	50 000– 85 970	2	–	6 000	8
	50 014–100 000	2	–	7 000	8
B	100 000–160 000	1	1	10 000	24
	100 000–192 000	1	1	12 000	24
	120 000–200 000	1	1	15 000	24
A	200 000–295 890	1	1	15 000	24
	200 000–394 520	1	1	20 000	24

gebend für die Wahl werden im Einzelfall wahrscheinlich die Investitionskosten sein [615], die mit zunehmender Anlagengröße relativ sinken [616].
Bei den oben genannten Werten handelt es sich ausschließlich um Öfen ohne Wärmegewinnung; Anlagen mit Wärmegewinnung sind naturgemäß erheblich teurer, die Investitionskosten belaufen sich etwa auf das Dreifache einfacher Anlagen.

2. Kompostierungsanlagen

Erheblich schwieriger gestaltet sich die Bedarfsermittlung für Kompostierungsanlagen. Die Kompostierung ist die älteste und natürlichste Form der Aufbereitung von Siedlungsabfällen, bei ihr handelt es sich um einen biologischen Vorgang, durch den zunächst mittels anaerober, später mittels aerober Verrottung die im Müll enthaltenen Pflanzennährstoffe erhalten und für die landwirtschaftliche Verwendung aufbereitet werden.
Im Laufe der Zeit haben sich mehrere Kompostierungsverfahren entwickelt, die sich sowohl in ökonomischer als auch in hygienischer Hinsicht bewährt haben. Es lassen sich folgende Methoden unterscheiden [617]:

1. Kompostierungsverfahren in Mieten ohne vorherige Zerkleinerung der Abfallstoffe (z. B. System Baden-Baden),
2. Kompostierungsverfahren in Mieten mit vorheriger Zerkleinerung der Abfallstoffe (z. B. Dorr-Siebraspel, Dano-Egsetor, System Bühler),
3. Kompostierungsverfahren in Gärzellen mit und ohne Bewegung und mit und ohne Zerkleinerung der Abfallstoffe (z. B. Dano-Biostabilisator).

Die Leistungsfähigkeit der einzelnen Anlagen ist je nach der technischen Ausstattung unterschiedlich groß. Generelle Aussagen über den Bedarf lassen sich daher kaum machen, zumal bislang nur wenige Anlagen im In- und Ausland in Betrieb sind. Die Arbeitsgemeinschaft für kommunale Abfallwirtschaft hat jedoch die bisher vorliegenden Ergebnisse von 22 Kompostwerken zusammengestellt [618], so daß auf dieser Basis Annahmen über die alternativen Bedarfe der Gemeinden bzw. Zweckverbände an Kompostierungsanlagen möglich werden.
Bei Verwendung von Dorr-Siebraspeln können je 8stündigen Arbeitstag 70 000–90 000 kg Müll je Raspel bearbeitet werden. Die Dano-Egsetoren-Anlagen bewältigen je Müll-Aggregat etwa 70 000 kg je Arbeitstag, der Dano-Biostabilisator je nach der Länge der

Bedarf an Kompostierungsanlagen

Gemeindegrößenklasse [620]	Einwohnerzahl	Kompostierungsverfahren	Umfang der Anlage
C	50 000– 67 164	Dorr-Siebraspel	1 Raspel
	50 000– 74 626	Dano-Biostabilisator	1 Trommel
	50 000–100 000	Dano-Egsetor	2 Aggregate
	100 000–116 666	Dano-Egsetor	3 Aggregate
B	100 000–150 000	Dorr-Siebraspel	3 Raspeln
	100 000–155 555	Dano-Egsetor	4 Aggregate
	100 000–166 666	Dano-Biostabilisator	3 Trommeln
	100 000–194 444	Dano-Egsetor	5 Aggregate
	100 000–200 000	Dorr-Siebraspel	4 Raspeln
A	200 000–246 575	Dorr-Siebraspel	4 Raspeln
	200 000–273 972	Dano-Biostabilisator	4 Trommeln
	200 000–287 671	Dano-Egsetor	6 Aggregate
	200 000–308 222	Dorr-Siebraspel	5 Raspeln

Trommel 70 000–100 000 kg [619]. Anlagen dieser Art und Größe erfordern also unter Berücksichtigung des Müllanfalls einen Einzugsbereich von mindestens 50 000 Einwohnern. Unter der Annahme, daß die Kompostwerke an fünf Tagen insgesamt 40 Stunden pro Woche arbeiten, läßt sich durch Division der Wochenleistung einer Anlage durch den wöchentlichen Müllanfall je Einwohner für jede Gemeindegrößenklasse die Zahl der Einwohner ermitteln, die an eine solche Anlage angeschlossen werden können. Die daraus folgenden Bedarfszahlen sind in der Tabelle auf S. 87 zusammengestellt.

§ 19 Der Bedarf an höheren Schulen

Der Aufbau der höheren Schulen, deren erfolgreicher Abschluß zur allgemeinen oder zu einer speziellen Hochschulreife führt, hat sich im Laufe der Zeit so kompliziert, daß zunächst ein Blick auf die bestehenden Schulformen erforderlich ist [621].

Die Haupttypen der höheren Schule sind das altsprachliche, das neusprachliche und das mathematisch-naturwissenschaftliche Gymnasium, deren Abschluß zum Besuch jeder Hochschule berechtigt; die Frauenoberschule als vierte Normalform gewährt demgegenüber nur die Berechtigung zum Besuch bestimmter Hochschulen, z. B. zum Besuch pädagogischer Hochschulen. Neben diesen Normalformen, die auf dem vierten Grundschuljahr aufbauen, bestehen die verschiedensten Aufbauformen, um »Spätentwicklern« einen Übergang zur höheren Schule zu ermöglichen; dazu zählen die Aufbaugymnasien und die Gymnasien in Aufbauform für Realschulabsolventen, die zur allgemeinen Hochschulreife, und wirtschafts- und sozialwissenschaftliche, naturwissenschaftliche sowie pädagogisch-musische Gymnasien in Aufbauform, die zur fachgebundenen Hochschulreife führen [622]. »Es ist eine wichtige Aufgabe, dieses System der Übergänge innerhalb des Schulwesens, das eine Durchlässigkeit zwischen den einzelnen Schulformen gewährleistet, in der erforderlichen Breite aufzubauen. Einerseits sollen diese Schulen nicht zu zahlreich sein, da der Hauptbedarf durch Schulen der normalen Langform gedeckt werden soll; andererseits ist beabsichtigt, in jedem größeren Einzugsbereich ... je eine solche Schule der verschiedenen Typen der Kurzform zu errichten.« [623]

Damit ist bereits der Standort der höheren Schulen angesprochen; im allgemeinen ist die Errichtung und Fortführung von höheren Schulen keine kommunale Pflichtaufgabe. Gemeinden, Ämter und Landkreise können nach § 10 Abs. 3 des nordrhein-westfälischen Schulverwaltungsgesetzes Gymnasien errichten; nur im Sonderfall des § 10 Abs. 5 können sie vom Kultusminister und dem Finanzminister im Einvernehmen mit dem Innenminister zur Errichtung verpflichtet werden, wenn ihre Finanz- und Verwaltungskraft ausreicht.

Nach den obigen Annahmen sollen allerdings bereits in »kleinen zentralen Städten« und naturgemäß in allen Gemeinden einer höheren Zentralitätsstufe Gymnasien vorhanden sein; das gilt sowohl für die Normal- als auch für die Aufbauformen. Ein kommunaler Bedarf an höheren Schulen tritt demnach für alle Gemeinden auf, die der zweiten oder einer höheren Zentralitätsstufe angehören. Dieser kommunale Bedarf wird als Normalbedarf an Klassenräumen dargestellt, ohne daß dabei auf die einzelnen Schulformen näher eingegangen wird; es wird also nicht nach dem Bedarf an Normal- und Aufbauschulklassen unterschieden.

Der Klassenraumbedarf einer Standortgemeinde hängt von der angestrebten Klassenstärke, dem Ausnutzungsgrad jedes Klassenraums und von der Anzahl der für die Gemeinden und ihren Einzugsbereich zu erwartenden Schülerzahl ab.

Edding und Albers gingen in ihrem für die Arbeitsgemeinschaft Deutscher Lehrerverbände erstellten Gutachten von einer Klassenstärke von 25 Schülern je Gymnasialstammklasse aus [624]. Die Ständige Konferenz der Kultusminister setzte demgegenüber einen Mittelwert von 24 und einen Zielwert von 20 Schülern je Klasse fest [625]. Vom Zielwert der

Kultusministerkonferenz soll im folgenden ausgegangen werden; es wird ferner vorausgesetzt, daß jeder Schülerklasse ein eigener Stammklassenraum zusteht.

Nach dem Strukturplan des Kultusministers aus dem Jahre 1965 sollten 1970 etwa 281 000 Schüler in Nordrhein-Westfalen höhere Schulen besuchen [626]; bei einer vorausgeschätzten Bevölkerungsentwicklung auf 17,371 Mio. im Jahre 1970 hätte also zu diesem Zeitpunkt der Anteil der höheren Schüler an der Gesamtbevölkerung im Landesdurchschnitt 1,6 v. H. betragen. Nach neueren Vorausschätzungen liegt der relative Schulbesuch [627] höherer Schulen im Jahre 1970 jedoch bereits bei 2,2 v. H. [628]. Im Rahmen der Fortführung des Strukturprogramms soll das Schulwesen außerdem soweit gefördert werden, daß es in allen Gemeinden und Kreisen, in denen der bisherige relative Schulbesuch unter dem Landesdurchschnitt liegt, bis 1971, spätestens aber bis 1980, mindestens dem gegenwärtigen Landesdurchschnitt entspricht [629]. Durch die strukturellen Maßnahmen der Landesregierung, den Bevölkerungszuwachs und die allgemeine »Bildungsexplosion« wird ein Anstieg der Schülerzahlen an höheren Schulen von 249 892 im Schuljahr 1964/65 auf über 600 000 im Schuljahr 1980/81 zu erwarten sein [630]. Unter Berücksichtigung der Bevölkerungsentwicklung im Landesgebiet [631] ergibt sich daher für 1980 ein Anteil der höheren Schüler an der Gesamtbevölkerung von etwa 3,4 v. H.

Die in starkem Maße noch vorhandenen Unterschiede im relativen Schulbesuch zwischen den einzelnen Gemeinden und Landkreisen sollen hier nicht weiter Gegenstand der Untersuchung und einer detaillierten Bedarfsdifferenzierung sein. Der Verzicht auf eine weitergehende Analyse der für den örtlichen Schulbesuch bestimmenden Bedarfsursachen und Kriterien und deren Auswirkungen auf den relativen Schulbesuch am Ort erscheint um so berechtigter, als die Unterschiede durch das Strukturprogramm weitestgehend beseitigt werden sollen.

Wenn langfristig mit einem relativen Schulbesuch von 3,4 v. H. gerechnet werden muß und jeder Klassenraum nicht mehr als 20 Schüler fassen soll, so muß im Jahre 1980 jede Standortgemeinde eines Gymnasiums für jeweils 589 Einwohner ihres Einzugsbereiches einen Klassenraum zur Verfügung stellen. »Kleine zentrale Gemeinden« mit einem Einzugsbereich von insgesamt 50 000 Einwohnern weisen demnach einen Normalbedarf von 85 Klassenräumen auf; in Großstädten mit beispielsweise 300 000 Einwohnern im Kern- und Nahbereich erhöht sich der Bedarf auf 510 Klassenräume. In der folgenden Tabelle sind einige andere Beispiele festgehalten; die Werte errechnen sich aus dem Quotienten

$$\frac{\text{Einwohnerzahl des Einzugsbereiches}}{589}.$$

Bei einem Einzugsbereich mit einer Einwohnerzahl von	Normalbedarf an Klassenräumen
49 477–50 065	85
50 066–50 654	86
50 655–51 243	87
51 244–51 832	88
51 833–52 421	89
52 422–53 010	90

Neben den kommunalen Schulen existieren in der Bundesrepublik und auch im Lande Nordrhein-Westfalen staatliche und private höhere Schulen; der oben errechnete Normalbedarf an Klassenräumen wird also nicht allein von den Gemeinden gedeckt. Selbstverständlich kann eine Verpflichtung einer zentralörtlichen Gemeinde zur Errichtung von Gymnasien nur insoweit angenommen werden, als nicht bereits andere Schulträger Schulen am Zentralort unterhalten. Die Verpflichtung der Kommunen erstreckt sich jedoch auf den gesamten, nicht anderweitig gedeckten Teil des Normalbedarfs. Bei der Ermittlung des zukünftigen kommunalen Investitionsbedarfs braucht daher wiederum lediglich der Bestand an nicht von den Gemeinden errichteten Klassenräumen beim Gesamtbestand berücksichtigt zu werden; um den Wachstumsbedarf zu berechnen, müssen in gleicher Weise die von anderen Schulträgern geplanten Bauvorhaben vom Gesamtwachstumsbedarf in Abzug gebracht werden.

§ 20 Der Bedarf an Volksschulen

Die allgemeine Volksschulpflicht beginnt in Nordrhein-Westfalen wie auch in den übrigen Bundesländern mit der Vollendung des sechsten Lebensjahres; der Volksschulbesuch erstreckt sich auf 4 Grund- und 5 Hauptschuljahre [632]. Nach § 10 Abs. 1 des Schulverwaltungsgesetzes für das Land Nordrhein-Westfalen [633] obliegt die Errichtung und Fortführung der Volksschulen den Gemeinden; das Volksschulwesen ist daher eine kommunale Pflichtaufgabe.

Die gesetzliche Schulträgerschaft bringt es mit sich, daß sich die kommunale Entscheidungsbefugnis nur noch auf die Art der Aufgabenwahrnehmung erstreckt, wenngleich auch dabei der gemeindliche Aktionsrahmen durch landesrechtliche Normen stark eingeengt ist. Dem Pflichtcharakter der Aufgaben entspricht es ferner, daß jede Gemeinde, die schulpflichtige Kinder hat, allein aus diesem Tatbestand heraus einen abgeleiteten schulischen Bedarf aufweist. Dieser kommunale Volksschulbedarf wird zweckmäßigerweise als Bedarf an Klassenräumen dargestellt, der später um die übrigen im Volksschul-Investitionsbereich entstehenden Bedarfe an Sonderräumen, Inventar usw. ergänzt bzw. »veredelt« werden kann.

Der Klassenraumbedarf einer Gemeinde ist abhängig von der angestrebten Klassenfrequenz, vom Ausnutzungsgrad der Klassenräume, d. h. von der Anzahl von Schülerklassen, die einen Klassenraum benutzen können und von der Schülerzahl der Gemeinde. Die Verteilung der Volksschülerzahl auf die einzelnen Schuljahrgänge, die ebenfalls die Stärke der Schülerklassen beeinflußt, soll hier unberücksichtigt bleiben [634].

Während sich die Anzahl der Volksschüler aus der allgemeinen Bevölkerungsentwicklung ableiten läßt [635], also hinreichend objektiv bestimmbar ist, können Klassenfrequenzen und Ausnutzungsgrad der Klassenräume nur aus sozialen und politischen Normvorstellungen gewonnen werden, die über den Willensbildungsprozeß für die einzelne Gemeinde verbindlich geworden sind und generelle Anerkennung erlangt haben. Die bisher erstellten Gutachten kommen allerdings zu den unterschiedlichsten Ergebnissen. So legte z. B. die Ständige Konferenz der Kultusminister in ihrer Bedarfsfeststellung für die Jahre 1961 bis 1970 [636] im Hinblick auf die Klassenstärke einer Volksschule einen Zielwert von 30 und einen Mittelwert von 33 Schülern zugrunde, während Edding und Albers [637] in ihrer Projektion von einer Schülerzahl von 29,4 je Klasse ausgingen. Für Nordrhein-Westfalen ist durch eine Ausführungsverordnung des Kultusministers [638] zu § 7 des Schulfinanzgesetzes [639] die Klassenstärke in den Volksschulen auf 40 festgesetzt worden; dieser Wert, bereits am 1. April 1960 fixiert, gilt auch heute noch, allerdings muß er wahrscheinlich wohl weniger als ein Wert verstanden werden, der die langfristigen Normvorstellungen zum Ausdruck bringt, denn vielmehr als vorläufig realisierbarer Wert. Hier wird entsprechend den oben gemachten Annahmen vom Zielwert der Kultusministerkonferenz ausgegangen, also von einer Klassenstärke von 30 Schülern.

Hinsichtlich des Ausnutzungsgrades der Klassenräume besteht, zumindest was die allgemeinbildenden Schulen und damit auch die Volksschulen anbelangt, absolute Übereinstimmung: jede Schülerklasse benötigt einen eigenen Klassenraum. Dadurch wird der Vorstellung Rechnung getragen, daß sich der Unterricht über die ganze Woche erstrecken und ein schichtweise wechselnder Unterricht vermieden werden soll.

Die Zahl der Schulpflichtigen hängt von der allgemeinen Bevölkerungsentwicklung ab. Im Jahre 1965 belief sich der Anteil der Volksschüler an der Gesamtbevölkerung im Bundesdurchschnitt [640] und in Nordrhein-Westfalen [641] auf ca. 9,5 v. H.; 1972 wird er nach der Vorausschätzung des Kultusministers 10,1 v. H. betragen [642], 1980 etwa 11 v. H. ausmachen und bis dahin um 10–11 v. H. schwanken, so daß man für die weitere Berechnung einen Vomhundertsatz von 11 v. H. heranziehen muß [643]. Die Bedarfsursache »Volksschülerzahl« als durchschnittlichen Vomhundertsatz der Gemeindeeinwohner zu errechnen, bedeutet natürlich eine statistische Vereinfachung, erscheint jedoch insofern berechtigt, als die zwangsläufig von Gemeinde zu Gemeinde differierenden Vomhundertsätze nicht eindeutig mit anderen soziologischen oder ökonomischen Strukturmerkmalen korrelieren.

Damit sind die Einflußfaktoren des Klassenraumbedarfs so weit qualifiziert und quantifiziert, daß der kommunale Volksschulbedarf errechnet werden kann, wenn man, wie bereits erwähnt, die Tatsache unberücksichtigt läßt, daß Schüler verschiedener Alters- und Klassenstufen nicht in der gleichen Schülerklasse und daher auch nicht im gleichen Klassenraum unterrichtet werden (sollen). Bei einer Klassenfrequenz von 30, einem Ausnutzungsgrad jedes Klassenraumes von 100 v. H. (d. h. eine Schülerklasse pro Klassenraum) und einem Volksschüleranteil an der Gesamtbevölkerung von 11 v. H. wird für jeweils 273 Einwohner ein Klassenraum benötigt. Der Normalbedarf einer Gemeinde an Volksschulklassenräumen beträgt daher ganz allgemein

$$\frac{\text{Einwohnerzahl der Gemeinde}}{273}.$$

Da die Errichtung und Fortführung von Volksschulen zu den kommunalen Pflichtaufgaben gehört, spielt es für den gemeindlichen Bedarf keine Rolle, ob jede Einzelgemeinde eine eigene Schule errichtet oder ob sie sich an zentralörtlichen Schulen beteiligt; sie ist in jedem Fall zur Deckung des örtlichen Schulbedarfs verpflichtet. Da nach den bisherigenn Erfahrungen die wirtschaftlich optimale Größe erst eine zweizügige Volksschule mit 18 Klassen erreicht [644], empfiehlt es sich für kleinere Gemeinden auch aus ökonomischen Gründen geradezu, sich beispielsweise im Rahmen eines Zweckverbandes an größeren Schulvorhaben zu beteiligen und auf ein eigenes Schulgebäude zu verzichten [645]. Der beispielsweise bei einer Mittelpunktgemeinde für eine zentralörtliche Volksschule anfallende kommunale Gesamtbedarf ist jedoch entsprechend der einzelgemeindlichen »Bedarfsanmeldungen« auf die beteiligten Gemeinden anteilig aufzuschlüsseln. Dem trägt beispielsweise der Lastenausgleich im Schulzweckverband Rechnung: die Verbandsschullasten werden nach § 9 Abs. 1 des Schulfinanzgesetzes Nordrhein-Westfalen zur einen Hälfte nach der Zahl der Gemeindeschüler, zur anderen Hälfte nach den Umlagegrundlagen der Kreisumlage auf die beteiligten Gemeinden verteilt. Durch den Zusammenschluß im Schulzweckverband entsteht so zwar für die einzelne Gemeinde keine unmittelbare Baunotwendigkeit; nichtsdestoweniger ist der auf sie umgelegte Anteil an den Gesamtkosten des Schulbaus hier als Investitionsausgabe und der damit gedeckte Bedarf als Investitionsbedarf anzusehen.

Es bleibt daher in jedem Fall der oben ermittelte Bedarf relevant, der allein von der Einwohnerzahl der Gemeinde abhängt. Infolge dieser einfachen Korrelation bereitet auch die in diesem Aufgabenbereich aufzustellende Gemeindeklassifizierung oder -gruppierung keine Schwierigkeiten; die Gemeinden sind nach ihrer Einwohnerzahl zu gruppieren, wobei alle Gemeinden, die um nicht mehr als 273 Einwohner differieren, zu einer Gruppe vereinigt werden. Jeder dieser Gruppen läßt sich alsdann der gruppeneigene Normalbedarf an Klassenräumen zurechnen.

Einwohnerzahl der Gemeinde	Normalbedarf an Klassenräumen
bis 273	1
274– 546	2
547– 819	3
820–1092	4
1093–1365	5
1366–1638	6
1639–1911	7
1912–2184	8
2185–2457	9
2458–2730	10

Wie bereits erwähnt, enthält der bisher ermittelte Normalbedarf nur den Bedarf an Stammklassen; dem einzelnen Klassenraum können jedoch die übrigen beim Volksschulbau anfallenden Bedarfe anteilmäßig zugerechnet werden, wenn alle Bedarfe durch Berücksichtigung der Investitionskosten näher konkretisiert und dadurch vergleichbar gemacht werden. An dieser Stelle soll ausnahmsweise das eigentliche Aufgabengebiet dieser Arbeit überschritten und beispielhaft dargestellt werden, wie aus dem mengenmäßigen Investitionsbedarf an Stammklassen der Finanzbedarf für eine mit den übrigen Investitionskosten anteilig belastete Volksschulklasse errechnet wird.
Der Kostenberechnung liegt dabei der Kostenaufwand für eine zweizügige 18klassige Volksschule zugrunde, die 540 Schüler aufnehmen kann, zur vollen Auslastung also eines Einzugsgebietes mit etwa 5000 Einwohnern bedarf. Die Kostenansätze wurden auf Grund des Preisstandes im Februar 1967 ermittelt [646].
Nach den allgemeinen Erfahrungen [647] sollte ein moderner Klassenraum etwa $8 \times 9 \times 3{,}50$ m messen, also einen umbauten Raum von ca. 252 m^3 umschließen. Bei einem Baukostenansatz von 220 DM je Kubikmeter umbauten Raum ergeben sich daher je Stammklasse Baukosten von etwa 55 450 DM. Im allgemeinen entfällt auf einen Klassenraum eine etwa gleich große Kubikmeterzahl an Nebenräumen, wie Fach-, Verwaltungs- und Sonderräumen (Handwerks- und Handarbeits-, Musik- und Kunsträume, Büchereien, Hausmeisterwohnung, sanitäre Anlagen usw.), so daß sich bei gleichem Baukostensatz von 220 DM die reinen Baukosten eines mit Nebenräumen anteilig belasteten Klassenraumes auf 110 900 DM erhöhen.
Daneben fallen Ausstattungs- und Grundstücksbedarfe an. Die Inventar- und Ausstattungskosten können dabei mit rd. 10 000 DM je Klassen- bzw. Nebenraum veranschlagt werden, die Baukosten für Schulhof und sonstige Außenanlagen mit 17 500 DM je Klassenraum [648]. Die übrigen Baunebenkosten wie z. B. die Kosten für Wasser-, Strom- und Kanalisationsanschluß belaufen sich in der Regel auf etwa 10 v. H. der reinen Baukosten, betragen also im Beispiel pro Klassenraum 11 090 DM. Werden schließlich noch die Grunderwerbskosten berücksichtigt, so erhöht sich der Ansatz für den Klassenraum nochmals um 37 500 DM; dabei wurde pro Schüler ein Flächenbedarf von 25 m^2 berücksichtigt und ein Quadratmeterpreis von durchschnittlich 50 DM zugrunde gelegt, der allerdings von Gemeinde zu Gemeinde sehr stark schwankt [649].

Die Kosten für einen »veredelten« Klassenraum betragen demnach insgesamt:

Reine Baukosten		110 900 DM
für Stammklasse	55 450 DM	
für Anteil Nebenräume	55 450 DM	
Ausstattungskosten		37 500 DM
Inventarkosten	20 000 DM	
Anteil Außenanlagen	17 500 DM	
Baunebenkosten		11 090 DM
Grunderwerbskosten		37 500 DM
		196 990 DM

Die Bedarfsergebnisse sollen noch einmal an einem kurzen Beispiel verdeutlicht werden: Eine Gemeinde mit 12 000 Einwohnern muß auf Grund der eigenen Vorausschätzungen und des Gebietsentwicklungsplanes bis zum Jahre 1980 mit einer Bevölkerungszunahme um 4000 auf 16 000 Einwohner rechnen; sie weist gegenwärtig einen Bestand von 32 Volksschulklassenräumen einschließlich der erforderlichen Nebenanlagen auf. Da sie sich bisher in der Gemeindegruppe von 11 734 bis 12 006 Einwohner befindet, beträgt ihr derzeitiger Normalbedarf 44 Klassenräume; in 10 Jahren gehört sie einer höheren Gruppe mit einem Normalbedarf von 59 Klassenräumen an. Ihr künftiger Bedarf beträgt mithin – unter Berücksichtigung des Nachholbedarfs von 12 Räumen – 27 Stammklassen. Unter Zugrundelegung des oben angenommenen Kostensatzes von fast 200 000 DM je Klasse, muß sie daher in den folgenden Jahren mit einem Finanzbedarf von rd. 5,4 Mio. DM rechnen.

§ 21 Der Bedarf an Berufsschulen

Die Berufsschulen gehören zu den Pflichtschulen; die Berufsschulpflicht beginnt mit der Beendigung der allgemeinen Schulpflicht und erfaßt die Jugendlichen, die keine weiterführenden Schulen besuchen [650], neben ihrer beruflichen Ausbildung bzw. Arbeit. Der Unterricht erstreckt sich über drei Jahre, in denen jeweils an ein oder zwei Wochentagen 6–12 Unterrichtsstunden besucht werden müssen. Je nach ihrer Größe sind die Berufsschulen mehr oder weniger stark in gewerbliche, kaufmännische, land- und forstwirtschaftliche, gartenbauliche, haushaltswirtschaftliche und bergmännische Fachrichtungen gegliedert [651].

Nach § 10 Abs. 2 des Schulverwaltungsgesetzes für das Land Nordrhein-Westfalen sind neben den Landkreisen auch die kreisfreien Städte dem Land gegenüber zur Errichtung und Fortführung von Berufsschulen verpflichtet. Nur für die kreisfreien Gemeinden kann mithin hier ein kommunaler Investitionsbedarf unterstellt werden [652]. Die Errichtung von Berufsschulen in kreisangehörigen Gemeinden ist Aufgabe der Landkreise, die sich im übrigen bei der Standortwahl nach dem Zentralortsprinzip richten werden; es bleibt daher nur der Berufsschulbedarf der kreisfreien Städte zu untersuchen.

Diese Abgrenzung widerspricht nicht der Annahme, daß die Standortverteilung im Rahmen freiwilliger Aufgaben der Gemeinden auch eine gemeindliche Bedarfszuständigkeit impliziert [653]. Das Berufsschulwesen gehört zwar einerseits zu den freiwilligen Aufgaben der kreisangehörigen Gemeinden, insoweit müßte ein kommunaler Bedarf fingiert werden, wenn kreisangehörige Gemeinden die Tatbestandsmerkmale »kleinerer zentraler

Städte« erfüllen. Andererseits aber ist das Berufsschulwesen innerhalb der Kreise eine Pflichtaufgabe des Gemeindeverbandes »Landkreis«, dem als Pflichtträger auch die Aufgabe obliegt, die Schulen in zentralörtlichen Gemeinden zu errichten und zu unterhalten.
Der Berufsschulbedarf der kreisfreien Städte wird wiederum als Normalbedarf an Klassenräumen berechnet. Dieser Bedarf ist abhängig von der Anzahl der Berufsschüler, der angestrebten Klassenfrequenz und dem Ausnutzungsgrad jedes Klassenraumes.
Die Ständige Konferenz der Kultusminister hat als Zielwert eine Klassenstärke von 20 Schülern festgelegt, die auch hier der Bedarfsberechnung zugrunde gelegt werden soll [654]. Im Gegensatz zu den bisher behandelten Schulen gehören die Berufsschulen zu den Teilzeitschulen, so daß hier nicht für jede Schülerklasse ein eigener Klassenraum benötigt wird. Die Kultusministerkonferenz kam vielmehr zu dem Ergebnis, daß bei allen berufsbildenden Schulen [655] nur für jeweils 2,676 Schülerklassen ein Klassenraum zur Verfügung gestellt werden muß [656]. Dadurch ändert sich auch die bisher angewandte Berechnungsmethode; die auf einen Klassenraum entfallende Schülerzahl ergibt sich hier als Produkt aus Klassenfrequenz und der Zahl 2,676. Im Berufsschulbereich muß daher im Jahre 1980 für jeweils 53 Schüler ein Klassenraum bereitstehen.
Die für eine Gemeinde zu erwartende Berufsschülerzahl kann nicht ohne weiteres als fester Vomhundertsatz der Gemeindebevölkerung berechnet werden, wie dies beispielsweise bei der Volksschülerzahl möglich war. Es ist vor allem zu berücksichtigen, daß die Berufsschulpflichtigen im allgemeinen diejenige Schule zu besuchen haben, die nach der Schulbezirkseinteilung für ihren *Arbeitsplatz* zuständig [657] ist. Eine Ausnahmeregelung gibt es lediglich für den allerdings relativ kleinen Kreis der nicht in einem Arbeits- oder Ausbildungsverhältnis stehenden Berufsschüler, welche die für ihren Wohnort zuständige Schule zu besuchen haben.
Das »Arbeitsplatzprinzip« legt es in diesem Falle nahe, die Berufsschülerzahl einer Gemeinde als Anteil an der in den Arbeitsstätten dieser Gemeinde insgesamt – also unter Berücksichtigung des Pendlersaldos – arbeitenden Bevölkerung zu ermitteln. In den kreisfreien Städten Nordrhein-Westfalens wird dieser Anteil im Jahre 1980 im Landesdurchschnitt etwa 8 v. H. betragen [658]. Geht man von diesem Anteil aus, so ergibt sich in den kreisfreien Städten für jeweils 666 Arbeitende ein Normalbedarf von einem Berufsschulklassenraum.
Dieser Bedarf wird in vollem Umfang der betreffenden Gemeinde zugerechnet, wenngleich neben den kommunalen auch private Berufsschulen existieren und eine Verpflichtung der Gemeinde zur Errichtung und Unterhaltung nur dann angenommen werden kann, wenn der Bedarf nicht anderweitig gedeckt wird. Bei der Ermittlung des künftigen Gemeindebedarfs können private Schulen im übrigen wiederum dadurch Berücksichtigung finden, daß der in ihnen vorhandene Klassenraumbestand als Bestand an kommunalen Klassen in Ansatz gebracht wird.

§ 22 Der politische und technokratische Charakter des Investitionsbedarfs

Die Bestimmungsgründe und Entwicklungstendenzen der kommunalen Investitionsbedarfe machen deutlich, daß zumindest dieser Teil des öffentlichen Bedarfs, der wie alle öffentlichen Bedarfe schlechthin formal von den Entscheidungen und Zielvorstellungen der willensbildenden Organe bestimmt wird, materiell einerseits von staatspolitischen und zentralistischen Erwägungen, andererseits von technischen Normvorstellungen vorgeformt wird. Der *politische* Charakter des Bedarfs äußert sich vor allem in der zentralstaatlichen, durch Gesetze, Verordnungen und Richtlinien legalisierten oder durch finanziellen Druck erzwungenen Fixierung des kommunalen Wirkungskreises und der gemeindlichen Bedarfsbereiche. Bund und Länder haben nämlich die Aufgaben weitestgehend in ihre eigene Politik integriert und dadurch die Gemeinden in einem die Selbstverwaltung praktisch erdrükkenden Maße zu bloßen Vollzugsorganen des staatlichen Willens gemacht. Die politische Entscheidungsfreiheit der Gemeinden wird zudem bei der Auswahl jener Aufgaben, die nicht der hoheitlichen Reglementierung unterliegen, durch soziale Normen und Erwartungen soweit eingeengt, daß von einer selbständigen Bestimmung der Bedarfsbereiche durch die Gemeinden kaum mehr die Rede sein kann. Soweit der kommunale Investitionsbedarf daher politischen Charakter aufweist, ist er – was sich in der Vereinheitlichung der kommunalen Aufgaben- und Bedarfsstruktur niederschlägt – staatspolitisch determinierter Bedarf.

Sind die Aufgabenbereiche politisch und sozial normiert, so ist die Höhe der einzelnen Bedarfe in den meisten Fällen durch Richtwerte beeinflußt, die von Technikern und Fachverbänden entwickelt werden. Daß diese Bedarfsnormen den Bedarfsrechnungen der einzelnen Gemeinden auch tatsächlich zugrunde gelegt werden, wird entweder durch staatlichen Zwang oder dadurch gewährleistet, daß sie von den kommunalen Spitzenverbänden ihren Mitgliedern empfohlen oder in kommunale Bedarfsgutachten übernommen werden.

Die Tatsache, daß die von den oben genannten Institutionen in ihren Bedarfsprojektionen und -gutachten veröffentlichten Bedarfsvorstellungen von den Gemeindeverwaltungen akzeptiert und rezipiert werden, erklärt die Tendenz zur Selbsterfüllung dieser Projektionen. Besonders deutlich wird das bei dem Bedarf an Sportstätten, bei denen die Gemeinden in ihren eigenen Bedarfsrechnungen und Zielvorstellungen den Vorschlägen der Deutschen Olympischen Gesellschaft in vollem Umfang gefolgt sind und dadurch die von der Sportstättentechnik vorgezeichnete Bedarfsentwicklung verifiziert haben.

Die Selbstrealisierung der Bedarfsschätzungen und die damit verbundene Vereinheitlichung der kommunalen Zielvorstellungen und Bedarfsmaßstäbe läßt die einleitend gestellte Frage, ob Bedarfe wegen ihres prinzipiell politischen Charakters überhaupt als Maßstab für den Finanzausgleich in Betracht kommen, in einem neuen Licht erscheinen. Die einheitliche Übernahme der »von oben« vorgegebenen Richtwerte, durch die sich die Bedarfe der einzelnen Gemeinden zwar nicht objektivieren, aber doch einander angleichen, bietet dem Staat natürlich letzten Endes doch die Möglichkeit und sogar die Berechtigung, seine Finanzzuweisungen nach einheitlichen bedarfsorientierten Maßstäben, die darüber hinaus mit seinen eigenen Zielvorstellungen übereinstimmen, zu verteilen. Unter diesem Gesichtspunkt erscheint die Möglichkeit nicht ausgeschlossen, daß die Bedarfe für jeden Aufgabenbereich und für jede Gemeinde unter Berücksichtigung der gemeindespezifischen Entwicklung der »Bedarfsanmeldungen« zentral ermittelt werden, und der Ausgleich zwischen diesen Bedarfen und den vorhandenen Deckungsmitteln allein durch Zweckzuweisungen erfolgt. Eine solche Entwicklung würde zwar die Gemeinden praktisch endgültig in den Horizont der staatlichen Bedarfs-, Investitions- und Finanzplanung einbeziehen; sie würde dadurch aber auch der Tatsache Rechnung tragen, daß die meisten Gemeinden ohnehin nicht mehr in der Lage sind, den ihnen formal zustehenden Entscheidungsspielraum bei der Festlegung ihrer Verwaltungsziele auszufüllen.

Eine größere Unabhängigkeit der Gemeinden, die ihnen auch die Möglichkeit bieten könnte, über die Wahrnehmung ihrer Aufgaben selbst zu entscheiden, wäre letzten Endes nur durch eine Verbesserung ihrer Verwaltungs- *und* Finanzkraft möglich. Die Erhöhung der kommunalen Verwaltungskraft liegt auch im Interesse von Bund und Ländern, da sie u. a. eine qualitativ bessere Durchführung der kommunalen Angelegenheiten und der staatlichen Weisungen auf der Ortsebene gewährleistet. Eine Stärkung der gemeindlichen Finanzkraft, vor allem der allgemeinen Deckungsmittel, widerspricht demgegenüber den im einzelnen erwähnten stabilitäts- und strukturpolitischen Interessen der Zentral- und Länderregierungen, da mit der finanziellen Abhängigkeit auch der Zwang der Gemeinden verloren ginge, die staatlichen Planungsvorstellungen über die kommunalen Aufgabenstrukturen und die Standorte kommunaler Einrichtungen zu berücksichtigen. Da einerseits die von Bund und Ländern verfolgten wachstums-, konjunktur- und raumordnungspolitischen Ziele auf eine stärkere Beeinflussung und Kontrolle der Investitionstätigkeit der Gemeinden hinauslaufen, andererseits aber die grundgesetzlich gesicherte Institution der kommunalen Selbstverwaltung einer weitergehenden gesetzlichen Beschneidung der gemeindlichen Eigenzuständigkeit für ihre Investitionsaufgaben entgegensteht, wird in Zukunft vor allem die indirekte finanzielle Einwirkung auf die lokalen Gebietskörperschaften im Vordergrund stehen. Selbst von einer »permanenten« Finanzreform wird daher keine erhebliche Verbesserung der eigenen kommunalen Finanzmasse zu erwarten sein.

Unabhängig von den Veränderungen ihrer Verwaltungs- und Finanzkraft werden sich die Gemeinden bei der Ermittlung ihrer Bedarfe und der Festlegung der einzelnen Verwaltungsziele innerhalb der wahrzunehmenden Aufgabenbereiche dem wachsenden Einfluß der Technik nicht entziehen können. In immer stärkerem Maße werden die Bedarfsnormen, die »Leitbilder des an sich wünschenswerten Bestandes an öffentlichen Einrichtungen«, von technischen Spezialinstituten entwickelt und wegen der Kompliziertheit und Unüberschaubarkeit der technischen Probleme von der Verwaltung übernommen. Der politischen Entscheidung entzogen wird der Investitionsbedarf daher trotz aller Warnungen [659] immer mehr unter den Einfluß von Technikern gelangen und sich zu einem rein technokratischen Bedarf entwickeln.

Literaturverzeichnis

A) Einzelwerte, Artikel und Aufsätze mit Verfasserangabe

ABEL, TH., The Operation called Verstehen, in: Theorie und Realität, hrsg. v. H. Albert, Tübingen 1964.

ABELBECK, G., Die Landkreise und der Goldene Plan, in: Der Landkreis, 1965, S. 207. Zur Notwendigkeit der Ausrichtung der Sportstätten am Zentralortprinzip, in: Der Landkreis, 1965, S. 207 ff. Die Verwirklichung des Goldenen Planes, in: Der Landkreis, 1967, S. 385 ff.

ADAM, W., Der Investitionsbedarf der deutschen Krankenhäuser und Möglichkeiten für seine Befriedigung, in: Kommunalwirtschaft, 1968, S. 142 ff.

AFHELDT, H., Infrastrukturbedarf bis 1980, Prognos-Studien, Beiträge zur angewandten Wirtschaftsforschung, H. 2, Stuttgart-Berlin-Köln-Mainz 1967.

ÅKERMAN, J., Political Economic Cycles, in: Kyklos, 1947, S. 107 ff.

ALBACH, H., Die Prognose im Rahmen der unternehmerischen Entscheidungen, in: Diagnose und Prognose als wirtschaftswissenschaftliche Methodenprobleme, hrsg. v. H. Giersch und K. Borchardt, Schriften des Vereins für Socialpolitik, NF Bd. 25, Berlin 1962.

ALBERS, W., Art. Finanzausgleich (III), in: Handwörterbuch der Sozialwissenschaften, Bd. 3, Tübingen-Stuttgart-Göttingen 1961, S. 553 ff. Einige Fragen zur mittelfristigen Finanzplanung, in: Geldtheorie und Geldpolitik, G. Schmölders zum 65. Geburtstag, hrsg. v. K. H. Hansmeyer, C. A. Andreae, G. Scherhorn, Berlin 1968. Soziale Sicherheit durch individuelle Vorsorge oder durch kollektive Maßnahmen?, in: Finanzarchiv, NF Bd. 27, 1968, S. 68 ff.

ALBERT, H., Der logische Charakter der theoretischen Nationalökonomie, in: Jahrbücher für Nationalökonomie und Statistik, 1959, S. 1 ff. Modell-Platonismus. Der neoklassische Stil des ökonomischen Denkens in kritischer Beleuchtung, in: Logik der Sozialwissenschaften, hrsg. v. E. Topitsch, 2. Aufl., Berlin-Köln 1965, S. 406 ff. Der moderne Methodenstreit und die Grenzen des Methodenpluralismus, in: Jahrbuch für Sozialwissenschaft, 1962. Probleme der Theoriebildung, Entwicklung, Struktur und Anwendung sozialwissenschaftlicher Theorien, in: Theorie und Realität, a.a.O. Theorie und Prognose in den Sozialwissenschaften, in: Logik der Forschung, a.a.O. Traktat über die kritische Vernunft, Tübingen 1968. Wertfreiheit als methodisches Prinzip, in: Probleme der normativen Ökonomik und der wirtschaftspolitischen Beratung, hrsg. v. E. v. Beckerath und H. Giersch, Schriften des Vereins für Socialpolitik, NF Bd. 29, Berlin 1963.

ANDERSON, O., und K. WINCKLER, Die kurzfristige Konjunkturprognose, in: Diagnose und Prognose als wirtschaftswissenschaftliche Methodenprobleme, a.a.O.

AUBEL, P. v., Eine Formel für die Ermittlung der zukünftigen Bettennachfrage?, in: Das Krankenhaus, 1958, S. 30 ff. Art. Krankenhauswesen, in: Handbuch der kommunalen Wissenschaft und Praxis, Bd. 2, Berlin-Göttingen-Heidelberg 1959.

BAUER, W., Probleme der langfristigen Strukturprognose und der Branchenprognosen, in: Diagnose und Prognose als wirtschaftswissenschaftliche Methodenprobleme, a.a.O.

BECHTOLD, W., Krankenhausentwicklungsplan Nordrhein, in: Der Landkreis, 1965, S. 248.

BECKER, E., Die Ausführung von Bundesgesetzen durch Gemeinden und Gemeindeverbände, in: Bayrische Verwaltungsblätter, 1961, S. 65 ff. Gemeindeverfassung und Gemeindeverwaltung, in: Die Verwaltung, 1952, S. 33 ff. Kommunale Selbstverwaltung, in: Die Grundrechte. Handbuch der Theorie und Praxis der Grundrechte, Bd. 4, Berlin 1962, S. 673 ff. Selbstverwaltung als verfassungsrechtliche Grundlage der kommunalen Ordnung in Bund und Ländern, in: Handbuch der kommunalen Wissenschaft und Praxis, Bd. 1, Berlin-Göttingen-Heidelberg 1956.

BECKER, TH., Bettenbedarf und Bettenplanung im Lande Nordrhein-Westfalen, in: Das Krankenhaus, 1958, S. 147 ff.

BEHMENBURG, F. W., Die langfristige Investitionsplanung der Gemeinden, Düsseldorf 1962.

BELD, S. A. v. D., Diskussionsbeitrag, in: Diagnose und Prognose als wirtschaftswissenschaftliche Methodenprobleme, a.a.O.

BERKENHOFF, H. A., Die staatliche Dotierung der gemeindlichen Auftragsangelegenheiten, in: Deutsches Verwaltungsblatt, 1955, S. 347 ff.

BERTRAM, J., Staatspolitik und Kommunalpolitik, Schriftenreihe des Vereins für Kommunalwissenschaften e. V. Berlin, Bd. 15, Stuttgart-Berlin-Köln-Mainz 1967.

BERSTECHER, D., Politik als institutionalisierte Rolle. Einige Überlegungen zur Ableitung der Stimmenmaximierungshypothese, in: Politik als Stimmenmaximierung, hrsg. v. Ph. Herder-Dorneich, Köln 1968.

BICKEL, W., Art. Der Finanzausgleich, in: Handbuch der Finanzwissenschaft, 2. Aufl., Bd. 2, Tübingen 1956. Art. Finanzwissenschaft und Statistik, in: Handbuch der Finanzwissenschaft, 2. Aufl., Bd. 1, Tübingen 1952.

BLANKENBURG, J., Die Typisierung der Gemeinden nach sozialökonomischen und finanzwirtschaftlichen Strukturmerkmalen, Forschungsberichte des Landes Nordrhein-Westfalen, Nr. 1664, Köln-Opladen 1965.

BÖHM, F., Die Ordnung der Wirtschaft als geschichtliche Aufgabe und rechtsschöpferische Leistung, Stuttgart 1937.

BOMBACH, G., Diskussionsbeitrag, in: Diagnose und Prognose als wirtschaftswissenschaftliche Methodenprobleme, a.a.O. Über die Möglichkeit wirtschaftlicher Voraussagen, in: Kyklos, 1962, S. 34 ff.

BONHOEFFER, F. O., Langfristige Branchenprojektionen, Methoden und Probleme, Schriftenreihe des Ifo-Instituts für Wirtschaftsforschung Nr. 54, Berlin-München 1963.

BORCHARDT, K., Diskussionsbeitrag, in: Diagnose und Prognose als wirtschaftswissenschaftliche Methodenprobleme, a.a.O.

BOUSTEDT, O., Großstadt und Ballung – Probleme, Methoden, Ergebnisse und Aufgaben der Agglomerationsforschung, in: Raumforschung, Bremen 1960.

BRECHT, A., Internationaler Vergleich der öffentlichen Ausgaben, in: Grundfragen der internationalen Politik, Vorträge des Carnegie-Lehrstuhls für Außenpolitik und Geschichte an der Deutschen Hochschule für Politik, H. 2, Leipzig-Berlin 1932.

BÜCKMANN, W., Kommunalverfassung im Lande Nordrhein-Westfalen, Köln 1965.

BUHROW, K., Art und Maß der gemeindlichen Investitionen, in: Die volkswirtschaftliche Bedeutung der öffentlichen Investitionen, Umfang und Bedarf, hrsg. v. Deutschen Beamtenbund, Bad Godesberg 1964.

CHRISTALLER, W., Die zentralen Orte in Süddeutschland, Jena 1933.

COLM, G., Economic Prognosis as Basis of Economic Policy, in: Diagnose und Prognose als wirtschaftswissenschaftliche Methodenprobleme, a.a.O.

DAHLGRÜN, R., Öffentliche Investitionen in der Volkswirtschaft: Ihre ökonomische und finanzwirtschaftliche Problematik, in: Die volkswirtschaftliche Bedeutung der öffentlichen Investitionen, Umfang und Bedarf, a.a.O.

DAHLHAUS, J., und D. MARX, Flächenbedarf und Kosten von Wohnbauland, Gemeindebedarfseinrichtungen, Verkehrsanlagen und Arbeitsstätten, Veröffentlichungen der Akademie für Raumforschung und Landesplanung, Beiträge H. 1, Hannover 1968.

DAHM, C., Probleme zwischen Kern und Raum, in: Der Gemeinderat, 1969, S. 62 ff.

DECHAMPS, B., Macht und Arbeit der Ausschüsse, der Wandel der parlamentarischen Willensbildung, Meisenheim am Glan 1954.

DEMNY, I., Die Gefahr einer Einschränkung der Autonomie der Gemeinden durch die Zweckzuweisungen, erläutert am Beispiel Nordrhein-Westfalen, Diss. Köln 1966.

DOOSE, U., Recht und Verwaltung, in: Müll- und Abfallbeseitigung, Handbuch über die Sammlung, Beseitigung und Verwertung von Abfällen aus Haushaltungen, Gemeinden und Wirtschaft, hrsg. v. Straub-Maas-Kumpf.

DOWNS, A., Ökonomische Theorie der Demokratie, Tübingen 1968.

EBERLEIN, K. D., Die Wahlentscheidung vom 17. September 1961. Ihre Ursachen und Wirkung, in: Zeitschrift für Politik, 1962, S. 238 ff.

ECKSTEIN, O., Trends in Public Expenditures in the Next Decade, New York 1959.

EDDING, F., und W. ALBERS, Die Schulausgaben 1960–1970 – Versuch einer Vorausschätzung des Bedarfs an allgemeinbildenden und berufsbildenden Schulen und der Möglichkeiten seiner Finanzierung, hrsg. v. d. Arbeitsgemeinschaft Deutscher Lehrerverbände, Frankfurt 1960.

EICHHORN, P., Reformer gesucht. Offener Brief an Freiherrn vom Stein aus Anlaß des 160. Jubiläums der Preußischen Städteordnung, in: Der Volkswirt, 1968, H. 46, S. 36 ff.

EICHHORN, S., Grundlagen der Krankenhausplanung. Bettenbedarf, Betriebs- und Bauplanung, Schriften des Deutschen Krankenhausinstituts e. V., Bd. 7, Stuttgart-Berlin-Köln-München 1962. Art. Krankenhausplanung, in: Handwörterbuch der Raumforschung und Raumordnung, Hannover 1966. Krankenhausbetriebslehre. Theorie und Praxis des Krankenhausbetriebes, Bd. 1, Stuttgart-Berlin-Köln-Mainz 1967.

ELLERINGMANN, R., Deutsche Gemeindeordnung, Bochumer Beiträge zum Verwaltungsrecht und zur Verwaltungspraxis, NF H. 1, Heidelberg 1948. Grundlagen der Kommunalverfassung und der Kommunalaufsicht, Stuttgart 1957.

ENGELHARDT, G., Verhaltenslenkende Wirkungen der Einkommensteuer. Ein Beitrag zum Problem der wirtschaftspolitischen Beratung, Finanzwissenschaftliche Forschungsarbeiten, NF H. 38, Berlin 1968.

ERBEL, A., und W. KAUPERT, Müll und Abfall, Schriftenreihe Fortschrittliche Kommunalverwaltung, Bd. 2, Köln 1965.

ERNST, W., Art. Leitbild der Raumordnung, in: Handwörterbuch der Raumforschung und Raumordnung, Hannover 1966.

ESCHENBURG, TH., Last und Leid der Bürokratie, in: Der Volkswirt, 1954, Nr. 29, S. 10 ff.

EUCKEN, W., Grundsätze der Wirtschaftspolitik, 2. Aufl., Tübingen 1955.

EWRINGMANN, D., Die finanzpolitischen Probleme und Maßnahmen bei der Rückgliederung des Selfkantgebietes in die Bundesrepublik Deutschland, unveröffentlichtes Manuskript, Köln 1966.

FASIANI, M., Der gegenwärtige Stand der reinen Theorie der Finanzwissenschaft in Italien, in: Zeitschrift für Nationalökonomie, 1933.

FERBER, M., Menge der festen Abfallstoffe, in: Müll- und Abfallbeseitigung, Handbuch, a.a.O.

FERBER-KOLKENBROCK-NEUKIRCHEN, Müll, Abfall, Abfuhr, Beseitigung in Zahlen, Stuttgarter Berichte zur Siedlungswasserwirtschaft, H. 12, München 1964.

FOURASTIÉ, U., Die Produktivität, in: Gesetze zur Wirtschaft von morgen. Drei grundlegende Essays von U. Fourastié, Düsseldorf-Wien 1967.

FREY, R. L., Infrastruktur. Grundlagen der Planung öffentlicher Investitionen, Tübingen-Zürich 1970.

FÜHRER, H., Probleme der statistischen Bestimmung der volkswirtschaftlichen Investitionen, Ifo-Studien, H. 1, München 1955.

GABLENTZ, O. V. D., Einführung in die politische Wissenschaft, Köln-Opladen 1965.

GÄFGEN, G., Allgemeine Wirtschaftspolitik, in: Kompendium der Volkswirtschaftslehre, Bd. 2, hrsg. v. W. Ehrlicher, I. Esenwein-Rothe, H. Jürgensen, K. Rose, Göttingen 1968.

GEHLEN, A., Bürokratisierung, in: Kölner Zeitschrift für Soziologie, 1950/51, S. 198. Der Mensch, seine Natur und seine Stellung in der Welt, 5. Aufl., Bonn 1955.

GELLER-KLEINRAHM-FLECK, Die Verfassung des Landes Nordrhein-Westfalen, Kommentar, 2. Aufl., Göttingen 1963.

GERFIN, H., Die kurzfristige Konjunkturprognose, in: Diagnose und Prognose als wirtschaftswissenschaftliche Methodenprobleme, a.a.O. Langfristige Wirtschaftsprognose, Tübingen-Zürich 1964.

GERHARD, H., Die Gesetze der Selbstverwaltung im Lande Nordrhein-Westfalen, 8. Aufl., Köln-Opladen 1961.

GERLOFF, W., Art. Grundlegung der Finanzwissenschaft, in: Handbuch der Finanzwissenschaft, 2. Aufl., Bd. 1, a.a.O.

GIERKE, O. v., Die Genossenschaftstheorie und die deutsche Rechtsprechung, Berlin 1887. Das Wesen der menschlichen Verbände, Neuauflage, Darmstadt 1954.

GIERSCH, H., Allgemeine Wirtschaftspolitik, 1. Bd., Grundlagen, Wiesbaden 1961. Diskussionsbeitrag, in: Diagnose und Prognose als wirtschaftswissenschaftliche Methodenprobleme, a.a.O.

GLASS, C. P., Die Realität der Kommunalaufsicht, Schriften zur Verwaltungslehre, H. 1, Köln-Berlin-Bonn-München 1967.

GÖB, J., Verfassungsrecht der Ämter und amtsangehörigen Gemeinden, in: Handbuch der kommunalen Wissenschaft und Praxis, Bd. 1, a.a.O.

GÖB, R., Was sind eigentlich einfache Geschäfte der laufenden Verwaltung?, in: Die Gemeinde 157, S. 165 ff.

GÖNNEWEIN, O., Gemeinderecht, Tübingen 1963.

Gottl-Ottlilienfeld, F. v., Bedarf und Deckung, Jena 1928. Über die Grundbegriffe in der Nationalökonomie, in: Die Herrschaft des Wortes, Jena 1901. Wirtschaft und Technik im Grundriß der Sozialökonomik, 2. Aufl., Jena 1923.

Grunau, J., Die Anwendung des Modelldenkens auf die Politik, in: Zeitschrift für Politik, 1960, S. 433 ff.

Grund, W., Die mehrjährige Finanzplanung des Bundes – Grundkonzeption, Methoden und ihre Problematik, in: Planung III, hrsg. v. J. H. Kaiser, Baden-Baden 1968.

Grundmann, W. W., Die Rathausparteien, Göttinger Rechtswissenschaftliche Studien, Bd. 31, Göttingen 1960.

Habermas, J., Wissenschaft und Politik, in: Offene Welt, 1964, S. 413 ff.

Hacker, H., Art. Finanzausgleich, in: Handbuch der kommunalen Wissenschaft und Praxis, Bd. 3, Tübingen-Stuttgart-Göttingen 1961.

Hättich, M., Wirtschaftsordnung und katholische Soziallehre, Schriften zum Vergleich wirtschaftlicher Lenkungssysteme, H. 2, Stuttgart 1957.

Häuser, K., Über Ansätze zur Theorie der Staatsausgaben, in: Beiträge zur Theorie der öffentlichen Ausgaben, hrsg. v. H. Timm und H. Haller, Schriften des Vereins für Socialpolitik, NF Bd. 47, Berlin 1967.

Haller, H., Probleme einer konjunkturpolitisch orientierten Finanzpolitik unter besonderer Berücksichtigung des Finanzausgleichs, in: Zeitschrift für die gesamte Staatswissenschaft, 1960, S. 56 ff.

Hanau, A., und H. Wöhlken, Probleme der langfristigen Strukturprognose und der Branchenprognosen im Agrarsektor, in: Diagnose und Prognose als wirtschaftswissenschaftliche Methodenprobleme, a.a.O.

Hansmeyer, K.-H., Gemeindliche Schuldenaufnahme und wirtschaftliches Wachstum, in: Archiv für Kommunalwissenschaften, 1965, S. 200 ff. Zur Theorie der kommunalen Finanzwirtschaft, in: Kommunalwissenschaftliche Forschung, hrsg. v. W. Haus, Schriftenreihe des Vereins für Kommunalwissenschaften e. V. Berlin, Bd. 12, Stuttgart-Berlin-Köln-Mainz 1966.

Hansmeyer, K.-H., und D. Fürst, Die Ausstattung mit zentralörtlichen Einrichtungen ausgewählter zentraler Orte in Rheinland-Pfalz, Gutachten, erstattet der Landesplanung von Rheinland-Pfalz, unveröffentlichtes Manuskript, Köln 1970.

Harding, F. O., Politisches Modell zur Wirtschaftstheorie, Freiburg i. Brsg. 1959.

Hartfiel, G., L. Sedatis und D. Claessens, Beamte und Angestellte in der Verwaltungspyramide, Berlin 1964.

Haus, W., Zur Entwicklung der Kommunalwissenschaften in Deutschland, in: Kommunalwissenschaftliche Forschung, a.a.O.

Hayek, F. A. v., Scientism and the Study of Society, in: Economica, 1942, S. 289 ff.

Heckel, H., Art. Schulverwaltung, in: Handbuch der kommunalen Wissenschaft und Praxis, Bd. 2, a.a.O.

Hedtkamp, G., Bestimmungsgründe für Umfang und Struktur der öffentlichen Ausgaben, in: Beiträge zur Theorie der öffentlichen Ausgaben, a.a.O. Lehrbuch der Finanzwissenschaft, Neuwied-Berlin 1968.

Herlyn, I., Möglichkeiten einer Prognose staatlicher Aktivitäten – dargestellt am Beispiel der Staatsausgaben der Bundesrepublik Deutschland, Diss. Gießen 1966.

Hermens, F. A., Demokratie oder Anarchie?, Frankfurt/M. 1951.

Hesse, K., Der unitarische Bundesstaat, Karlsruhe 1962.

Hettlage, K. M., Probleme einer mehrjährigen Finanzplanung, in: Finanzarchiv, NF Bd. 27, 1968. Wirtschaftsstruktur und Finanzkraft in den Landkreisen, in: Der Landkreis, 1959, S. 330 ff.

Hielscher, E., Brauchbare Maßstäbe für kommunale Finanzzuweisungen, in: Kommunale Finanzen und Finanzausgleich, hrsg. v. H. Timm und H. Jecht, Schriften des Vereins für Socialpolitik, NF Bd. 32, Berlin 1962.

Hinz, H., Konjunktur und Herrschaft. Zur politisch-ökonomischen Analyse des Stabilitätsgesetzes, in: Konjunkturpolitik, 1967, S. 288 ff.

Hübler, K. H., Zur Frage der zentralen Orte in ländlichen Räumen, in: Informationen, Institut für Raumordnung, 1965, S. 1 ff.

HUNKE, K., Investitionen als Instrument der Landesentwicklung, in: Raumforschung, Bremen 1960, S. 489 ff.
HURST, K., Art. Gemeindeeinrichtungen, in: Handbuch der kommunalen Wissenschaft und Praxis, Bd. 2, a.a.O.
ISBARY, G., Zentrale Orte und Versorgungsnahbereiche, zur Quantifizierung der Zentralen Orte in der Bundesrepublik Deutschland, Mitteilungen aus dem Institut für Raumforschung, H. 56, Bad Godesberg 1965.
JECHT, H., Wesen und Formen der Finanzwirtschaft, Jena 1928.
JÖHR, W. A., und F. KNESCHAUREK, Die Prognose als Basis der Wirtschaftspolitik, in: Diagnose und Prognose als wirtschaftswissenschaftliche Methodenprobleme, a.a.O.
JOUVENEL, B. DE, L'Art de la Conjecture, in: Collection »futuribles«, Monaco 1964.
KÄSTNER, K., Gesamtwirtschaftliche Planung in einer gemischten Wirtschaftsordnung, Wirtschaftspolitische Studien, H. 5, Göppingen 1966.
KALTEFLEITER, W., Wirtschaft und Politik in Deutschland. Konjunktur als Bestimmungsfaktor des Parteiensystems, 2. Aufl., Köln-Opladen 1968.
KLAASSEN, L. H., Einführung in die ökonometrische Untersuchungsmethode, Rotterdam 1958.
KLETT, R., Raumordnung aus der Sicht der Gemeinden, in: Die Raumordnung drängt, Köln-Opladen 1964.
KLÖPPER, R., Zentrale Orte und ihre Bereiche, in: Handwörterbuch der Raumforschung und Raumordnung, Hannover 1966.
KLOTEN, N., Der Methodenpluralismus und das Verstehen, in: Systeme und Methoden in den Wirtschafts- und Sozialwissenschaften, E. v. Beckerath zum 75. Geburtstag, hrsg. v. N. Kloten, W. Krelle, H. Müller, F. Neumark, Tübingen 1964. Standortwirkungen kommunaler Besteuerungsformen, in: Kommunale Finanzen und Finanzausgleich, a.a.O.
KÖNIG, H., Probleme der langfristigen Strukturprognose und der Branchenprognosen, in: Diagnose und Prognose als wirtschaftswissenschaftliche Methodenprobleme, a.a.O.
KÖNIG, R., Grundlagenprobleme der soziologischen Forschungsmethoden, in: Sozialwissenschaften und Gesellschaftsgestaltung, Festschrift für G. Weisser, hrsg. v. F. Karrenberg und H. Albert, Berlin 1963.
KÖTTGEN, A., Zur Diskussion des konjunkturpolitischen Instrumentariums des Bundes gegenüber Ländern und Gemeinden, in: Archiv für Kommunalwissenschaften, 1966, S. 3 ff. Fondsverwaltung in der Bundesrepublik, Stuttgart-Berlin-Köln-Mainz 1965. Die Gemeinde als Gegenstand wissenschaftlicher Forschung, in: Archiv für Kommunalwissenschaften, 1962, S. 3 ff. Die Gemeinde und der Bundesgesetzgeber, Schriftenreihe des Vereins für Kommunalwissenschaften e. V. Berlin, Bd. 1, Stuttgart 1957. Kommunale Auftragsverwaltung und Grundgesetz, in: Die Selbstverwaltung, 1951, S. 346 ff. Wesen und Rechtsform der Gemeinden und Gemeindeverbände, in: Handbuch der kommunalen Wissenschaft und Praxis, Bd. 1, a.a.O.
KOTTENBERG, K., Gemeindeordnung für das Land Nordrhein-Westfalen, Kommentar, 7. Aufl., Siegburg 1963.
KRÄMER, H., und andere, Gemeindehaushalt und Konjunktur, Forschungsberichte des Landes Nordrhein-Westfalen, Nr. 1813, Köln-Opladen 1966.
KRAHNE, W., und H. BLANKENSTEIN, Zweckgebundene staatliche Zuwendungen, in: Der Gemeinderat, 1969, S. 34 ff.
KRÜGER, H., Allgemeine Staatslehre, Stuttgart 1964.
KUHLO, K. C., Die Wachstumsprognose, insbesondere auch die Prognose der Produktivitätsentwicklung, in: Diagnose und Prognose als wirtschaftswissenschaftliche Methodenprobleme, a.a.O.
KULLMER, L., Kriterien zur Abgrenzung öffentlicher Ausgaben, in: Beiträge zur Theorie der öffentlichen Ausgaben, a.a.O.
KUMPF, W., Notwendigkeit und gesetzliche Grundlagen der Müllbeseitigung, in: Grundlagen und Grenzen der Anwendung von Verfahren zur Aufbereitung von Abfällen, Stuttgarter Berichte zur Siedlungswasserwirtschaft, H. 23, Stuttgart 1967.
KUNZE, R., Anforderungen an die Beamten in der Kommunalaufsicht, Schriftenreihe der Hochschule Speyer, Bd. 19, Berlin 1963.
LAMPERT, H., Die Gemeinden als Träger von Wirtschaftspolitik, in: Die Gemeinden als wirtschaftspolitische Instanzen, Schriftenreihe des Vereins für Kommunalwissenschaften e. V. Berlin,

Bd. 26, Stuttgart-Berlin-Köln-Mainz 1968. Die Gemeinde als Untersuchungsobjekt der Wirtschaftswissenschaften, in: Kommunalwissenschaftliche Forschung, a.a.O.

LEYH, M., und andere, Ermittlung des optimalen Einwohnermaximums für fixe Gemeindegebiete, Herne 1966.

LIEFMANN-KEIL, E., Zur Entwicklung der Theorie der Bewilligung öffentlicher Einnahmen und Ausgaben, in: Finanzarchiv, NF Bd. 19, 1958/59.

LINDAHL, E., Die Gerechtigkeit der Besteuerung, Lund 1919. Einige strittige Fragen der Steuertheorie, in: Die Wirtschaftstheorie der Gegenwart, Wien 1928.

LIPSET, S. M., Soziologie der Demokratie, Neuwied-Berlin 1962.

LITTMANN, K., Finanzpolitik, räumliche Gleichgewichte und Optima. Kreislauftheoretische Betrachtungen über die Wirkungen der staatlichen Aktivität auf die räumliche Faktorverteilung, in: Kommunale Finanzen und Finanzausgleich, a.a.O. Strukturen und Entwicklungen der staatlichen Aktivität in der Bundesrepublik Deutschland 1950–1970, in: Strukturwandlungen einer wachsenden Wirtschaft, hrsg. v. F. Neumark, Schriften des Vereins für Socialpolitik, NF Bd. 30 II, Berlin 1964. Zunehmende Staatstätigkeit und wirtschaftliche Entwicklung, Köln-Opladen 1957.

LOMPE, K., Wissenschaftliche Beratung der Politik, ein Beitrag zur Theorie anwendender Sozialwissenschaften, Göttingen 1966.

LOSCHELDER, W., und J. SALZWEDEL, Verfassungs- und Verwaltungsrecht in Nordrhein-Westfalen, Köln-Berlin 1964.

LOTZ, W., Kollektivbedarf und Individualbedarf, Sitzungsberichte der Bayerischen Akademie der Wissenschaften, Philosophisch-historische Abteilung, H. 2, München 1929.

LUTZ, F. A., Das Problem der Wirtschaftsprognosen, Tübingen 1955.

MAASS, J., Die Flexibilität von Staatsausgaben, unveröffentlichtes Manuskript, Köln 1970.

MAC IVER, R. M., The More Perfect Union, New York 1948.

MALEWSKI, A., Two Models of Sociology, in: Theorie und Realität, a.a.O. Verhalten und Interaktion, Tübingen 1967.

MANN, F. K., Zur Soziologie der finanzpolitischen Entscheidungen, in: Schmollers Jahrbuch, 1933, S. 729 ff.

MARCHAL, J., Gegenstand und Wesen der Wirtschaftswissenschaft, in: Zeitschrift für die Staatswissenschaft, 1950, S. 597 ff.

MAUNZ, T., und G. DÜRIG, Grundgesetz, Kommentar, München-Berlin 1964.

MEICHSNER, E., Investitionsbedarf der nordrhein-westfälischen Gemeinden (GV) 1966–1975, hrsg. v. Städtetag Nordrhein-Westfalen, Dezember 1967.

MEINHOLD, H., Art. Investitionen, in: Handwörterbuch der Sozialwissenschaften, Bd. 5, Stuttgart-Tübingen-Göttingen 1956.

MELICHAR, E., Modelldenken, in: Wort und Wahrheit, 1960, S. 559.

MENGERT, F., Ausgaben von Bund, Ländern und Gemeinden für Investitionen in den Jahren 1950–1963, in: Wirtschaft und Statistik 1963.

MERTON, R. K., Die Eigendynamik gesellschaftlicher Voraussagen, in: Logik der Sozialwissenschaften, a.a.O.

MEYER, H., Die Finanzverfassung der Gemeinden. Ein Beitrag zur Stellung der Gemeinden in der Finanzverfassung des Bundes, Schriftenreihe des Vereins für Kommunalwissenschaften e. V. Berlin, Stuttgart-Berlin-Köln-Mainz 1969.

MICHALSKI, W., Soziales Gleichgewicht in der Demokratie, in: Hamburger Jahrbuch für Wirtschafts- und Gesellschaftspolitik, 1961.

MITSCHERLICH, A., Diskussionsbeitrag, in: LIEPELT, K., und A. MITSCHERLICH, Thesen zur Wählerfluktuation, Bericht über eine Arbeitstagung des Instituts für angewandte Sozialwissenschaft, Frankfurt/M. 1968.

MORGENSTERN, O., Wirtschaftsprognose. Eine Untersuchung ihrer Voraussetzungen und Möglichkeiten, Wien 1928.

MÜLLER, J. H., H. J. WALLRAFF und R. STÜSSER, Art. Bedürfnis und Bedarf, in: Staatslexikon, 6. Aufl., Bd. 1.

MUSGRAVE, R. A., Finanztheorie, Tübingen 1965. A Multiple Theory of Budget Determination, in: Finanzarchiv, NF Bd. 17, 1956/57.

NAGEL, E., Problems of concept and theory formation in the social sciences, in: Theorie und Realität, a.a.O.

NAHMER, V. D., NOELL, R., Lehrbuch der Finanzwirtschaft, Bd. 1, Köln-Opladen 1964.

NEUMARK, F., Wo steht der »Fiscal Policy« heute?, in: Finanzarchiv, NF Bd. 19, 1958/59. Grundsätze und Arten der Haushaltsführung und Finanzbedarfsdeckung, in: Wirtschafts- und Finanzprobleme des Interventionsstaates, Tübingen 1960. Planung in der öffentlichen Finanzwirtschaft, in: Rationale Wirtschaftspolitik und Planung in der Wirtschaft von heute, hrsg. v. E. Schneider, Schriften des Vereins für Socialpolitik, NF Bd. 45, Berlin 1967.

OBERHAUSER, A., Die konjunkturpolitische Koordinierung der öffentlichen Finanzwirtschaften und ihre finanz- und haushaltsrechtlichen Voraussetzungen, in: Schriften des Vereins für Socialpolitik, NF Bd. 52, Berlin 1969.

ODENBREIT, W., und A. W. HENSEL, Gemeindeordnung, Amtsordnung und Kommunalwahlgesetz in Nordrhein-Westfalen, Kommentar, 11. Aufl., Münster 1961.

OETTLE, K., Bestandsaufnahme des öffentlichen Bedarfs, Vortrag gehalten auf der Tagung der Evangelischen Akademie Loccum vom 22. bis 25. 11. 1968, abgedr. in: Loccumer Protokolle 24/1968, S. 1 ff. Finanzreform und kommunale Schuldenwirtschaft, in: Die Finanzreform und die Gemeinden, Schriftenreihe des Vereins für Kommunalwissenschaften e. V. Berlin, Bd. 14, Stuttgart-Berlin-Köln-Mainz 1966.

ORTH, H., Grundsätzliches über Bau und Betrieb der Müllfahrzeuge, in: Müll- und Abfallbeseitigung, Handbuch, a.a.O.

PAHLKE, J., Bestimmungsgründe für öffentliche Leistungen, in: Beiträge zur Theorie der Staatsausgaben, a.a.O.

PALM, R., Baukosten, in: Müll- und Abfallbeseitigung, Handbuch, a.a.O.

PALM, R., und R. RASCH, Mindestanforderungen an die Konstruktion von Müllverbrennungsanlagen für kleinere und mittlere Gemeinden, Schriftenreihe des Deutschen Arbeitskreises Wasserforschung, H. 14, Bielefeld 1966.

PELSHENKE, G., Goldener Plan der Stadt Oberhausen, Untersuchung über Bestand und Bedarf an Erholungs-, Spiel- und Sportanlagen, Gutachten von G. PELSHENKE, Deutsche Olympische Gesellschaft, unter Mitwirkung des Stadtplanungsamtes Oberhausen, 1965.

PETERS, H., Grenzen der kommunalen Selbstverwaltung in Preußen, Berlin 1926.

POPITZ, J., Art. Der Finanzausgleich, in: Handbuch der Finanzwissenschaft, 1. Aufl., Bd. 2, Tübingen 1927. Der künftige Finanzausgleich zwischen Reich, Ländern und Gemeinden, Berlin 1932.

POPPER, K. R., Das Elend des Historizismus, Tübingen 1965. Logik der Forschung, 2. Aufl., Tübingen 1966. Naturgesetze und theoretische Systeme, in: Theorie und Realität, a.a.O. Die offene Gesellschaft und ihre Feinde, Bd. I, Der Zauber Platons, Bern 1957. Prognose und Prophetie in den Sozialwissenschaften, in: Logik der Sozialwissenschaften, a.a.O.

RECKTENWALD, H. C., Die Entwicklung der öffentlichen Ausgaben in der Bundesrepublik, in: Wandlungen der Wirtschaftsstruktur in der Bundesrepublik Deutschland, hrsg. v. H. König, Schriften des Vereins für Socialpolitik, NF Bd. 26, Berlin 1962.

RINCK, H. J., Parteienstaat und Selbstverwaltung, in: Juristenzeitung, 1961, S. 73 ff.

RITSCHL, H., Die Methode des Verstehens in der Konjunkturdiagnose, in: Diagnose und Prognose als wirtschaftswissenschaftliche Methodenprobleme, a.a.O.

RÖMER, K., Die Aufgaben der Gemeinden und die Möglichkeiten ihrer Förderung durch den Staat, in: Die Verwaltungspraxis, 1964, S. 193 ff.

SATTLER, H., Zum kommunalen Investitionsbedarf, in: Der Städtetag, 1958, S. 403 ff.

SCHEERBARTH, A., Gibt es weiterhin Auftragsangelegenheiten im Lande Nordrhein-Westfalen?, in: Deutsches Verwaltungsblatt, 1955, S. 347 ff.

SCHERHORN, G., Bedürfnis und Bedarf. Sozialökonomische Grundbegriffe im Lichte der neueren Anthropologie, Beiträge zur Verhaltensforschung, hrsg. v. G. Schmölders, H. 1, Berlin 1959.

SCHEUNER, U., Gemeindeverfassung und kommunale Aufgabenstellung in der Gegenwart, in: Archiv für Kommunalwissenschaften, 1962, S. 149 ff.

SCHEUTEN, W., Zum System einer politisch anwendbaren langfristigen Wirtschaftstheorie, in: Jahrbuch für Sozialwissenschaft, 1966, S. 299 ff.

SCHILLER, K., Stetiges Wirtschaftswachstum als ökonomische und politische Aufgabe, in: Stabilität und Aufstieg, Dokumentation der Wirtschaftspolitischen Tagung der SPD vom 3. bis 5. 10. 1963, Hannover 1963.

SCHMIDT, K., Zur Geschichte der Lehre von den Kollektivbedürfnissen, in: Systeme und Methoden in den Wirtschafts- und Sozialwissenschaften, a.a.O.

SCHMÖLDERS, G., Buchbesprechung, in: Schmollers Jahrbuch, 1961, S. 109 f. Finanzpolitik, 2. Aufl., Berlin-Heidelberg-New York 1965. Das Irrationale in der öffentlichen Finanzwirtschaft. Probleme der Finanzpsychologie, Hamburg 1960. »Finanzstarke« und »finanzschwache« Gemeinden, in: Archiv für Kommunalwissenschaften, 1965, S. 31 ff. Psychologie des Geldes, Reinbek 1966. Gutes und schlechtes Geld, Frankfurt/M. 1968. Art. Kommunale Finanzpolitik, in: Handbuch der kommunalen Wissenschaft und Praxis, Bd. 3, a.a.O. Ökonomische Verhaltensforschung, in: Ordo, Jahrbuch für die Ordnung von Wirtschaft und Gesellschaft 1953. Das Problem der Prognose in der Wirtschaft, in: BDV-Jahresheft 1963, hrsg. v. Bundesverband der Deutschen Volks- und Betriebswirte, Bezirksgruppe Südhessen, Darmstadt 1963. Verwissenschaftlichung der Politik?, in: Monatsblätter für freiheitliche Wirtschaftspolitik, 1962, S. 396 ff.

SCHNEIDER, H. K., Möglichkeiten und Grenzen der Wirtschaftsprognose, in: Diagnose und Prognose als wirtschaftswissenschaftliche Methodenprobleme, a.a.O.

SCHÖPF, A., Das Prognoseproblem in der Nationalökonomie, Berlin 1966.

SCHÖRRY, O., Art. Investitionsstatistik, in: Handwörterbuch der Sozialwissenschaften, Bd. 5, a.a.O.

SCHRÖDER, R., Originalbeitrag, in: Politik als Stimmenmaximierung, a.a.O.

SCHUMPETER, J., Kapitalismus, Sozialismus und Demokratie, 2. Aufl., Bern-München 1950.

SEIDENFUS, ST., Inwieweit ist die verstehende Methode für die Konjunkturdiagnose nützlich oder unerläßlich?, in: Diagnose und Prognose als wirtschaftswissenschaftliche Methodenprobleme, a.a.O.

SEILER, G., Kommunale Finanzen und Kommunalaufsicht, in: Aktuelle Probleme der Kommunalaufsicht, a.a.O.

SOMBART, W., Das Verstehen: Verhandlungen des sechsten deutschen Soziologentages in Zürich 1928, Tübingen 1929.

SONTHEIMER, K., Voraussage als Ziel und Problem moderner Sozialwissenschaft, in: Universitätstage 1965, Wissenschaft und Planung, Veröffentlichung der Freien Universität Berlin, Berlin 1965.

STAHL, F., Die Zentralitätsziffer, in: Informationen, Institut für Raumforschung, 1965, S. 308 ff.

STEIN, O., Art. Bedarf und Bedürfnis, in: Handwörterbuch der Sozialwissenschaften, Bd. 1, Stuttgart-Tübingen-Göttingen 1956.

STERN, K., Konjunktursteuerung und kommunale Selbstverwaltung – Spielraum und Grenzen, Gutachten E zum 47. Deutschen Juristentag, München 1968.

STERN, K., und P. MÜNCH, Gesetz zur Förderung der Stabilität und des Wachstums der Wirtschaft, Kommentar, Stuttgart-Berlin-Köln-Mainz 1967.

STRAUB, H., Gutachten über die Beseitigung der festen Abfallstoffe von Gemeinden und Industrie, erstattet im Auftrag des Bundesministeriums für Gesundheitswesen, München 1962.

STRAUSS, F. J., Die Finanzverfassung, München-Wien 1969.

STUCKEN, R., Unterschiede bei der Rücklagen- und Schuldenpolitik des Staates und der Gemeinden, in: Finanzarchiv, NF Bd. 20, 1959/60.

TERHALLE, F., Die Finanzwirtschaft des Staates und der Gemeinden, Berlin 1948.

TIMM, H., Bemerkungen zur wirtschaftspolitisch orientierten nichtfiskalischen Besteuerung, in: Finanzarchiv, NF Bd. 27, 1968. Bemerkungen zur Reform des Gemeindesteuersystems, insbesondere zur Gemeindeeinkommensteuer, in: Die Finanzreform und die Gemeinden, a.a.O. Finanzpolitische Autonomie untergeordneter Gebietskörperschaften (Gemeinden) und Standortverteilung. Ein Beitrag zur ökonomischen Beurteilung des Finanzausgleichs, in: Kommunale Finanzen und Finanzausgleich, a.a.O.

TINBERGEN, J., Einführung in die Ökonometrie, Wien-Stuttgart 1952. Die Prognose als Basis der Wirtschaftspolitik, in: Diagnose und Prognose als wirtschaftswissenschaftliche Methodenprobleme, a.a.O.

TOPITSCH, E., Sozialtheorie und Gesellschaftsgestaltung, in: Theorie und Realität, a.a.O.

UNRUH, G. C. v., Probleme der dörflichen Selbstverwaltung, in: Die Selbstverwaltung, 1957, S. 97.

Vonessen, F., Das Deutsche Krankenhausinstitut (DKI) von 1953 bis 1963, in Beilage zu: Das Krankenhaus, H. 4, 1964.

Wagner, A., Grundlegung der politischen Ökonomie, 3. Aufl., Teil 1, Grundlagen der Volkswirtschaft, Leipzig 1892.

Wangenheim, H. U. v., Art. Investition, in: Enzyklopädisches Lexikon für das Geld-, Bank- und Börsenwesen, 3. Aufl., Frankfurt/M. 1967/68.

Weber, M., Wirtschaft und Gesellschaft, 4. Aufl., Bd. 2, Tübingen 1956.

Weber, W., Kommunalaufsicht als Verfassungsproblem, in: Aktuelle Probleme der Kommunalaufsicht, a.a.O. Wandlungen der Kommunalverwaltung, in: Die öffentliche Verwaltung, 1948, S. 19 ff.

Weinberger, B., und H. Elsner, Investitionsbedarf der deutschen Gemeinden (GV) 1966–1975, Neue Schriften des Deutschen Städtetages, H. 20, Stuttgart-Köln 1967.

Weisser, G., Normative Sozialwissenschaft im Dienste der Gestaltung des sozialen Lebens, in: Soziale Welt. Politik als System aus normativen Urteilen, Göttingen 1951. Das Problem der systematischen Verknüpfung von Normen und von Aussagen der positiven Ökonomik in grundsätzlicher Betrachtung, erläutert an Hand des Programms einer sozialwissenschaftlichen Grunddisziplin, aus Empfehlungen und Warnungen, in: Probleme der normativen Ökonomik und der wirtschaftspolitischen Beratung, a.a.O. Art. Wirtschaft, in: Handbuch der Soziologie, Stuttgart 1956. Wirtschaftspolitik als Wissenschaft. Erkenntniskritische Grundfragen der praktischen Nationalökonomie, Göttingen 1934.

Weller, F., Wirtschaftspolitik und föderativer Staatsaufbau in der Bundesrepublik Deutschland, Berlin 1967.

Wicksell, K., Finanztheoretische Untersuchungen, Jena 1896. Unsere Steuern – wer sie bezahlt und wer sie bezahlen sollte, Stockholm 1894, teilweise wieder abgedruckt in: Finanzarchiv, NF Bd. 19, 1958/59.

Wildenmann, R., Vorwort zu Downs, A., Ökonomische Theorie der Demokratie, a.a.O.

Willeke, E., Die Raumforschung in volkswirtschaftlicher Sicht, in: Raumforschung, Bremen 1960.

Zimmermann, H., Wirtschaftspolitische Beratung unter Wertabstinenz, in: Zeitschrift für Nationalökonomie, 1965, S. 305 ff.

Zuhorn, K., und W. Hoppe, Gemeindeverfassung, 2. Aufl., Siegburg 1962.

B) Veröffentlichungen ohne Verfasserangabe

Ausbau der Grundschule und der Hauptschule. Strukturförderung im Bildungswesen des Landes Nordrhein-Westfalen, Schriftenreihe des Kultusministers, H. 3, Ratingen 1966.

Ausbau des Gymnasiums und der Realschule. Strukturförderung im Bildungswesen des Landes Nordrhein-Westfalen, Schriftenreihe des Kultusministers, H. 5, Ratingen 1967.

Ausbau der höheren Schule und der Realschule. Strukturförderung im Bildungswesen des Landes Nordrhein-Westfalen, Schriftenreihe des Kultusministers, H. 1, Ratingen 1965.

Bedarfsfeststellung 1961–1970, hrsg. v. der Ständigen Konferenz der Kultusminister der Länder in der Bundesrepublik Deutschland, Dokumentation Nr. 6, Stuttgart 1961.

Bericht der Kommission zur Erstellung eines Krankenhausplanes für das Land Nordrhein-Westfalen 1968–1980, hrsg. v. Innenminister des Landes Nordrhein-Westfalen, Siegburg 1969.

Bericht der Sachverständigenkommission zur Verwaltungsvereinfachung beim Bundesministerium des Innern, Bonn 1960.

Schätzung der Einnahmen und Ausgaben des Bundes 1966–1974. Bericht der Eidgenössischen Expertenkommission zur Bearbeitung der Grundlagen und Methoden einer langfristigen Finanzplanung im Bunde, St. Gallen 1966.

6. Bericht der Landesregierung Nordrhein-Westfalen über Stand, Maßnahmen und Aufgaben der Landesplanung, Landesentwicklung, Schriftenreihe des Ministerpräsidenten des Landes Nordrhein-Westfalen, H. 26, Düsseldorf 1969.

Bundesarbeitsgemeinschaft der Freien Wohlfahrtspflege. Die Altenheimplanung in der Altenhilfe, Bonn 1963.

Bundesratsdrucksache 284/68.

Bundestagsdrucksache II/480, IV/1492, IV/1752, V/1155, V/2065.

Deutscher Städtetag, 14. Hauptversammlung vom 21. bis 23. 6. 1967 in Bremen, Arbeitskreis I: Finanzreform – Finanzplanung, Arbeitsunterlage B, Mittelfristige Finanzplanung.
Deutscher Städtetag, Arbeitspapier vom 10. 1. 1968 betr. Krankenhausfinanzierung
Deutsches Krankenhausinstitut e. V., Veröffentlichungen, Stand Januar 1966.
Entwurf einer Deutschen Gemeindeordnung (Weinheimer Entwurf), in: Schriften des Deutschen Städtetages, Jg. 1947, S. 59 ff.
Entwicklungsprogramm für zentrale Orte in ländlich schwach strukturierten Gebieten, in: Ministerialblatt des Bundesministers für Wirtschaft, 13. Jg. 1961, Nr. 5.
Finanzbericht 1969, hrsg. v. Bundesministerium der Finanzen, Bonn 1968.
Funktionelle Erfordernisse von Siedlungs- und Stadteinheiten in Abhängigkeit von ihrer Größenordnung und gegenseitigen Zuordnung, Forschungsbericht des Instituts für Städtebau, Wohnungswesen und Landesplanung an der TU Hannover, unveröffentlichtes Manuskript, August 1968.
Der Goldene Plan in den Gemeinden, hrsg. v. der Deutschen Olympischen Gesellschaft, 2. Aufl., Frankfurt/M.-Wien 1962.
Gutachten über die Finanzreform in der Bundesrepublik Deutschland (Troeger-Gutachten), Stuttgart-Köln-Berlin-Mainz 1966.
Jahresbericht der Deutschen Krankenhausgesellschaft 1966/67, Düsseldorf 1968.
Kaldenkirchen – Kommunaler Investitionsbedarf für Stadterneuerung und Stadtentwicklung, Gutachten der Wirtschaftsberatung Aktiengesellschaft für die Stadt Kaldenkirchen, Düsseldorf 1966.
Über das Krankenhauswesen in Baden-Württemberg mit Vorschlägen zu seiner Neuordnung und Sanierung, Stuttgart 1961.
Landesentwicklungsplan I, Erläuterungsbericht, Bekanntmachung des Ministers für Landesplanung, Wohnungsbau und öffentliche Arbeiten vom 28. 11. 1966, in: Ministerialblatt für das Land Nordrhein-Westfalen, 19. Jg., Ausgabe A vom 27. 12. 1966.
Landesentwicklungsprogramm, Bekanntmachung des Ministers für Landesplanung, Wohnungsbau und öffentliche Arbeiten vom 7. 8. 1964, in: Ministerialblatt für das Land Nordrhein-Westfalen, 17. Jg., Ausgabe A vom 31. 8. 1964.
Mitteilungen des Deutschen Städtebundes vom November 1958.
Nachrichten für Nordrhein-Westfalen des Bundes der Steuerzahler Nordrhein-Westfalen e. V. vom März 1962, August 1962, April 1967, Mai 1967 und Dezember 1967.
Raumordnungsbericht der Landesregierung Rheinland-Pfalz 1967, Mainz 1967.
Reformen für die Städte von morgen. Freie Bürger – Moderne Verwaltung – Gesunde Finanzen, Neue Schriften des Deutschen Städtetages, H. 22, Köln 1967.
Richtlinien (I) für die Schaffung von Erholungs-, Spiel- und Sportanlagen in Gemeinden mit 5000 und mehr Einwohnern, hrsg. v. der Deutschen Olympischen Gesellschaft, 2. Fassung 1967.
Richtlinien (II) für die Schaffung von Erholungs-, Spiel- und Sportanlagen in Gemeinden bis zu 5000 Einwohnern, hrsg. v. der Deutschen Olympischen Gesellschaft, 2. Fassung 1967.
Sammlung, Aufbereitung und Verwertung von Siedlungsabfällen, hrsg. v. der Arbeitsgemeinschaft für Kommunale Abfallwirtschaft, Waiblingen 1960.
Sammlung der Grundsätze und Richtlinien über die Gewährung von Beihilfen und Förderungsmitteln des Siegkreises, Loseblattsammlung.
Der Spiegel, Jg. 1969, Nr. 47, S. 32.
Sportstättenbau – Information, Beratung, Literatur, hrsg. v. Deutschen Sportbund, Institut für Sportstättenbau Köln, November 1966.
Sportstättenleitplanung – Bedarf, Bau- und Folgekosten, Literatur, hrsg. v. Deutschen Sportbund, Institut für Sportstättenbau, Köln 1968.
Statistisches Jahrbuch Deutscher Gemeinden, Jg. 40, 1952 ff.
Statistisches Jahrbuch für die Bundesrepublik Deutschland, hrsg. v. Statistischen Bundesamt, Stuttgart-Mainz 1964 ff.
Wege in die Zukunft. Ein Programm für Bad Godesberg, beschlossen vom SPD-Ortsverein in der 4. Fassung vom 2. 3. 1968.
Zentrale Orte, Denkschrift der Bundesvereinigung der Kommunalen Spitzenverbände, 1965.
Zuordnungsrichtlinien zum Gruppierungsplan, in: Verwaltungsvorschriften zur Haushaltssystematik des Bundes, hrsg. v. Bundesministerium der Finanzen.
Zur Frage der Verweildauer, Beilage zu: Das Krankenhaus, H. 6, 1964.

Anmerkungen

[1] Nach § 9 des Gesetzes zur Förderung der Stabilität und des Wachstums der Wirtschaft vom 8. Juni 1967, BGBI I, S. 582, ist der Haushaltswirtschaft des Bundes eine mittelfristige Finanzplanung zugrunde zu legen; nach § 14 des Gesetzes gilt das auch für die Bundesländer. Die erste Finanzplanung des Bundes wurde für die Periode 1967 bis 1971 aufgestellt; s. dazu Bundestagsdrucksache V/2065 vom 11. 8. 1967.

[2] Die Arbeit beschäftigt sich im weiteren nur mit den Gemeinden; auch soweit von »kommunal« gesprochen wird, sind daher in der Regel lediglich die Gemeinden, nicht aber die Gemeindeverbände gemeint.

[3] Nach einer Umfrage des Deutschen Städtetages hatten bereits 1967 insgesamt 53 Städte einen Finanzplan vorgelegt (Reformen für die Städte von morgen. Freie Bürger – Moderne Verwaltung – Gesunde Finanzen. Neue Schriften des Deutschen Städtetages, H. 22, Köln 1967, S. 103). Der Städtetag kam dann allerdings zu dem Ergebnis, »daß die Finanzplanung in den Städten in vielfältiger Variation anzutreffen ist, von der Aufstellung einfacher Investitionszusammenstellungen über die Erarbeitung von Investitionsplänen und Finanzierungsvorschlägen bis hin zu einer umfassenden Planung, in der die Ergebnisse der Vorausschau der Entwicklung des ordentlichen Haushalts mit den Ergebnissen umfassender Investitionsbedarfsermittlungen in einem ‚Finanz- und Investitionsplan' abgestimmt werden«. (Deutscher Städtetag, 14. Hauptversammlung vom 21.–23. 6. 1967 in Bremen, Arbeitskreis I: Finanzreform – Finanzplanung, Arbeitsunterlage B, Mittelfristige Finanzplanung, S. 3.)

[4] Der Finanzplanungsrat, dem die Bundesminister der Finanzen und für Wirtschaft, die Länderfinanzminister und vier Gemeindevertreter angehören, trat seit dem 14. 3. 1968 zunächst vorläufig auf Grund einer Verwaltungsvereinbarung zwischen Bund und Ländern zusammen; er ist jedoch inzwischen nach § 48 des Gesetzes über die Grundsätze des Haushaltsrechts des Bundes und der Länder als Institution gesetzlich verankert worden (Gesetz über die Grundsätze des Haushaltsrechts des Bundes und der Länder – Haushaltsgrundsätzegesetz – HGrG, BGBI I, S. 1273).

[5] Zur Notwendigkeit der Finanzplanung im Gemeindebereich vgl. Reformen für die Städte von morgen, a.a.O., insbesondere auch die dort wiedergegebenen Leitsätze zur mittelfristigen Finanzplanung (ebenda, S. 113 ff.); Lampert, H., Die Gemeinden als Träger von Wirtschaftspolitik, in: Die Gemeinden als wirtschaftspolitische Instanzen, Schriftenreihe des Vereins für Kommunalwissenschaften e. V. Berlin, Bd. 26, Stuttgart-Berlin-Köln-Mainz 1968, S. 9 f.

[6] Vierte Empfehlung des Finanzplanungsrates vom 6. März 1969: Einbeziehung der Gemeinden in die Finanzplanungen.

[7] Zur allgemeinen Problematik der mittelfristigen Finanzplanung siehe u. a. Neumark, F., Planung in der öffentlichen Finanzwirtschaft, in: Rationale Wirtschaftspolitik und Planung in der Wirtschaft von heute, hrsg. v. E. Schneider, Schriften des Vereins für Sozialpolitik, NF Bd. 45, Berlin 1967, S. 3; Hettlage, K. M., Probleme einer mehrjährigen Finanzplanung, in: Finanzarchiv, NF Bd. 27; Grund, W., Die mehrjährige Finanzplanung des Bundes – Grundkonzeption, Methoden und ihre Problematik, in: Planung III, hrsg. v. J. H. Kaiser, Baden-Baden 1968; Albers, W., Einige Fragen zur mittelfristigen Finanzplanung, in: Geldtheorie und Geldpolitik, G. Schmölders zum 65. Geburtstag, hrsg. von C. A. Andreae, K. H. Hansmeyer, G. Scherhorn, Berlin 1968.

[8] Albers, W., Art. Finanzausgleich (III), in: Handwörterbuch der Sozialwissenschaften, Bd. 3, Tübingen-Stuttgart-Göttingen 1961, S. 553 ff.; Bickel, W., Art. Der Finanzausgleich, in: Handbuch der Finanzwissenschaft, 2. Aufl., Bd. 2, Tübingen 1956, S. 730 ff.; Popitz, J., Der künftige Finanzausgleich zwischen Reich, Ländern und Gemeinden, Berlin 1932; Hacker, H., Art. Finanzausgleich, in: Handbuch der kommunalen Wissenschaft und Praxis, Bd. 3, Berlin-Göttingen-Heidelberg 1959, S. 400 ff.

[9] Bickel, W., Art. Der Finanzausgleich, a.a.O., S. 733.

[10] Die Finanzreform kann noch nicht als abgeschlossen betrachtet werden, da beispielsweise eine »endgültige« Regelung der kommunalen Finanzmasse und des Gemeindesteuersystems noch aussteht.

[11] Vgl. Gutachten über die Finanzreform in der Bundesrepublik Deutschland (Troeger-Gutachten), Stuttgart-Köln-Berlin-Mainz 1966, TZ. 217, S. 56, 162; Art. 107 GG.

[12] Schmölders, G., Finanzpolitik, 2. Aufl. Berlin-Heidelberg-New York 1965, S. 160.

[13] Siehe dazu die jährlichen Finanzausgleichsgesetze der Bundesländer.

[14] Siehe dazu SCHMIDT, K., Zur Geschichte der Lehre von den Kollektivbedürfnissen, in: Systeme und Methoden in den Wirtschafts- und Sozialwissenschaften, E. C. v. Beckerath zum 75. Geburtstag, hrsg. v. N. Kloten, W. Krelle, H. Müller, F. Neumark, Tübingen 1964, S. 335.

[15] Einen guten Überblick über die Rolle, die der Gemeindebereich in der nationalökonomischen Forschung und Literatur einnimmt, gibt LAMPERT, H., Die Gemeinde als Untersuchungsobjekt der Wirtschaftswissenschaften, in: Kommunalwissenschaftliche Forschung, hrsg. v. W. Haus, Schriftenreihe des Vereins für Kommunalwissenschaften e. V. Berlin, Bd. 12, Stuttgart-Berlin-Köln-Mainz 1966, S. 209 ff.; zum Verhältnis von Gemeinde und Wissenschaft siehe ferner: KÖTTGEN, A., Die Gemeinde als Gegenstand wissenschaftlicher Forschung, in: Archiv für Kommunalwissenschaften, 1. Jg. 1962, S. 3 ff.; HAUS, W., Zur Entwicklung der Kommunalwissenschaften in Deutschland, in: Kommunalwissenschaftliche Forschung, a.a.O., S. 31 ff.

[16] Vgl. HAUS, W., a.a.O., S. 41 ff.; EICHHORN, P., Reformer gesucht, Offener Brief an Freiherrn vom Stein aus Anlaß des 160. Jubiläums der Preußischen Städteordnung, in: Der Volkswirt 1968, H. 46, S. 36 ff.

[17] EICHHORN, P., Reformer gesucht, a.a.O., S. 37.

[18] Z. B. das Kommunalwissenschaftliche Forschungszentrum in Berlin, Kommunale Gemeinschaftsstelle für Verwaltungsvereinfachung in Köln. Über weitere, insbesondere auch private Träger kommunaler Auftragsforschung berichtet HAUS, W., a.a.O., insbes. S. 46 ff.

[19] Einen programmatischen Abriß über Gegenstand und Methode einer »Theorie der kommunalen Finanzwirtschaft« hat neuerdings K.-H. HANSMEYER geboten (HANSMEYER, K.-H., Zur Theorie der kommunalen Finanzwirtschaft, in: Kommunalwissenschaftliche Forschung, a.a.O., S. 161 ff.).

[20] Zu den »Fronten in der deutschen Methodenkontroverse« siehe vor allem: ALBERT, H., Modell-Platonismus. Der neoklassische Stil des ökonomischen Denkens in kritischer Beleuchtung, in: Logik der Sozialwissenschaften, hrsg. v. E. Topitsch, 2. Aufl., Berlin-Köln 1965, S. 406 ff., insbesondere S. 417 ff. Zur Kritik an der modelltheoretischen und an der geisteswissenschaftlichen Richtung vgl. auch: ders., Der logische Charakter der theoretischen Nationalökonomie, in: Jahrbücher für Nationalökonomie und Statistik, 171, 1959, S. 1 ff. sowie ders., Der moderne Methodenstreit und die Grenzen des Methodenpluralismus, in: Jahrbuch für Sozialwissenschaft, 13, 1962, S. 13.

[21] Als Beispiele seien genannt: TIMM, H., Finanzpolitische Autonomie untergeordneter Gebietskörperschaften (Gemeinden) und Standortverteilung. Ein Beitrag zur ökonomischen Beurteilung des Finanzausgleichs, in: Kommunale Finanzen und Finanzausgleich, hrsg. v. H. Timm und H. Jecht, Schriften des Vereins für Socialpolitik, NF Bd. 32, Berlin 1964, S. 9 ff.; LITTMANN, K., Finanzpolitik, räumliche Gleichgewichte und Optima. Kreislauftheoretische Betrachtungen über die Wirkungen der staatlichen Aktivität auf die räumliche Faktorverteilung, in: Kommunale Finanzen und Finanzausgleich, a.a.O., S. 61 ff.

[22] KLOTEN, M., Standortwirkungen kommunaler Besteuerungsformen, in: Kommunale Finanzen und Finanzausgleich, a.a.O., S. 123.

[23] STUCKEN, R., Unterschiede bei der Rücklagen- und Schuldenpolitik des Staates und der Gemeinden, in: Finanzarchiv, NF Bd. 20, 1959/60, S. 93 ff.

[24] Zum methodologischen Essentialismus und Begriffsrealismus siehe WEISSER, G., Art. Wirtschaft, in: Handbuch der Soziologie, Stuttgart 1956, S. 978 ff.; POPPER, K. R., Das Elend des Historizismus, Tübingen 1965, S. 21 ff.; ders., Die offene Gesellschaft und ihre Feinde, Bd. I, Der Zauber Platons, Bern 1957, S. 59 ff.

[25] So wählt KLOTEN »eine Verfahrensweise, die modelltheoretischen Ableitungen mit verstehenden Interpretationen empirischer Sachverhalte verknüpft«. (KLOTEN, N., Standortwirkungen kommunaler Besteuerungsformen, a.a.O., S. 123.)

[26] Zur verstehenden Methode in den Sozialwissenschaften siehe: SOMBART, W., Das Verstehen: Verhandlungen des sechsten deutschen Soziologentages in Zürich 1928, Tübingen 1929; RITSCHL, H., Die Methode des Verstehens in der Konjunkturdiagnose, in: Diagnose und Prognose als wirtschaftswissenschaftliche Methodenprobleme, hrsg. v. H. Giersch und Borchardt, Schriften des Vereins für Socialpolitik, NF Bd. 25, Berlin 1962, S. 3 ff.; SEIDENFUS, H. ST., Inwieweit ist die verstehende Methode für die Konjunkturdiagnose nützlich oder unerläßlich? ebenda, S. 13 ff.; KLOTEN, N., Der Methodenpluralismus und das Verstehen, in: Systeme und Methoden in den Wirtschafts- und Sozialwissenschaften, a.a.O.; zur Kritik siehe vor allem: ABEL, TH., The Operation called Verstehen, in: Theorie und Realität, hrsg. v. H. Albert, Tübingen 1964, S. 177 ff.

[27] EICHHORN, P., a.a.O., S. 36.

[28] Das sind neben den Gemeinden nicht zuletzt die Bundesländer.

[29] Siehe unten S. 26 ff.

[30] Zum Problem der Transformation von Theorien in technologische Aussagen siehe ALBERT, H., Wertfreiheit als methodisches Prinzip, in: Probleme der normativen Ökonomik und der wirtschaftspolitischen Beratung, hrsg. v. E. v. Beckerath und H. Giersch, Schriften d. Vereins für Socialpolitik, NF. Bd. 29, Berlin 1963, S. 47 ff.

[31] ZIMMERMANN, H., Wirtschaftspolitische Beratung unter Wertabstinenz, in: Zeitschrift für Nationalökonomie, 28, 1965, S. 305 ff.

[32] Siehe dazu u. a. DEMNY, I., Die Gefahr einer Einschränkung der Autonomie der Gemeinden durch die Zweckzuweisungen, erläutert am Beispiel Nordrhein-Westfalens, Diss. Köln 1966; zur Abhängigkeit der Gemeinden von den Aufsichtsbehörden, siehe GLASS, C.-P., Die Realität der Kommunalaufsicht, Köln-Bonn-Berlin-München 1967.

[33] So z. B. WEISSER, G., Politik als System aus normativen Urteilen, Göttingen 1951; ders., Normative Sozialwissenschaft im Dienste der Gestaltung des sozialen Lebens, in: Soziale Welt, 7. Jg., H. 2; ders., Wirtschaftspolitik als Wissenschaft. Erkenntniskritische Grundfragen der praktischen Nationalökonomie, Göttingen 1934.

[34] ALBERT, H., Wertfreiheit als methodisches Prinzip, a.a.O., S. 47.

[35] Ebenda, S. 62.

[36] ZIMMERMANN, H., a.a.O., S. 307.

[37] HABERMAS, J., Wissenschaft und Politik, in: Offene Welt, Jg. 1964, S. 415.

[38] ZIMMERMANN, H., a.a.O.

[39] Siehe WEISSER, G., Das Problem der systematischen Verknüpfung von Normen und von Aussagen der positiven Ökonomik in grundsätzlicher Betrachtung, erläutert an Hand des Programms einer sozialwissenschaftlichen Grunddisziplin aus Empfehlungen und Warnungen, in: Probleme der normativen Ökonomik und der wirtschaftspolitischen Beratung, a.a.O., S. 16 ff.; siehe auch LOMPE, K., Wissenschaftliche Beratung der Politik. Ein Beitrag der Theorie anwendender Sozialwissenschaften, Göttingen 1966, S. 178 ff.

[40] WEISSER, G., Das Problem der systematischen Verknüpfung von Normen und Aussagen ..., a.a.O.

[41] KÖTTGEN, A., Die Gemeinde als Gegenstand wissenschaftlicher Forschung, a.a.O., S. 8.

[42] Siehe vor allem POPPER, K. R., Logik der Forschung, 2. Aufl., Tübingen 1966.

[43] Gleiches gilt zum großen Teil auch für die allgemein feststellbare Tendenz zur »Verwissenschaftlichung der Politik«. Siehe dazu SCHMÖLDERS, G., Verwissenschaftlichung der Wirtschaftspolitik?, in: Monatsblätter für freiheitliche Wirtschaftspolitik, 8. Jg. 1962, S. 396 H.; HABERMAS, J., Wissenschaft und Politik, a.a.O., S. 413.

[44] Siehe z. B. TIMM, H., Bemerkungen zur Reform des Gemeindesteuersystems, insbesondere zur Gemeindeeinkommensteuer, in: Die Finanzreform und die Gemeinden, Schriftenreihe des Vereins für Kommunalwissenschaften e. V. Berlin, Bd. 14, Stuttgart-Berlin-Köln-Mainz 1966. TIMM bekannte sich dort zwar zu einem methodischen Vorgehen, bei dem überprüfbare Hypothesen aufgestellt werden, damit die Aussagen nicht »in die Sphäre der Überzeugung und Weltanschauung« geraten (S. 55), gerät dann jedoch selbst in diese »Sphäre« (S. 57) und formuliert Aussagen, die nicht falsifizierbar sind (S. 68). Siehe auch OETTLE, K., Finanzreform und kommunale Schuldenwirtschaft, ebenda, S. 132: »Ein freiheitliches, humanitäres Staatswesen muß sich die lokale und regionale Selbstverwaltung nötigenfalls etwas kosten lassen, weil nur sie dann an den öffentlichen Dingen interessierten Bürgern ausreichende Chancen politischer Aktivität und Entfaltung bietet.«

[45] Siehe z. B. LEYH, M., u. Mitarbeiter, Ermittlung des optimalen Einwohnermaximums für fixe Gemeindegebiete, Herne 1966, wo einfache subjektive Normen als »stadtplanerische Qualitätsprinzipien« dargestellt werden.

[46] SCHMÖLDERS, G., Finanzpolitik, a.a.O., S. 467.

[47] ENGELHARDT, G., Verhaltenslenkende Wirkungen der Einkommensteuer. Ein Beitrag zum Problem der wirtschaftspolitischen Beratung, Finanzwissenschaftliche Forschungsarbeiten, NF H. 38, Berlin 1968, S. 23.

[48] Zur Problematik dieser Norm im Hinblick auf das Wertfreiheitspostulat siehe: ALBERT, H., Wertfreiheit als methodisches Prinzip, a.a.O., S. 40.

[49] ENGELHARDT, G., a.a.O., S. 28.

[50] Diesen Anspruch erheben WEINBERGER, B., und ELSNER, H., auch für ihr Bedarfsgutachten: Investitionsbedarf der deutschen Gemeinden (GV) 1966 bis 1975, Neue Schriften des Deutschen Städtetages, H. 20, Stuttgart-Köln 1967, S. 9.

[51] Darauf baut neben dem bereits genannten Gutachten des Deutschen Städtetages (WEINBERGER, B., und ELSNER, H., a.a.O.) auch dessen Bedarfsprojektion für die nordrhein-westfälischen Gemeinden auf: MEICHSNER, E., Investitionsbedarf der nordrhein-westfälischen Gemeinden (GV) 1966 bis 1975, hrsg. v. Städtetag Nordrhein-Westfalen. Siehe auch AFHELDT, H., Infra-

strukturbedarf bis 1980, Prognos-Studien, Beiträge zur angewandten Wirtschaftsforschung, H. 2, Stuttgart-Berlin-Köln-Mainz 1967, S. 15.

52 So z. B. in einem für das Bundesministerium für Wohnungswesen, Städtebau und Siedlungswesen erstellten Forschungsbericht des Instituts für Städtebau, Wohnungswesen und Landesplanung an der TU Hannover: Funktionelle Erfordernisse von Siedlungs- und Stadteinheiten in Abhängigkeit von ihrer Größenordnung und gegenseitigen Zuordnung, unveröffentlichtes Manuskript, August 1968.

53 Das wird häufig praktiziert bei Bedarfsgutachten zu Problemen der Müllbeseitigung und Abwasserbeseitigung. Siehe z. B. PALM, R., und RASCH, R., Mindestanforderungen an die Konstruktion von Müllverbrennungsanlagen für kleinere und mittlere Gemeinden, Schriftenreihe des Deutschen Arbeitskreises Wasserforschung, H. 14, Bielefeld 1966, aber auch z. B. DAHLHAUS, J., und MARX, D., Flächenbedarf und Kosten von Wohnbauland, Gemeindebedarfseinrichtungen, Verkehrsanlagen und Arbeitsstätten, Veröffentlichungen der Akademie für Raumforschung und Landesplanung, Beiträge H. 1, Hannover 1968, wo bei dem Versuch, Agglomerationsoptima an Hand von Flächenbedarfen zu ermitteln, als Bedarfe durchschnittliche Bestandgrößen herangezogen werden.

54 Vgl. ALBERT, H., Wertfreiheit als methodisches Prinzip, a.a.O., S. 35 ff. Nach der Albertschen Klassifikation präskriptiver Aussagen müßte die als Rechtfertigung anzusehende Übernahme fremder Wertvorstellungen zu den »Normativen« gehören.

55 Ebenda, S. 47.

56 Vgl. SCHMÖLDERS, G., »Finanzstarke« und »finanzschwache« Gemeinden, in: Archiv für Kommunalwissenschaften, 4. Jg., 1965, S. 32.

57 Zur Übersicht über die Vielfalt der Beschreibungs- und Erklärungsversuche zum Kapitel Bedürfnis und Bedarf siehe: STEIN, O., Art. Bedarf und Bedürfnis, in: Handwörterbuch der Sozialwissenschaften, Bd. 1, Stuttgart-Tübingen-Göttingen 1956, S. 707 ff.; MÜLLER, J. H., WALLRAFF, H. J., und STÜSSER, R., Art. Bedürfnis und Bedarf, in: Staatslexikon, 6. Aufl., Bd. 1, 1957, S. 974 ff.

58 Eine neue Analyse der Begriffe »Bedürfnis« und »Bedarf« bietet G. SCHERHORN in einem Kölner Beitrag zur Verhaltensforschung. Er geht dabei von der Frage aus, »welche Formulierung und Stellung der Bedürfnisbegriff im Menschenbild der modernen anthropologischen Wissenschaften gefunden hat und welche Folgerungen sich daraus für die Sozialökonomik und den Begriff des Bedarfs ergeben«. (SCHERHORN, G., Bedürfnis und Bedarf. Sozialökonomische Grundbegriffe im Lichte der neueren Anthropologie, Beiträge zur Verhaltensforschung, hrsg. v. G. Schmölders, H. 1, Berlin 1959, S. 8.

59 v. GOTTL-OTTLILIENFELD, F., Über die Grundbegriffe in der Nationalökonomie, in: Die Herrschaft des Wortes, Jena 1901, S. 18.

60 LOTZ, W., Kollektivbedarf und Individualbedarf, Sitzungsberichte der Bayerischen Akademie der Wissenschaften, Philosophisch-historische Abteilung, H. 2, München 1929, S. 12.

61 So z. B. TERHALLE, F., Die Finanzwirtschaft des Staates und der Gemeinden, Berlin 1948, S. 9. Auch O. STEIN macht in seinem oben genannten Artikel keinen konsequenten Unterschied zwischen öffentlichem Bedarf und Bedürfnis (vgl. insbes. S. 714 f.).

62 So z. B. LOTZ, W., a.a.O., S. 12.

63 Siehe z. B. TERHALLE, F., a.a.O., S. 62, wo die staatlichen Ausgaben in finanzwirtschaftlichen Eigenbedarf, Subventionierungsbedarf, volkswirtschaftlichen Ablieferungsbedarf, inländischen Versorgungsbedarf, finanzierungstechnischen Bedarf und Vermögensbildungsbedarf eingeteilt werden. Siehe ferner z. B. KULLMER, L., Kriterien zur Abgrenzung öffentlicher Ausgaben, in: Beiträge zur Theorie der öffentlichen Ausgaben, hrsg. v. H. Timm und H. Haller, Schriften des Vereins für Socialpolitik, NF Bd. 47, Berlin 1967, S. 11; HÄUSER, K., Über Ansätze zur Theorie der Staatsausgaben, in: Beiträge zur Theorie der öffentlichen Ausgaben, a.a.O., S. 37; so früher z. B. auch UMPFENBACH, K., Lehrbuch der Finanzwissenschaft, 2. Aufl., 1887, S. 42–48; OETTLE, K., Bestandsaufnahme des öffentlichen Bedarfs, Vortrag gehalten auf der Tagung der Evangelischen Akademie Loccum v. 22. bis 25. 11. 1968, abgedr. in Loccumer Protokolle 24/1968, Die Finanzierung der öffentlichen Aufgaben, S. 1 ff.

64 GERLOFF, W., Art. Grundlegung der Finanzwissenschaft, in: Handb. d. Finanzwissenschaft, 2. Aufl., Bd. 1, Tübingen 1952, S. 48; v. GOTTL-OTTLILIENFELD, F., Wirtschaft und Technik im Grundriß der Sozialökonomik, 2. Aufl., Jena 1923, S. 11; ders. Bedarf und Deckung, Jena 1928, S. 20 ff.

65 Siehe dazu STEIN, O., a.a.O., insbesondere S. 709.

66 Das wurde vor allem in der Diskussion über die »große Finanzreform« deutlich, wo in erster Linie die Gemeinden mit Bedarfsgutachten und -prognosen an die Öffentlichkeit traten, um eine Verstärkung ihrer autonomen Finanzquellen zu erreichen.

[67] Siehe z. B. WEINBERGER, B., und ELSNER, H., a.a.O., S. 7; MEICHSNER, E., a.a.O., S. 5.

[68] Vgl. HEDTKAMP, G., Bestimmungsgründe für Umfang und Struktur der öffentlichen Ausgaben, in: Beiträge zur Theorie der öffentlichen Ausgaben, a.a.O., S. 76 f.; HÄUSER, K., Über Ansätze zur Theorie der Staatsausgaben, a.a.O., S. 45 ff.

[69] Siehe dazu den breiten literarischen Überblick von SCHMIDT, K., Zur Geschichte der Lehre von den Kollektivbedürfnissen, a.a.O., der drei verschiedene Träger der Kollektivbedürfnisse unterscheidet: die Einzelwesen, die Gemeinschaft als solche und besonders befähigte Individuen im Sinne der Gemeinschaft.

[70] HÄUSER, K., Über Ansätze zur Theorie der Staatsausgaben, a.a.O., S. 46.

[71] SCHERHORN, G., a.a.O., S. 84 f.

[72] Ebenda, S. 56.

[73] Siehe dazu LIEFMANN-KEIL, E., Zur Entwicklung der Theorie der Bewilligung öffentlicher Einnahmen und Ausgaben, in: Finanzarchiv, NF Bd. 19, 1958/59, S. 224 ff.

[74] Als Beispiel für den kommunalen Investitionsbedarf sei angeführt: SATTLER, H., Zum kommunalen Investitionsbedarf, in: Der Städtetag, H. 7, Jg. 1958, S. 403 ff.; siehe auch AFHELDT, H., Infrastrukturbedarf bis 1980, a.a.O., der zwar eine Erklärung des Begriffs »Infrastruktur« (S. 12 f.), nicht aber des Bedarfsbegriffs gibt; ebenso: ADAM, W., Der Investitionsbedarf der deutschen Krankenhäuser und Möglichkeiten für seine Befriedigung, in: Kommunalwirtschaft, Jg. 1968, H. 4, S. 142 ff.

[75] LIEFMANN-KEIL, E., a.a.O., S. 222.

[76] Davon gingen die traditionellen Versuche einer Theorie der Bewilligung öffentlicher Einnahmen und Ausgaben aus, vor allem: WICKSELL, K., Finanztheoretische Untersuchungen, Jena 1896; LINDAHL, E., Die Gerechtigkeit der Besteuerung, Lund 1919; ders., Einige strittige Fragen der Steuertheorie, in: Die Wirtschaftstheorie der Gegenwart, Wien 1928. Siehe dazu auch den oben genannten Übersichtsartikel von E. LIEFMANN-KEIL.

[77] SCHUMPETER, J., Kapitalismus, Sozialismus und Demokratie, 2. Aufl., Bonn-München 1950.

[78] Ebenda, S. 448.

[79] Siehe dazu: SCHMÖLDERS, G., Finanzpolitik, a.a.O., S. 86 ff.; ders., Das Irrationale in der öffentlichen Finanzwirtschaft. Probleme der Finanzpsychologie, Hamburg 1960, S. 14 ff.

[80] Siehe unten S. 33 ff.

[81] SCHERHORN, G., a.a.O., S. 85.

[82] Z. B. Ziel- u. Mittelwerte für die Klassenfrequenzen, den Lehrerbesatz usw., in: Ständige Konferenz der Kultusminister der Länder in der Bundesrepublik Deutschland, Bedarfsfeststellung 1961–1970, Dokumentation Nr. 6, Stuttgart 1963, im weiteren zitiert als: Bedarfsfeststellung 1961–1970, a.a.O.; EDDING, F., und ALBERT, W., Die Schulausgaben 1960–1970 – Versuch einer Vorausschätzung des Bedarfs der allgemeinbildenden und berufsbildenden Schulen und der Möglichkeiten seiner Finanzierung, hrsg. v. der Arbeitsgemeinschaft Deutscher Lehrerverbände, Frankfurt 1960.

[83] Vgl. PAHLKE, J., Bestimmungsgründe für öffentliche Leistungen, in: Beiträge zur Theorie der öffentlichen Ausgaben, a.a.O., S. 106 ff.

[84] Siehe unten S. 66 ff.

[85] Das gleiche gilt für alle staatlichen und kommunalen Gebietskörperschaften sowie für die sonstigen öffentlichen Körperschaften, Anstalten, Stiftungen, im weiteren Sinne also für alle öffentlichen »Haushalte«, die Gegenstand der Finanzwissenschaft sind.

[86] Siehe MEINHOLD, H., Art. Investitionen, in: Handwörterbuch der Sozialwissenschaften, Bd. 5, Stuttgart-Tübingen-Göttingen 1956, S. 333 ff.; v. WANGENHEIM, H. U., Art. Investitionen, in: Enzyklopädisches Lexikon für das Geld-, Bank- und Börsenwesen, 3. Aufl., Frankfurt/M. 1967/68, S. **855 f.**

[87] Siehe u. a. SCHÖRRY, O., Art. Investitionsstatistik, in: Handwörterbuch der Sozialwissenschaften, Bd. 5, a.a.O., S. 347 ff.; FÜHRER, H., Probleme der statistischen Bestimmung der volkswirtschaftlichen Investitionen, Ifo-Studien, H. 1, 1955.

[88] Statistisches Jahrbuch für die Bundesrepublik Deutschland, 1968, hrsg. v. Statistischen Bundesamt, Stuttgart-Mainz 1968, S. 483.

[89] Ebenda, S. 485.

[90] Vgl. MENGERT, F., Ausgaben von Bund, Ländern und Gemeinden für Investitionen in den Jahren 1950 bis 1963, in: Wirtschaft und Statistik, hrsg. v. Statistischen Bundesamt, Jg. 1963 (Text), S. 455.

[91] BICKEL, W., Art. Finanzwissenschaft und Statistik, in: Handbuch der Finanzwissenschaft, 2. Aufl., Bd. 1, a.a.O., S. 134 ff.; HERRMANN, K. H., Art. Finanzstatistik, in: Handwörterbuch der Sozialwissenschaften, Bd. 3, S. 648 ff.

[92] Mengert, F., a.a.O., S. 455; siehe auch Finanzbericht 1969, hrsg. v. Bundesministerium der Finanzen, Bonn 1968, S. 270.
[93] Die Haushaltsrechtsreform erstreckte sich auf eine Reform des Haushaltsrechts, die Einführung einer neuen Haushaltssystematik und eine Neuordnung des Zahlungs- und Buchungswesens sowie der Rechnungslegung; zu ihrer Verwirklichung wurde ein Gesetz zur Änderung des Grundgesetzes, das Gesetz über die Grundsätze des Haushaltsrechts des Bundes und der Länder und die neue Bundeshaushaltsordnung erlassen; siehe dazu auch: Bundesratsdrucksache 284/68.
[94] Begründung zu den Gesetzentwürfen zur Haushaltsreform, Bundesratsdrucksache 284/68, S. 36.
[95] Zuordnungsrichtlinien zum Gruppierungsplan, in: Verwaltungsvorschriften zur Haushaltssystematik des Bundes, hrsg. v. Bundesministerium der Finanzen. Die Haushaltspläne von Bund und Ländern werden künftig nach einem auf drei Dezimalstellen bzw. Gruppierungsnummern einheitlichen Gruppierungsplan aufgestellt. Diese neue Ausgaben- und Einnahmengliederung berücksichtigt in weitaus stärkerem Maße als bisher wirtschafts- und finanzpolitische Aspekte. Der Gruppierungssystematik liegt zwar die Gliederung des Staatskontos in volkswirtschaftlichen Gesamtrechnungen zugrunde, doch ergeben sich z. B. einige Abweichungen bei der Zuordnung einzelner Ausgabepositionen zum Investitionsbereich.
[96] Vgl. Zuordnungsrichtlinien zum Gruppierungsplan, a.a.O., S. 27 ff.; Begründung der Bundesregierung zu ihren Gesetzentwürfen zur Haushaltsreform, Bundesratsdrucksache 284/68, S. 47; Finanzbericht 1969, S. 212.
[97] Verwaltungsvorschriften zur Haushaltssystematik des Bundes, a.a.O.
[98] Zuordnungsrichtlinien zum Gruppierungsplan, a.a.O., S. 36.
[99] Vgl. Buhrow, K., Art und Maß der gemeindlichen Investitionen, in: Die volkswirtschaftliche Bedeutung der öffentlichen Investitionen, Umfang und Bedarf, hrsg. v. Deutschen Beamtenbund, Bad Godesberg, Juli 1964, S. 97 f.
[100] Vgl. oben S. 13.
[101] Behmenburg, F.-W., Die langfristige Investitionsplanung der Gemeinden, Düsseldorf 1962, S. 43.
[102] Ebenda, S. 44.
[103] Vgl. auch Dahlgrün, R., Öffentliche Investitionen in der Volkswirtschaft: Ihre ökonomische und finanzwirtschaftliche Problematik, in: Die volkswirtschaftliche Bedeutung der öffentlichen Investitionen – Umfang und Bedarf, a.a.O., Hacker, H., Art., Finanzausgleich, a.a.O., S. 400 ff.
[104] Hacker, H., Art. Finanzausgleich, a.a.O., S. 400 f.
[105] Nöll v. d. Nahmer, R., Lehrbuch der Finanzwissenschaft, Bd. 1, Köln-Opladen 1964, S. 361.
[106] Hacker, H., Art. Finanzausgleich, a.a.O., S. 401.
[107] Hettlage, K. M., Wirtschaftsstruktur und Finanzkraft in den Landkreisen, in: Der Landkreis, 1959, S. 330.
[108] Hielscher, E., Brauchbare Maßstäbe für kommunale Finanzzuweisungen, in: Kommunale Finanzen und Finanzausgleich, a.a.O., S. 287 ff.
[109] Albers, W., Art. Finanzausgleich (III), a.a.O., S. 572.
[110] Der für alle Gemeinden einheitliche Grundbetrag wird so festgelegt, daß die von der Finanzkraft des Landes abhängige Schlüsselmasse aufgebraucht wird.
[111] Schmölders, G., »Finanzstarke« und »finanzschwache« Gemeinden, a.a.O., S. 32.
[112] Albers, W., Art. Finanzausgleich (III), a.a.O., S. 572.
[113] Sie basieren letztlich auf den alten Popitzschen Kriterien der Gemeindegröße und des Anteils der Unselbständigen an der Bevölkerung (Popitz, J., Der künftige Finanzausgleich zwischen Reich, Ländern und Gemeinden, a.a.O.); auch die übrigen Spezialansätze verändern den Globalansatz nicht im Sinne des tatsächlichen Bedarfs.
[114] Brecht, A., Internationaler Vergleich der öffentlichen Ausgaben, in: Grundfragen der internationalen Politik, Vorträge des Carnegie-Lehrstuhls für Außenpolitik und Geschichte an der Deutschen Hochschule für Politik, H. 2, Leipzig, Berlin 1932.
[115] Dazu Schmölders, G., »Finanzstarke« und »finanzschwache« Gemeinden, a.a.O., S. 32.
[116] Dahlgrün, R., a.a.O., S. 9.
[117] Siehe unten S. 32 ff.
[118] Dahlgrün, R., a.a.O., S. 9.
[119] § 12 des Haushaltsgrundsätzegesetzes und § 14 der Bundeshaushaltsordnung schreiben Funktionenübersichten für Bund und Länder vor.
[120] Siehe Funktionenplan, in: Verwaltungsvorschriften zur Haushaltssystematik des Bundes, a.a.O.
[121] Ziffern 131 bis 134 des Funktionenplans.
[122] Ziffer 13 des Funktionenplans.
[123] Ziffer 1 des Funktionenplans.
[124] Siehe dazu z. B. Musgrave, R. A., Finanztheorie, a.a.O., S. 6 ff.

[125] Zu diesem Problem des Finanzausgleichs im »weiteren Sinne« siehe u. a. BICKEL, W., Art. Der Finanzausgleich, a.a.O., natürlich gibt es auch Aufgaben, die sowohl von Privaten als auch vom Staat und auch von verschiedenen Ebenen des Staates gleichzeitig wahrgenommen werden (dazu auch HERLYN, I., Möglichkeiten einer Prognose staatlicher Aktivitäten – dargestellt am Beispiel der Staatsausgaben der Bundesrepublik Deutschland, Diss. Gießen 1966, S. 38).

[126] Siehe z. B. ALBERS, W., Soziale Sicherheit durch individuelle Vorsorge oder durch kollektive Maßnahmen?, in: Finanzarchiv, NF Bd. 27, 1968, S. 68 ff.

[127] Siehe dazu KRÜGER, H., Allgemeine Staatslehre, Stuttgart 1964, S. 759 ff.; LITTMANN, K., Strukturen und Entwicklungen der staatlichen Aktivität in der Bundesrepublik Deutschland 1950–1970, in: Strukturwandlungen einer wachsenden Wirtschaft, hrsg. v. F. Neumark, Schriften des Vereins für Socialpolitik, NF Bd. 30, II, Berlin 1964, S. 794; NEUMARK, F., Grundsätze und Arten der Haushaltsführung und Finanzbedarfsdeckung, in: Wirtschafts- und Finanzprobleme des Interventionsstaates, Tübingen 1960, S. 124.

[128] KRÜGER, H., a.a.O., S. 760.

[129] HÄTTICH, M., Wirtschaftsordnung und katholische Soziallehre, Schriften zum Vergleich wirtschaftlicher Lenkungssysteme, H. 2, Stuttgart 1957, S. 140; HERLYN, I., a.a.O., S. 38.

[130] Vgl. v. GIERKE, O., Die Genossenschaftstheorie und die deutsche Rechtsprechung, Berlin 1887, S. 717.

[131] KRÜGER, H., a.a.O., S. 775.

[132] Vgl. GIERSCH, H., Allgemeine Wirtschaftspolitik, 1. Bd., Grundlagen, Wiesbaden 1961, S. 150 ff.; GÄFGEN, G., Allgemeine Wirtschaftspolitik, in: Kompendium der Volkswirtschaftslehre, Bd. 2, hrsg. v. W. Ehrlicher, I. Esenwein-Rothe, H. Jürgensen, K. Rose, Göttingen 1968, S. 173.

[133] HACKER, H., Art. Finanzausgleich, a.a.O., S. 396.

[134] GIERSCH, H., Allgemeine Wirtschaftspolitik, a.a.O., S. 181 ff.

[135] RECKTENWALD, H. C., Die Entwicklung der öffentlichen Ausgaben in der Bundesrepublik, in: Wandlungen der Wirtschaftsstruktur in der Bundesrepublik Deutschland, hrsg. v. H. König, Schriften des Vereins für Socialpolitik, NF Bd. 26, Berlin 1962, S. 199 ff.; LITTMANN, K., Zunehmende Staatstätigkeit und wirtschaftliche Entwicklung, Köln-Opladen 1957.

[136] WAGNER, A., Grundlegung der politischen Ökonomie, 3. Aufl., Teil 1, Grundlagen der Volkswirtschaft, Leipzig 1892, S. 892 ff.

[137] JECHT, H., Wesen und Formen der Finanzwirtschaft, Jena 1928, S. 87 f.

[138] Siehe dazu u. a. HEIER, H. B., Gemeinschaftsausgaben von Bund und Ländern und ihre Finanzierung, Diss. Köln 1970, insbes. S. 331 ff.; STRAUSS, F. J., Die Finanzverfassung, München-Wien 1969, S. 12 f.

[139] Grundgesetz f. d. Bundesrepublik Deutschland, v. 23. 5. 1949, BGBI S. 1.

[140] So z. B. Verfassung f. d. Land Nordrhein-Westfalen v. 28. 6. 1950, GV NW, S. 127.

[141] So z. B. Gemeindeordnung f. d. Land Nordrhein-Westfalen, v. 28. 10. 1952, GV NW, S. 269.

[142] Siehe die Fußnoten 171 ff.

[143] MEYER, H., Die Finanzverfassung der Gemeinden. Ein Beitrag zur Stellung der Gemeinden in der Finanzverfassung des Bundes, Schriftenreihe des Vereins für Kommunalwissenschaften e. V. Berlin, Bd. 22, Stuttgart-Berlin-Köln-Mainz 1969, S. 9.

[144] KÖTTGEN, A., Die Gemeinde und der Bundesgesetzgeber, Schriftenreihe des Vereins für Kommunalwissenschaften e. V. Berlin, Bd. 1, Stuttgart 1957, S. 69.

[145] Vgl. MAUNZ, T., und DÜRIG, G., Grundgesetz, Kommentar, München–Berlin 1964, Art. 28; BECKER, E., Die Selbstverwaltung als verfassungsrechtliche Grundlage der kommunalen Ordnung in Bund und Ländern, in: Handbuch der kommunalen Wirtschaft und Praxis, Bd. 1, Berlin-Göttingen-Heidelberg 1956, S. 141 ff.; GÖNNEWEIN, O., Gemeinderecht, Tübingen 1963, S. 27 ff.

[146] BÜCKMANN, W., Kommunalverfassung im Lande Nordrhein-Westfalen, Köln 1965, S. 17; KOTTENBERG, K., Gemeindeordnung für das Land Nordrhein-Westfalen, Kommentar, 7. Aufl., Siegburg 1963, S. 64.

[147] Was die Grenzen staatlicher Eingriffe in die Selbstverwaltung anbelangt, siehe das Urteil des Bundesverwaltungsgerichts vom 22. 11. 1957 – VII c 69/57, in: Entscheidungen des Bundesverfassungsgerichts 6, 19; Urteil des Verfassungsgerichtshofes Nordrhein-Westfalen vom 7. 7. 1956, VG H 5/55, abgedruckt, in: Der Städtetag, 1956, S. 231; vgl. auch LOSCHELDER, W., und SALZWEDEL, J., Verfassungs- und Verwaltungsrecht in Nordrhein-Westfalen, Köln-Berlin 1964, S. 222.

[148] BÜCKMANN, W., a.a.O., S. 16.

[149] Art. 78 Abs. 2 LV NW.

[150] § 2 GO NW.

[151] So z. B. Kottenberg, K., a.a.O., S. 62; Bückmann, W., a.a.O., S. 19.

[152] Vgl. Bückmann, W., a.a.O., S. 32 f., Weber, W., Wandlungen der Kommunalverwaltung, in: Die öffentliche Verwaltung, Jg. 1 1948, S. 39.

[153] Z. B. in Bayern, Rheinland-Pfalz und Niedersachsen.

[154] Drews, B., Grundzüge einer Verwaltungsreform, 1919 (zitiert nach Becker, E., Die Selbstverwaltung als verfassungsrechtliche Grundlage der kommunalen Ordnung in Bund und Ländern, a.a.O., Fußnote 2, S. 135).

[155] Kottenberg, K., a.a.O., S. 70.

[156] Zum Begriffspaar Selbstverwaltungs- und Auftragsangelegenheiten siehe insbesondere Bekker, E., Die Selbstverwaltung als verfassungsrechtliche Grundlage der kommunalen Ordnung in Bund und Ländern, a.a.O., S. 129 ff.; Peters, H., Grenzen der kommunalen Selbstverwaltung in Preußen, Berlin 1926, S. 186 ff.

[157] § 116 GO NW.

[158] Uber die Rechtsnatur dieser Aufgabenart besteht in der Literatur keine Übereinstimmung: teils werden sie einfach als Auftragsangelegenheiten alter Art bezeichnet (so z. B. Scheerbarth, A., Gibt es weiterhin Auftragsangelegenheiten im Lande Nordrhein-Westfalen?, in: Deutsches Verwaltungsblatt, 1953, S. 251; Berkenhoff, H. A.). Die staatliche Dotierung der gemeindlichen Auftragsangelegenheiten, in: Deutsches Verwaltungsblatt, 1955, S. 347 ff., teils als Selbstverwaltungsangelegenheiten (so z. B. Geller, G., Kleinrahm, K., und Fleck, H. J., die Verfassung des Landes Nordrhein-Westfalen, Kommentar, 2. Aufl., Göttingen 1963, Art. 78) oder als unechte Selbstverwaltungsangelegenheiten (Zuhorn, V., und Hoppe, W., Gemeindeverfassung, 2. Aufl., Siegburg 1962, S. 81 ff.; Kottenberg, K., a.a.O., S. 72 f.).

[159] Bückmann, W., a.a.O., S. 33.

[160] Die nach der alten Systematik noch bestehenden Auftragsangelegenheiten bleiben im folgenden aus der Betrachtung ausgeschlossen.

[161] Vgl. Entwurf einer Deutschen Gemeindeordnung (Weinheimer Entwurf), in: Schriften des Deutschen Städtetages, Jg. 1947, S. 59 ff.

[162] Siehe unten S. 55.

[163] Erste Verwaltungsverordnung zur Gemeindeordnung für das Land Nordrhein-Westfalen vom 10. 11. 1952, zu § 2; siehe auch Gerhard, H., Die Gesetze der Selbstverwaltung im Lande Nordrhein-Westfalen, 8. Aufl., Köln-Opladen 1961, S. 10.

[164] Hansmeyer, K. H., Gemeindliche Schuldenaufnahme und wirtschaftliches Wachstum, in: Archiv für Kommunalwissenschaften, 4. Jg., 1965, S. 202.

[165] Demny, I., a.a.O., S. 23 ff.

[166] Siehe auch Becker, E., Die Selbstverwaltung als verfassungsrechtliche Grundlage der kommunalen Ordnung in Bund und Ländern, a.a.O., S. 131 f.; ders., Gemeindeverfassung und Gemeindeverwaltung, in: Die Verwaltung 1952, S. 33; Bückmann, W., a.a.O., S. 24.

[167] Gönnewein weist mit Recht darauf hin, daß viele dieser Aufgabenbereiche bereits »so selbstverständlich zum Bereich kommunaler Betätigung (gehören), daß man von einer reinen ‚Freiwilligkeit' ... kaum mehr ... sprechen kann« (Gönnewein, O., S. 87). Das ist jedoch nur so zu verstehen, daß die grundsätzlich freien gemeindlichen Entscheidungen über die Wahrnehmung dieser Aufgaben in starkem Maße habitualisiert sind und so allgemeinen Vorstellungen entsprechen.

[168] Becker, E., Die Selbstverwaltung als verfassungsrechtliche Grundlage der kommunalen Ordnung in Bund und Ländern, a.a.O., S. 129.

[169] Der Grundsatz der »Einheitlichkeit der Lebensverhältnisse« ist nicht nur einer der Leitgedanken des Finanzreform-Gutachtens (Gutachten über die Finanzreform in der Bundesrepublik Deutschland, a.a.O., S. 20), er ist auch ein tragender Grundsatz in der Verfassung (Art. 106 GG, Art. 72 GG).

[170] Odenbreit, W., und Hensel, A. W., Gemeindeordnung, Amtsordnung und Kommunalwahlgesetz in Nordrhein-Westfalen, Kommentar, 11. Aufl., Münster 1961, S. 188: »Auch der fanatische Anhänger einer ‚freien Selbstverwaltung' muß einsehen, daß die Feuerwehrschläuche, die Wasserleitungen und die Volksschulen heute reglementiert werden müssen.«

[171] Bundessozialhilfegesetz (BSHG) vom 30. Juni 1961, BGBI I, S. 815, § 9.

[172] Gesetz zur Jugendwohlfahrt (JWG) vom 11. August 1961, BGBI I, S. 1206, § 12.

[173] Gesetz zur Verhütung und Bekämpfung übertragbarer Krankheiten beim Menschen (Bundesseuchengesetz) vom 18. Juli 1961, BGBI I, S. 1012.

[174] Schulverwaltungsgesetz Nordrhein-Westfalen (SchVG) vom 3. Juni 1958, GV NW, S. 241, § 10.

[175] Straßengesetz des Landes NRW (Landesstraßengesetz – LStrG) vom 28. November 1961, GV NW, S. 305, § 47.

176 Gesetz über Aufbau und Befugnisse der Ordnungsbehörden (OBG) vom 16. Oktober 1956, GV NW, S. 289.

177 § 55 OBG.

178 Gesetz über Feuerschutz und die Hilfeleistung bei Unglücksfällen und öffentlichen Notständen (Feuerschutzgesetz – FSHG) vom 25. März 1958, GV NW, S. 101.

179 Erstes Wohnungsbaugesetz (WoBauG) i. d. Fassung vom 25. August 1953, BGBI I, S. 1047, § 1.

180 Siehe dazu besonders GLASS, C. P., a.a.O., S. 42 ff.

181 Siehe unten S. 32 ff.

182 GÖB, J., Verfassungsrecht der Ämter und amtsangehöriger Gemeinden, in: Handbuch der kommunalen Wissenschaft und Praxis, Bd. 1, a.a.O., S. 378.

183 Oben S. 21; vgl. aber im einzelnen unten S. 46 ff.

184 Die folgenden Ausführungen lehnen sich eng an die Analyse der Einflußfaktoren der Nachfrage nach zentralörtlichen kommunalen Einrichtungen von K.-H. HANSMEYER und D. FÜRST an (HANSMEYER, K.-H., und FÜRST, D., Die Ausstattung mit zentralörtlichen Einrichtungen ausgewählter zentraler Orte in Rheinland-Pfalz, Gutachten, erstattet der Landesplanung von Rheinland-Pfalz, unveröffentlichtes Manuskript, Köln 1970, S. 13 ff.).

185 Vgl. SCHEUTEN, W., Zum System einer politisch anwendbaren langfristigen Wirtschaftstheorie, in: Jahrbuch für Sozialwissenschaft, 17, 1966, S. 299 ff.

186 HANSMEYER, K.-H., und FÜRST, D., a.a.O., S. 16.

187 Siehe dazu im einzelnen HANSMEYER, K.-H., und FÜRST, D., a.a.O., S. 17 ff.

188 Eine Befragung in 28 nordrhein-westfälischen Gemeinden ergab das eindeutig. Die Methoden der Vorausschätzung waren allerdings recht unterschiedlich und reichten vom bloßen »Über-den-Daumen-Peilen« bis zur Vergabe wissenschaftlicher Gutachten. Zur Befragung siehe im einzelnen unten S. 61 ff.

189 Siehe dazu SCHMÖLDERS, G., Das Irrationale in der öffentlichen Finanzwirtschaft, a.a.O., insbes. S. 18 ff.; ders., Art. Kommunale Finanzpolitik, in: Handbuch der kommunalen Wissenschaft und Praxis, Bd. 3, a.a.O., S. 32 ff.

190 BUHROW, K., a.a.O., S. 102.

191 SCHMÖLDERS, G., Finanzpolitik, a.a.O., S. 88 ff.

192 Siehe unten S. 62 ff.

193 Hauptvertreter dieser neopositivistischen Wissenschaftslehre, die man als kritisch-rationalistische Schule bezeichnen könnte, ist K. R. Popper; siehe vor allem sein grundlegendes methodologisches Werk: Logik der Forschung, a.a.O., siehe auch die Arbeiten von H. ALBERT, vor allem sein neuestes Buch: Traktat über die kritische Vernunft, Tübingen 1968.

194 Vgl. POPPER, K. R., Prognose und Prophetie in den Sozialwissenschaften, in: Logik der Sozialwissenschaften, hrsg. v. E. Topitsch, 2. Aufl., Neue Wissenschaftliche Bibliothek, Bd. 6, Köln-Berlin 1965, S. 116 ff.; ALBERT, H., Theorie und Prognose in den Sozialwissenschaften, in: Logik der Sozialwissenschaften, a.a.O., S. 131; zur allgemeinen Kritik am Historizismus siehe vor allem POPPER, K. R., Das Elend des Historizismus, a.a.O.

195 POPPER, K. R., Prognose und Prophetie in den Sozialwissenschaften, a.a.O., S. 117.

196 KÄSTNER, K., Gesamtwirtschaftliche Planung in einer gemischten Wirtschaftsordnung, Wirtschaftspolitische Studien, H. 5, Göppingen 1966, S. 11 ff.

197 Hier werden der empirische Theoriebegriff und die Wissenschaftskonzeption Poppers zugrunde gelegt, die in Deutschland vor allem von H. ALBERT vertreten werden. Danach haben allgemeine Theorien den Charakter von Hypothesensystemen, die niemals »wahr an sich« sind, die jedoch, da sie falsifizierbar sind und gewisse logische Möglichkeiten ausschließen, an Hand der Erfahrung überprüft werden können. Halten sie strengen Prüfungen stand, so »bewähren« sie sich vorläufig, ohne damit aus dem permanenten »trial und error« Prozeß entlassen zu werden. Siehe dazu vor allem POPPER, K. R., Logik der Forschung, a.a.O., S. 198 ff.

198 Vgl. ALBERT, H., Theorie und Prognose in den Sozialwissenschaften, a.a.O., S. 131.

199 Über »bedingte« und »unbedingte« Voraussagen siehe besonders den Beitrag von JÖHR, W. A., und KNESCHAUREK, F., Die Prognose als Basis der Wirtschaftspolitik, sowie die sich daran anknüpfende mündliche Diskussion auf der Tagung des Vereins für Socialpolitik, veröffentlicht in: Diagnose und Prognose als wirtschaftswissenschaftliche Methodenprobleme, hrsg. v. H. Giersch und K. Borchardt, Schriften des Vereins für Socialpolitik, NF Bd. 25, Berlin 1962, S. 415 ff. bzw. S. 503 ff.

200 Vgl. auch den Überblick bei SCHÖPF, A., Das Prognoseproblem in der Nationalökonomie, Berlin 1966, S. 55 ff.

201 So z. B. von A. HANAU und H. WÖHLKEN in deren Beitrag: Probleme der langfristigen Strukturprognose und der Branchenprognosen im Agrarsektor, in: Diagnose und Prognose als wirtschaftswissenschaftliche Methodenprobleme, a.a.O., S. 383 (Die wirtschaftlichen Größen werden

»unter bestimmten Annahmen [bedingte Prognose] in die Zukunft projiziert«.); im gleichen Sinne Jöhr, W. A., und Kneschaurek, F., a.a.O.

202 Im Gegensatz zu den weitreichenden Definitionsunterschieden im Begriffspaar Prognose-Projektion herrscht Einmütigkeit bei der Klassifizierung von Prophetien bzw. Prophezeiungen als unwissenschaftliche Voraussagen.

203 So z. B. Kuhlo, K. C., Die Wachstumsprognose, insbesondere auch die Prognose der Produktivitätsentwicklung, in: Diagnose und Prognose als wirtschaftswissenschaftliche Methodenprobleme, a.a.O., S. 215; König, H., Probleme der langfristigen Strukturprognose und der Branchenprognosen, ebenda, S. 270.

204 So in Anlehnung an den amerikanischen Sprachgebrauch vor allem Bauer, W., Probleme der langfristigen Strukturprognose und der Branchenprognosen, in: Diagnose und Prognose als wirtschaftswissenschaftliche Methodenprobleme, a.a.O., S. 343 f., und in der Diskussion auch G. Bombach, ebenda, S. 502. Vom Aspekt wirtschaftspolitischer Voraussagen aus bedeutet diese Begriffsbildung materiell, »daß Gegenstand der Projektion die Veränderungen wirtschaftlicher Größen sind, die frei von konjunkturellen Schwankungen gedacht werden« (Bauer, W., a.a.O., S. 344). Die Ergebnisse von Projektionen sind daher als fiktive Größen anzusehen. Um deren tatsächliche Entwicklung bestimmen zu können, müssen prognostizierte kurzfristige Schwankungen konjunktureller Art notfalls addiert bzw. subtrahiert werden.

205 So K. Borchardt, in der Diskussion, ebenda, S. 502 f. Borchardt unterstellt, daß man bei langfristigen Voraussagen vornehmlich extrapoliere, bei kurzfristigen Voraussagen die anderen Verfahren anwende; insofern korrespondiert sein Definitionsversuch in etwa mit demjenigen Bauers und Bombachs.

206 So in Anlehnung an den niederländischen Sprachgebrauch Tinbergen, J., Die Prognose als Basis der Wirtschaftspolitik, in: Diagnose und Prognose als wirtschaftswissenschaftliche Methodenprobleme, a.a.O., und S. A. van den Beld, Diskussionsbeitrag, ebenda, S. 504.

207 Giersch, H., Diskussionsbeitrag, ebenda, S. 496.

208 Der Gierschen Definition entspricht in etwa auch diejenige von H. K. Schneider in seinem Beitrag: Möglichkeiten und Grenzen der Wirtschaftsprognose, ebenda, S. 190; expressis verbis schloß sich H. Albach der Gierschen Definition an (Albach, H., Die Prognose im Rahmen der unternehmerischen Entscheidungen, ebenda, S. 201, Fußnote 2).

209 Vgl. dazu auch Giersch, H., Allgemeine Wirtschaftspolitik, a.a.O., S. 39 ff., und S. 297 ff.; Albert, H., Probleme der Theoriebildung, Entwicklung und Struktur und Anwendung sozialwissenschaftlicher Theorien, in: Theorie und Realität, a.a.O., S. 61 ff.

210 Vgl. Albert, H., Theorie und Prognose in den Sozialwissenschaften, a.a.O., S. 130.

211 Eine gehaltvolle empirische Theorie zerlegt die Menge aller logisch möglichen Basissätze in zwei Teilmengen: in die Menge der mit ihr kompatiblen Aussagen und in die Menge der mit ihr inkompatiblen Aussagen, mit denen sie in Widerspruch steht, die sie also falsifizieren können. Je größer die Menge der potentiellen Falsifikatoren ist, desto größer ist der informative Gehalt der Theorie. (Vgl. dazu Popper, K. R., Logik der Forschung, a.a.O., S. 52 ff.)

212 Albert, H., Probleme der Theoriebildung, a.a.O., S. 25.

213 Vgl. ebenda, S. 61.

214 Zum Begriff der Quasi-Theorien und Quasi-Invarianzen siehe ebenda, S. 40 ff.

215 Als »hart« wird eine Theorie bezeichnet, die alle Bestimmungsfaktoren der zu erklärenden oder vorauszusagenden Größe berücksichtigt und deren Hypothesen empirisch geprüft sind. Vgl. auch Gerfin, H., Die kurzfristige Konjunkturprognose, in: Diagnose und Prognose als wirtschaftswissenschaftliche Methodenprobleme, a.a.O., S. 105 ff.

216 Sie können den nomologischen Theorien nicht grundsätzlich gleichgestellt werden, da »mit dem Grade der Allgemeinheit einer Theorie der Bereich der Ereignisse (wächst), über die die Theorie etwas voraussagen kann, und damit der Bereich der möglichen Falsifikationen«. (Popper, K. R., Naturgesetze und theoretische Systeme, in: Theorie und Realität, a.a.O., S. 99.)

217 Unter einer technologischen Prognose ist eine theoretisch deduzierte Voraussage zu verstehen, deren Anwendungsbedingungen vom Handelnden beeinflußt werden können. Über die generellen Probleme der Transformation von allgemeinen Theorien in technologische Systeme siehe Albert, H., Wertfreiheit als methodisches Prinzip, a.a.O., S. 32 ff., insbesondere aber S. 47 ff.

218 Schmölders, G., Ökonomische Verhaltensforschung, in: Ordo, Jahrbuch für die Ordnung von Wirtschaft und Gesellschaft, Bd. V, Düsseldorf-München 1953, S. 204.

219 Zur Kritik an der neoklassischen Theorie- bzw. Modellkonzeption siehe Albert, H., Modell-Platonismus, a.a.O., S. 406 ff., wo Albert das Nachfragegesetz, die Quantitätstheorie des Geldes und Ansätze der Wachstumstheorie im Hinblick auf ihre empirisch-theoretische Brauchbarkeit analysiert. Wenngleich die Nationalökonomie von der neoklassischen Methodologie am stärksten betroffen ist, so scheinen doch auch die Soziologie und die übrigen Teildisziplinen der

Sozialwissenschaften nicht von der Anwendung konventionalistischer Verfahrensweisen verschont geblieben zu sein; vgl. dazu KÖNIG, R., Grundlagenprobleme der soziologischen Forschungsmethoden, in: Sozialwissenschaften und Gesellschaftsgestaltung, Festschrift für G. Weisser, hrsg. v. F. Karrenberg u. H. Albert, Berlin 1963.

220 SCHNEIDER, H. K., Möglichkeiten und Grenzen der Wirtschaftsprognose, a.a.O., S. 192.

221 Siehe dazu insbesondere SCHMÖLDERS, G., Ökonomische Verhaltensforschung, a.a.O., S. 204.

222 Vgl. GERFIN, H., Die kurzfristige Konjunkturprognose, a.a.O., S. 93.

223 Vgl. ALBERT, H., Theorie und Prognose in den Sozialwissenschaften, a.a.O., S. 131; POPPER, K. R., Prognose und Prophetie in den Sozialwissenschaften, a.a.O., S. 117.

224 Darauf weist vor allem K. R. POPPER hin; als tatsächlich vorhandenes Beispiel nennt er das Sonnensystem und Lebenszyklen von Organismen aus dem biologischen Bereich (POPPER, K. R., Prognose und Prophetie in den Sozialwissenschaften, a.a.O., S. 117); siehe zum gleichen Problem, vor allem im Hinblick auf den Vergleich zu biologischen Gesetzen: NAGEL, E., Problems of concept and theory formation in the social sciences, in: Theorie und Realität, a.a.O., S. 159 ff., insbes. S. 160 ff.

225 KÖNIG, H., Probleme der langfristigen Strukturprognose und der Branchenprognosen, a.a.O., S. 271 f.

226 SCHMÖLDERS, G., Ökonomische Verhaltensforschung, a.a.O., S. 217 ff.

227 MARCHAL, J., Gegenstand und Wesen der Wirtschaftswissenschaft, in: Zeitschrift für die gesamte Staatswissenschaft, 1950, S. 599.

228 Vgl. z. B. v. HAYEK, F. A., Scientism and the Study of Society, in: Economica, IX, 1942, S. 289 f. »our knowledge of the principle by which these phenomena are produced will rarely if ever enable us to predict the precise result of any concrete situation«.

229 Vgl. dazu SCHERHORN, G., a.a.O., S. 85.

230 GEHLEN, A., Der Mensch, seine Natur und seine Stellung in der Welt, 5. Aufl., Bonn 1955, S. 84.

231 Vgl. SCHMÖLDERS, G., Das Problem der Prognose in der Wirtschaft, in: BDV-Jahresheft 1963, hrsg. v. Bundesverband der Deutschen Volks- und Betriebswirte, Bezirksgruppe Südhessen, Darmstadt 1963, S. 22; ALBERT, H., Probleme der Theoriebildung, a.a.O., S. 64.

232 SCHMÖLDERS, G., Ökonomische Verhaltensforschung, a.a.O., S. 216.

233 SONTHEIMER, K., Voraussage als Ziel und Problem moderner Sozialwissenschaft, in: Universitätstage 1965, Wissenschaft und Planung, Veröffentlichung der Freien Universität Berlin, Berlin 1965, S. 23.

234 Vgl. GERFIN, H., Die kurzfristige Konjunkturprognose, a.a.O., S. 94, zur Reaktion auf Voraussagen siehe auch LUTZ, F. A., Das Problem der Wirtschaftsprognosen, Tübingen 1955, S. 14 ff.; sowie E. TOPITSCH, der das Verhältnis von »Objekt« und »Subjekt« sozialwissenschaftlicher Theorien untersucht und im Hinblick auf die Eigendynamik sozialer Prozesse von einer »Reflexivität« der Theorien in dem Sinne spricht, »daß die Theorie, welche soziales Handeln beschreibt, unter Umständen dieses Handeln bestimmt«. (TOPITSCH, E., Sozialtheorie und Gesellschaftsgestaltung, in: Theorie und Realität, a.a.O., S. 307.)

235 MERTON, R. K., Die Eigendynamik gesellschaftlicher Voraussagen, in: Logik der Sozialwissenschaften, a.a.O., S. 144 ff.

236 Siehe MERTON, R. K., ebenda; vgl. dazu auch: GRUNBERG, E., und MODIGLIANI, F., The Predictability of Social Events, in: The Journal of Political Economy LXII, 1954, wo die Auseinandersetzung mit dem entgegengesetzten Effekt, mit der sich selbst aufhebenden Prognose, der »suicidel prophecy« im Vordergrund steht; MORGENSTERN, O., Wirtschaftsprognose. Eine Untersuchung ihrer Voraussetzungen und Möglichkeiten, Wien 1928; SCHÖPF, A., a.a.O., insbes. S. 169 ff. Beispiele für selbsterfüllende und selbstaufhebende Prognosen finden sich bei MAC IVER, R. M., The More Perfect Union, New York 1948.

237 Siehe unten S. 66 ff.

238 Zur Problematik der »feedback« und »counter-feedback«-Effekte siehe GERFIN, H., Die kurzfristige Konjunkturprognose, a.a.O., S. 94 ff.; COLM, G., Economic Prognosis as Basis of Economic Policy, in: Diagnose und Prognose als wirtschaftswissenschaftliche Methodenprobleme, a.a.O., S. 446 f.

239 SCHNEIDER, K. H., Möglichkeiten und Grenzen der Wirtschaftsprognose, a.a.O., S. 190. Mit den Gründen setzt sich vor allem A. MALEWSKI in seiner kritischen Analyse der Struktur der soziologischen (im weitesten Sinne des Wortes) Forschungsarbeit auseinander. Er macht für das Fehlen von Verhaltens-Hypothesen eines hohen Allgemeinheitsgrades vor allem die Verengung des Interessenbereiches und die fortschreitende Spezialisierung der Wissenschaftler verantwortlich, die »aus der Unfähigkeit hervorgeht, die vorhandene Fachliteratur zu überschauen, irgendeine Ordnung zu erblicken und die wechselseitigen Zusammenhänge in den Berichten über Zehntausende von Untersuchungen der mannigfaltigsten menschlichen Verhaltensweisen zu erken-

nen«. (Malewski, A., Verhalten und Interaktion, Tübingen 1967, S. 2); vgl. auch vom selben Verfasser: Two Models of Sociology, in: Theorie und Realität, a.a.O., S. 103 ff., insbesondere S. 109 ff.

240 Siehe dazu den Überblick über die Verhaltens- und Interaktionstheorien bei Malewski, A., Verhalten und Interaktion, a.a.O.

241 Vgl. Albert, H., Probleme der Theoriebildung, a.a.O., S. 63 f.

242 Schneider, H. K., Möglichkeiten und Grenzen der Wirtschaftsprognose, a.a.O., S. 190.

243 Siehe dazu z. B. Colm, G., Economic Prognosis as Basis of Economic Policy, a.a.O., S. 446 ff.; Schätzung der Einnahmen und Ausgaben des Bundes 1966–1974, Bericht der Eidgenössischen Expertenkommission zur Bearbeitung der Grundlagen und Methoden einer langfristigen Finanzplanung im Bunde, St. Gallen 1966, S. 16.

244 Kästner bringt folgendes Beispiel, um den Unterschied zwischen Projektion und Prognose darzustellen: »Gegeben ist eine Straße, die von einem Gabelpunkt P zu den Ortschaften X und Y führt. Für jedes auf dieser Straße verkehrende Fahrzeug kann folgende Projektion aufgestellt werden: Unter der Voraussetzung (Hypothese), daß ein Fahrzeug im Punkte P nach links (rechts) fährt, wird es zur Ortschaft X (Y) gelangen. Läßt sich empirisch ermitteln, daß der Verkehr auf der Teilstrecke vom Punkte P zur Ortschaft X doppelt so stark ist wie auf der Teilstrecke zur Ortschaft Y, so kann man für jedes vor dem Gabelpunkte befindliche Fahrzeug die Prognose erstellen, es werde zur Ortschaft X fahren; die Eintreffenswahrscheinlichkeit dieser Prognose ist mit 66,7 v. H. jedoch noch relativ gering, so daß man weitere Informationen sammeln muß, welche die Hypothese, ein bestimmtes Fahrzeug werde im Punkte P nach links abbiegen, wahrscheinlicher erscheinen lassen.« (Kästner, K., Gesamtwirtschaftliche Planung in einer gemischten Wirtschaftsordnung, Göttingen 1966, S. 13, Fußnote 1.) Kästners Projektion ist in unserem Sinne als völlig tautologische Aussage nur als Grenzfall zu betrachten. Die Auswahl der wahrscheinlichsten Alternativprojektionen kann danach auch keine Prognose begründen, da ihr keine bewährte Hypothese zugrunde liegt; die »Hypothese« beispielsweise: Wenn sich ein Auto vor dem Gabelpunkt befindet, fährt es nach X, muß verworfen werden und kann nicht als Basis für weitere Prognosen dienen, wenn ihre singulären Deduktionen in 33,3 v. H. aller Fälle bereits falsifiziert sind.

245 Als Modell wird hier im Gegensatz zu einer Theorie ein Aussagensystem bezeichnet, das nicht (nur) aus empirisch überprüften Hypothesen besteht, sondern durch »begründete Vermutungen« (Weisser), Prämissen und Ergänzungsbedingungen geschlossen wird.

246 Zum Aufbau von Projektionsmodellen siehe z. B. Gerfin, H., Langfristige Wirtschaftsprognose, Tübingen-Zürich 1964, S. 45 ff.; Bonhoeffer, F. O., Langfristige Branchenprojektionen, Methoden und Probleme, Schriftenreihe des Ifo-Instituts für Wirtschaftsforschung Nr. 54, Berlin-München 1963, S. 14 ff.; ferner ökonometrische Einführungen wie Tinbergen, J., Einführung in die Ökonometrie, Wien-Stuttgart 1952; Klaassen, L. H., Einführung in die ökonometrische Untersuchungsmethode, Rotterdam 1958.

247 Lag-Variable sind die Prognosevariablen in vorangegangenen Perioden; sie erscheinen im Modell als vorausbestimmte Variable. Siehe dazu: Bombach, G., Über die Möglichkeit wirtschaftlicher Voraussagen, in: Kyklos, XV, 1962, S. 34 ff.

248 Vgl. Anderson, O., und Winckler, K., Die kurzfristige Konjunkturprognose, in: Diagnose und Prognose als wirtschaftswissenschaftliche Methodenprobleme, a.a.O., S. 83.

249 Sontheimer, K., a.a.O., S. 27.

250 Siehe oben S. 13.

251 Vgl. dazu die reiche Literatur über die Zentralisierungstendenzen im öffentlichen Aufgabenbereich; insbes. den Beitrag von Bertram, J., Staatspolitik und Kommunalpolitik, Schriftenreihe des Vereins für Kommunalwissenschaften e. V. Berlin, Bd. 15, Stuttgart-Berlin-Köln-Mainz 1967, S. 9 ff.

252 Liefmann-Keil, E., a.a.O., S. 219.

253 Als einer von wenigen hat Eckstein versucht, bei einer Voraussage der Staatsausgabenentwicklung die Zielvorstellungen der Träger der finanzpolitischen Willensbildung zugrunde zu legen und durch eine Befragungsaktion empirisch zu ermitteln (Eckstein, C., Trends in Public Expenditures in the Next Decade, New York 1959).

254 Schmölders, G., Finanzpolitik, a.a.O., S. 56 ff.

255 Die Ansätze zu einer Theorie der Bewilligung öffentlicher Einnahmen und Ausgaben gehen auf K. Wicksell zurück, der zuerst 1894 in einem unter dem Pseudonym »Sven Trygg« veröffentlichten Aufsatz: »Unsere Steuern – wer sie bezahlt und wer sie bezahlen sollte« auf die Notwendigkeit einer finanzpolitischen Entscheidungs- und Bewilligungslehre hingewiesen hat. Das Schlußkapitel dieser Schrift wurde von E. Liefmann-Keil übersetzt und veröffentlicht im Finanzarchiv, NF Bd. 19, 1958/59, S. 235 ff. Wicksell ging auf diese Problematik ferner aus-

führlich in seinem Buch: Finanztheoretische Untersuchungen, a.a.O., ein. Neben WICKSELL siehe vor allem LINDAHL, E., Die Gerechtigkeit der Besteuerung, a.a.O., ders. Einige strittige Fragen der Steuertheorie, a.a.O., Zum traditionellen Ansatz ist trotz zahlreicher Modifikationen auch der Versuch Musgraves zu rechnen; siehe dazu MUSGRAVE, R. A., A Multiple Theory of Budget Determination, in: Finanzarchiv, NF Bd. 17, 1956/57; ders., Finanztheorie, Tübingen 1965.

256 Vgl. WICKSELL, K., Unsere Steuern – wer sie bezahlt und wer sie bezahlen sollte, Stockholm 1894, teilweise wieder abgedruckt in: Finanzarchiv, a.a.O., S. 236.

257 Vgl. LIEFMANN-KEIL, E., a.a.O., S. 228.

258 Siehe unten S. 34 ff.

259 Vgl. DE JOUVENEL, B., L'Art de la Conjecture, in: Collection »futuribles«, Monaco 1964, der einen ausführlichen Überblick über die theoretische und prognostische Entwicklung der Sozialwissenschaften gibt.

260 SONTHEIMER, K., a.a.O., S. 30.

261 Ebenda, S. 30.

262 SONTHEIMER führt hier folgende von DE JOUVENEL (a.a.O., S. 138) gewählte Beispiele an: Die Weltwirtschaftskrise zu Beginn der dreißiger Jahre hatte die Wirtschaft der Vereinigten Staaten ebenso hart getroffen wie die deutsche Wirtschaft; die wirtschaftlich-sozialen Auswirkungen waren durchaus miteinander vergleichbar. Der Ausweg wurde in beiden Ländern in einer anderen Politik gesehen. Träger dieser Politik aber wurde in Amerika Roosevelt, in Deutschland Hitler, was zu völlig anderen politischen Ideen und Konsequenzen führte (SONTHEIMER, K., a.a.O., S. 30).

263 So WILDENMANN, R., im Vorwort zur deutschen Ausgabe von A. DOWNS (Ökonomische Theorie der Demokratie, Tübingen 1968).

264 BOMBACH, G., über die Möglichkeit wirtschaftlicher Voraussagen, a.a.O., S. 38.

265 Zu den Möglichkeiten des staatlichen Durchgriffs auf die gemeindliche Selbstverwaltung, siehe STERN, K., Konjunktursteuerung und kommunale Selbstverwaltung – Spielraum und Grenzen. Gutachten E zum 47. Deutschen Juristentag, München 1968, insbes. S. 47 ff.; BERTRAM, J., Staatspolitik und Kommunalpolitik, a.a.O., S. 9 ff.; KÖTTGEN, A., Die Gemeinde und der Bundesgesetzgeber, a.a.O.

266 TIMM, H., Bemerkungen zur wirtschaftspolitisch orientierten nichtfiskalischen Besteuerung, in: Finanzarchiv, NF Bd. 27, 1968, S. 95. Der von TIMM im Hinblick auf die wirtschaftspolitische Beeinflussung Privater geprägte Ausdruck läßt sich ohne Schwierigkeiten auch auf den hier vorliegenden Tatbestand übertragen.

267 Siehe dazu HÄUSER, K., a.a.O., S. 45.

268 HEDTKAMP, G., Lehrbuch der Finanzwissenschaft, Neuwied-Berlin 1968, S. 95 ff.

269 HÄUSER, K., a.a.O., S. 45.

270 HARDING, F. O., Politisches Modell zur Wirtschaftstheorie, Freiburg i. Brsg. 1959, S. 51.

271 Vgl. dazu die politisch-soziologischen Ansätze der italienischen Finanzwissenschaft, insbesondere LORIA, A., Die wirtschaftlichen Grundlagen der herrschenden Gesellschaftsordnung, Freiburg-Leipzig 1895; FASIANI, M., Der gegenwärtige Stand der reinen Theorie der Finanzwissenschaft in Italien, Zeitschrift für Nationalökonomie, Bd. 4, 1933; weitere Literaturhinweise bei HARDING, F. O., a.a.O., S. 26 ff.

272 HARDING, F. O., a.a.O., S. 39.

273 DOWNS, A., An Economic Theory of Democracy, New York 1957. Die deutsche Übersetzung erschien 1968 unter dem Titel: »Ökonomische Theorie der Demokratie« in Tübingen; im folgenden genannte Seitenangaben beziehen sich auf diese Übersetzung.

274 HARDING, F. O., a.a.O., Hinter dem Pseudonym F. O. Harding verbirgt sich PH. HERDER-DORNEICH; seine Arbeit lag bereits 1957 der rechts- und staatswissenschaftlichen Fakultät der Albert-Ludwig-Universität in Freiburg unter dem Titel »Theorie der Bestimmungsfaktoren finanzwirtschaftlicher Staatstätigkeit« als Dissertation vor.

275 Siehe SCHUMPETER, J. A., a.a.O.

276 DOWNS, A., a.a.O., S. 27 f.

277 Ebenda, S. 50.

278 HARDING, F. O., a.a.O., S. 58.

279 Eine Zusammenfassung der Kritiken am Hardingschen Ansatz enthält: Politik der Stimmenmaximierung, hrsg. v. Ph. Herder-Dorneich, Köln 1969.

280 SCHMÖLDERS, G., Buchbesprechung, in: Schmollers Jahrbuch, Jg. 1961, H. 5, S. 110.

281 Siehe dazu MICHALSKI, W., Soziales Gleichgewicht in der Demokratie, in: Hamburger Jahrbuch für Wirtschafts- und Gesellschaftspolitik, Tübingen 1961, S. 104; MAASS, J., Die Flexibilität von Staatsausgaben, unveröffentlichtes Manuskript, Köln 1970.

282 MICHALSKI, W., a.a.O., S. 105.

[283] v. d. Gablentz, O. H., Einführung in die Politische Wissenschaft, Köln-Opladen 1965, S. 181.

[284] Vgl. dazu Maass, J., a.a.O.

[285] Schröder, R., Originalbeitrag, in: Politik als Stimmenmaximierung, a.a.O., S. 77 ff.

[286] Grunau, J., Die Anwendung des Modelldenkens auf die Politik, in: Zeitschrift für Politik, 1960, S. 435.

[287] Mitscherlich, A., Diskussionsbeitrag, in: Liepelt, K., und Mitscherlich, A., Thesen zur Wählerfluktuation, Bericht über eine Arbeitstagung des Instituts für angewandte Sozialwissenschaft, Frankfurt/M. 1968, S. 98.

[288] Vgl. dazu auch Schröder, R., a.a.O., S. 75.

[289] Downs, A., a.a.O., S. 33.

[290] Melichar, E., Modelldenken, in: Wort und Wahrheit, 1960, S. 559.

[291] Downs, A., a.a.O., S. 27.

[292] Weber, M., Wirtschaft und Gesellschaft, Bd. 2, 4. Aufl., Tübingen 1956, S. 830.

[293] Schröder, R., a.a.O.; Grunau, J., a.a.O., S. 436.

[294] Berstecher, D., Politik als institutionalisierte Rolle. Einige Überlegungen zur Ableitung der Stimmenmaximierungshypothese, in: Politik als Stimmenmaximierung, a.a.O., S. 60.

[295] Siehe dazu auch Hinz, H., Konjunktur und Herrschaft. Zur politisch-ökonomischen Analyse des Stabilitätsgesetzes, in: Konjunkturpolitik, 13. Jg. 1967, S. 291.

[296] Vgl. dazu und zum folgenden: Kaltefleiter, W., Wirtschaft und Politik in Deutschland. Konjunktur als Bestimmungsfaktor des Parteiensystems, 2. Aufl., Köln-Opladen 1968.

[297] Die Wechselwirkungen zwischen wirtschaftlicher Entwicklung und der Stabilität der demokratisch-politischen Regierungssysteme haben vor allem S. M. Lipset (Soziologie der Demokratie, Neuwied-Berlin 1962) und J. Åkerman (Political Economic Cycles, in: Kyklos, I. 1947, S. 107 ff.) untersucht.

[298] Vgl. auch Hinz, H., a.a.O., S. 306.

[299] Zitiert nach: Der Spiegel, Nr. 47, Jg. 1969, S. 32.

[300] Åkerman, J., a.a.O., S. 107 f.

[301] Eberlein, K. D., Die Wahlentscheidung vom 17. September 1961. Ihre Ursachen und Wirkung, in: Zeitschrift für Politik, IX, 1962, S. 239.

[302] Kaltefleiter, W., a.a.O., S. 155.

[303] Eberlein, K. D., a.a.O., S. 239.

[304] Hermens, F. A., Demokratie oder Anarchie?, Frankfurt/M. 1951, S. 20 ff.

[305] Kaltefleiter, W., a.a.O., S. 163 ff.

[306] Vgl. dazu Kaltefleiter, W., a.a.O., S. 166 f., der sich auf Untersuchungen des DIVO-Instituts beruft.

[307] Zur »Gefahr der Systemlabilisierung« siehe Hinz, H., a.a.O., S. 296.

[308] Kaltefleiter, W., a.a.O., S. 157.

[309] Zum Problem dieser »Schwellen« siehe Simmel, G., Philosophie des Geldes, München-Leipzig 1900, S. 283.

[310] Vgl. dazu auch die Ergebnisse der geldpsychologischen Forschungen, insbes. Schmölders, G., Psychologie des Geldes, Reinbek 1966, S. 166 ff.; ders., Gutes und schlechtes Geld, Frankfurt/M. 1968, S. 74 ff.

[311] Schmölders, G., Psychologie des Geldes, a.a.O., S. 178.

[312] Diese Hypothese wird durch die Entwicklung der letzten Jahre nur bestätigt, in erster Linie durch die Verabschiedung des Stabilitätsgesetzes und die damit verbundene Verfassungsänderung. Siehe dazu die Kommentare zum StabG. Vgl. aber auch die vorbereitende ministerielle Denkschrift zur Erweiterung des konjunkturpolitischen Instrumentariums (BT-Drucksache IV/1752).

[313] Siehe dazu Böhm, F., Die Ordnung der Wirtschaft als geschichtliche Aufgabe und rechtsschöpferische Leistung, Stuttgart 1937; Eucken, W., Grundsätze der Wirtschaftspolitik, 2. Aufl., Tübingen 1955, sowie die Beiträge in: Ordo Jahrbücher für Ordnung von Wirtschaft und Gesellschaft.

[314] Schiller, K., Stetiges Wirtschaftswachstum als ökonomische und politische Aufgabe, in: Stabilität und Aufstieg, Dokumentation der Wirtschaftspolitischen Tagung der SPD vom 3. bis 5. Oktober 1963, Hannover 1963, S. 21 ff.

[315] Vgl. Schmölders, G., Finanzpolitik, a.a.O., S. 459 ff., Neumark, F., Wo steht die »Fiscal Policy« heute?, in: Finanzarchiv, NF Bd. 19, 1958/59, S. 46 ff.

[316] Stern, K., und Münch, P., Gesetz zur Förderung der Stabilität und des Wachstums der Wirtschaft, Kommentar, Stuttgart-Berlin-Köln-Mainz 1967, S. 38 f.; Bundestagsdrucksache IV/1752, S. 10 u. 16.

[317] Vgl. Statistisches Jahrbuch für die Bundesrepublik Deutschland 1968, Stuttgart-Mainz 1968, S. 507.

[318] Zu den diesbezüglichen Intentionen der Bundesregierung siehe Bundestagsdrucksache IV/1752, S. 10 ff.

[319] Zur Bedeutung der Raumordnung für die wirtschaftlichen Faktoren vgl. WILLEKE, E., Die Raumforschung in volkswirtschaftlicher Sicht, in: Raumforschung, Bremen 1960, S. 19 ff.

[320] KÖTTGEN, A., Zur Diskussion des konjunkturpolitischen Instrumentariums des Bundes gegenüber Ländern und Gemeinden, in: Archiv für Kommunalwissenschaften, 5. Jg., 1966, S. 7.

[321] Raumordnungsgesetz des Bundes v. 8. 4. 1965, BGBl I, S. 306.

[322] Gemäß Art. 75 Nr. 4 GG.

[323] Siehe § 4 Raumordnungsgesetz.

[324] Zweiter Raumordnungsbericht der Bundesregierung vom 24. 1. 1966, Bundestagsdrucksache V/1155, S. 89.

[325] Zur Bedeutung der Investitionen für die Raumordnungspolitik siehe HUNKE, K., Investitionen als Instrument der Landesentwicklung, in: Raumforschung, a.a.O., S. 489 ff.

[326] Erster Raumordnungsbericht der Bundesregierung vom 4. 10. 1963, Bundestagsdrucksache IV/1492, S. 5 ff.

[327] Siehe KLETT, R., Raumordnung aus der Sicht der Gemeinden, in: Die Raumordnung drängt, Köln-Opladen 1964, S. 42 ff.

[328] Vgl. ERNST, W., Art. Leitbild der Raumordnung, in: Handwörterbuch der Raumforschung und Raumordnung, Hannover 1966, Sp. 1084.

[329] BOUSTEDT, O., Großstadt und Ballung – Probleme, Methoden, Ergebnisse und Aufgaben der Agglomerationsforschung, in: Raumforschung, a.a.O., S. 255 ff.

[330] Entsprechend der Fourastiéschen These wächst nämlich der Anteil der im tertiären Sektor Beschäftigten an der Gesamtbeschäftigtenzahl; die Dienstleistungsbetriebe, vor allem diejenigen des gehobenen Bedarfs, haben indessen bisher stets die großstädtischen Siedlungsräume als Standort bevorzugt (FOURASTIÉ, J., Die Produktivität, in: Gesetze zur Wirtschaft von morgen. Drei grundlegende Essays von J. Fourastié, Düsseldorf-Wien 1967, S. 209 ff.).

[331] Siehe aber Erster Raumordnungsbericht, a.a.O., S. 35 f.

[332] Art. 72 GG.

[333] Vgl. z. B. Raumordnungsgesetz, Bundesbaugesetz, Landesplanungsgesetze.

[334] ERNST, W., a.a.O., Sp. 1085.

[335] Zentrale Orte, Denkschrift der Bundesvereinigung der Kommunalen Spitzenverbände, 1965, S. 3.

[336] STAHL, F., Die Zentralitätsziffer, in: Informationen, Institut für Raumforschung, 15. Jg., Nr. 10/65 v. 31. 5. 1965, S. 309.

[337] Entwicklungsprogramm für zentrale Orte in ländlichen, schwach strukturierten Gebieten, in: Ministerialblatt des Bundesministers für Wirtschaft, 13. Jg. 1961, Nr. 5, S. 178 f.

[338] Bundestagsdrucksache IV/1492, S. 25.

[339] § 2 Abs. 1 Nr. 3 Raumordnungsgesetz.

[340] Landesentwicklungsprogramm, Bekanntmachung des Ministers für Landesplanung, Wohnungsbau und öffentliche Arbeiten v. 7. 8. 1964, Ministerialblatt für das Land Nordrhein-Westfalen, 17. Jg., Ausgabe A v. 31. 8. 1964.

[341] Landesentwicklungsplan I, Erläuterungsbericht, Bekanntmachung des Ministers für Landesplanung, Wohnungsbau und öffentliche Arbeiten v. 28. 11. 1966, Ministerialblatt für das Land Nordrhein-Westfalen, 19. Jg., Ausgabe A v. 27. 12. 1966.

[342] Das gilt auch für die anderen Bundesländer. Vgl. z. B. Raumordnungsbericht der Landesregierung Rheinland-Pfalz 1967, Mainz 1967, S. 12 f.

[343] HÜBLER, K. H., Zur Frage der zentralen Orte in ländlichen Räumen, in: Information, Institut für Raumforschung, 15. Jg., Nr. 1/65 v. 15. 1. 1965.

[344] Siehe dazu die entsprechenden Artikel im Handwörterbuch der Raumforschung und Raumordnung, a.a.O., und die Landesentwicklungspläne.

[345] Vgl. oben S. 10.

[346] CHRISTALLER, W., Die zentralen Orte in Süddeutschland, Jena 1933.

[347] Ebenda, S. 26 ff.

[348] Vgl. dazu BLANKENBURG, J., Die Typisierung der Gemeinden nach sozialökonomischen und finanzwirtschaftlichen Strukturmerkmalen, Forschungsberichte des Landes Nordrhein-Westfalen Nr. 1664, Köln-Opladen 1965, S. 18 ff.

[349] Vgl. KLÖPPER, R., Art. Zentrale Orte und ihre Bereiche, in: Handwörterbuch der Raumforschung und Raumordnung, a.a.O., Sp. 2341.

[350] Isbary, G., Zentrale Orte und Versorgungsnahbereiche, Zur Quantifizierung der Zentralen Orte in der Bundesrepublik Deutschland, Mitteilungen aus dem Institut für Raumforschung, Heft 56, Bad Godesberg 1965.

[351] Klöpper, R., a.a.O., Sp. 2341.

[352] Zentrale Orte, Denkschrift, a.a.O., S. 6.

[353] Ebenda, S. 6.

[354] Hübler, K., a.a.O., S. 6.

[355] Isbary hat in seinem Gutachten 2407 Mittelpunktgemeinden für die gesamte Bundesrepublik ermittelt, von denen allein 2197 im ländlichen Raum liegen; auf Nordrhein-Westfalen entfallen davon 325 Gemeinden. Insgesamt eignen sich also nur rund 10 v. H. der deutschen Gemeinden dazu, die Funktionen eines zentralen Ortes auf der ersten Stufe zu übernehmen (Isbary, G., a.a.O., S. 150 u. S. 86.).

[356] Zentrale Orte, Denkschrift, a.a.O., S. 8.

[357] Isbary hat in der Bundesrepublik etwa 500 kleinere Zentrale Orte ermittelt; bei 2500 Mittelpunktgemeinden lautet das Verhältnis also 1 : 5.

[358] Zentrale Orte, Denkschrift, a.a.O., S. 9.

[359] Vgl. dazu unten S. 73 ff.

[360] Isbary, G., a.a.O., S. 150.

[361] Zentrale Orte, Denkschrift, a.a.O., S. 12.

[362] Vgl. Eichhorn, A., Art. Krankenhausplanung, in: Handwörterbuch der Raumforschung und Raumordnung, a.a.O., Sp. 912 f., ders., Grundlagen der Krankenhausplanung, Bettenbedarf, Betriebs- und Bauplanung, Schriften des Deutschen Krankenhausinstituts e. V., Bd. 7, Stuttgart-Berlin-Köln-Mainz 1962, S. 62 ff.

[363] Vgl. van Aubel, P., Art. Krankenhauswesen, in: Handbuch der kommunalen Wissenschaft und Praxis, Bd. 2, a.a.O., S. 478.

[364] Die Ministerkonferenz für Raumordnung wurde gemäß § 1 des Verwaltungsabkommens zwischen Bund und Ländern v. 15. 6. 1967 über die gemeinsamen Beratungen nach § 8 Raumordnungsgesetz gebildet; ihr gehören alle für die Raumordnung zuständigen Minister von Bund und Ländern an, Vorsitzender ist der Bundesminister (Bundesanzeiger Nr. 122 v. 5. 7. 1967, Seite 1).

[365] Siehe dazu: Sechster Bericht der Landesregierung Nordrhein-Westfalen über Stand, Maßnahmen und Aufgaben der Landesplanung, Landesentwicklung, Schriftenreihe des Ministerpräsidenten des Landes Nordrhein-Westfalen, H. 26, Düsseldorf 1969, S. 19 ff.

[366] Gebildet nach § 9 Raumordnungsgesetz.

[367] Bertram, J., a.a.O., S. 54 f.; siehe dazu auch Bundestagsdrucksache II/480, Ziff. 62, S. 48.

[368] Landesentwicklungsprogramm, a.a.O.

[369] Ebenda, S. 1209.

[370] Landesentwicklungsplan I, a.a.O.

[371] Ebenda, S. 2264 f.

[372] Ebenda, S. 2264.

[373] Siehe oben S. 43 ff.

[374] Entschließung der Ministerkonferenz für Raumordnung über Zentrale Orte und ihre Verflechtungsbereiche vom 8. 2. 1968.

[375] Sechster Bericht der Landesregierung Nordrhein-Westfalen über Stand, Maßnahmen und Aufgaben der Landesplanung, a.a.O., S. 21.

[376] Bertram, J., a.a.O., S. 10.

[377] Hesse, K., Der unitarische Bundesstaat, Karlsruhe 1962, S. 18.

[378] Köttgen, A., Zur Diskussion über das konjunkturpolitische Instrumentarium . . ., a.a.O., S. 20.

[379] Zu den Möglichkeiten konjunkturpolitischer Aktivität des Bundes siehe: Stern, K., a.a.O., S. 47 ff.; Krämer, H., u. a., Gemeindehaushalt und Konjunktur, Forschungsberichte des Landes Nordrhein-Westfalen, Nr. 1813, Köln-Opladen 1966, S. 59 ff.; Oberhauser, A., Die konjunkturpolitische Koordinierung der öffentlichen Finanzwirtschaften und ihre finanz- und haushaltsrechtlichen Voraussetzungen, in: Schriften des Vereins für Socialpolitik, NF Bd. 52, Berlin 1969, S. 114 ff.; Köttgen, A., Zur Diskussion über das konjunkturpolitische Instrumentarium . . ., a.a.O.

[380] Oberhauser, A., a.a.O., S. 115.

[381] Zu den Rechtsgrenzen der Einflußnahme siehe Stern, K., a.a.O., S. 32 ff.

[382] Köttgen, A., Die Gemeinde und der Bundesgesetzgeber, Schriftenreihe des Vereins für Kommunalwissenschaften, Berlin, Bd. 1, Stuttgart 1957, S. 11.

[383] Bertram, J., a.a.O., S. 11; Hesse, K., a.a.O., S. 17.

[384] Bertram, J., a.a.O., S. 9.

385 Köttgen, A., Kommunale Auftragsverwaltung und Grundgesetz, in: Die Selbstverwaltung, 1951, S. 347.

386 Siehe Art. 70 ff. GG.

387 Bertram, J., a.a.O., S. 17.

388 Eine allerdings recht abstrakte Verpflichtung in diesem Sinne enthält z. B. § 16 Abs. 2 StabG. Wegen der Zustimmungspflicht des Bundesrates zum StabG setzt auch eine solche Regelung das Einverständnis der Bundesländer, wenn auch nicht jedes einzelnen Landes, voraus.

389 Köttgen, A., Zur Diskussion des konjunkturpolitischen Instrumentariums ..., a.a.O., S. 18.

390 § 23 StabG.

391 In Nordrhein-Westfalen nach §§ 73 und 78 ff. der Gemeindeordnung; zur Problematik des wirtschafts- und konjunkturpolitischen Einsatzes dieses Instrumentes siehe Stern, K., a.a.O., Seite 72.

392 Rd. Erl. des Innenministers NRW vom 31. 1. 1950 i. d. Fassung v. 1. 12. 1959, Min.Bl. NRW, S. 2391.

393 Oberhauser, A., a.a.O., S. 131; siehe auch Krämer, H., u. a., a.a.O., S. 91 ff.

394 So steht zum Beispiel dem Bund gemäß Art. 105 Abs. 2 Nr. 3 GG die konkurrierende Gesetzgebung über die Realsteuern zu; durch gesetzliche Änderungen in den Bestimmungen über die Einheitswerte oder die Steuermeßzahlen wären also theoretisch konjunkturpolitische Variationen der bisher wichtigsten Einnahmequellen der Gemeinden möglich. Ob eine permanent wechselnde Realsteuergesetzgebung in der politischen Praxis überhaupt durchsetzbar ist, erscheint allerdings fraglich, da sie einerseits mittelbare finanzielle Konsequenzen für die Länderhaushalte nach sich zieht, andererseits aber nach Art. 105 Abs. 3 GG der Zustimmung des Bundesrates, also der Länder, bedürfte.

395 Oberhauser, A., a.a.O., S. 124 ff.

396 Siehe oben S. 13.

397 Haller, H., Probleme einer Konjunkturpolitisch orientierten Finanzpolitik unter besonderer Berücksichtigung des Finanzausgleichs, in: Zeitschrift für die gesamte Staatswissenschaft, 1960, S. 56 ff.

398 Stern, K., a.a.O., S. 48.

399 Zu den einzelnen Vorschlägen (Stadt-Landkreis, Industriekreis, Stadtunion, Gemeinde-Wirtschaftsverband, Nachbarschaftsverband, Regionalverband, Verwaltungsregion, Mehrzweck-Pflichtverband und Regionalstadt) siehe Dahm, C., Probleme zwischen Kern und Raum, in: Der Gemeinderat, 1969, S. 62 ff.

400 Siehe dazu die Entscheidungen des Bundesverfassungsgerichtes v. 20. 3. 1954, Entscheidungen des Bundesverfassungsgerichtes, Amtliche Sammlung, Bd. 1, S. 167.

401 Stern, K., a.a.O., S. 48.

402 Die beiden erstgenannten Einschränkungen treffen auch für weisunggebundene Pflichtaufgaben zu; die letzte betrifft nur die eigentlichen Pflichtaufgaben.

403 Bertram, J., a.a.O., S. 31.

404 Elleringmann, R., Grundlagen der Kommunalverfassung und Kommunalaufsicht, in: Verwaltung und Wirtschaft, Stuttgart 1957, S. 43.

405 Vgl. Scheuner, R., Gemeindeverfassung und kommunale Aufgabenstellung in der Gegenwart, in: Archiv für Kommunalwissenschaften, 1. Jg., 1962, S. 160.

406 Bertram, J., a.a.O., S. 52; Becker, E., Die Ausführung von Bundesgesetzen durch Gemeinden und Gemeindeverbände, in: Bayerische Verwaltungsblätter, Jg. 7, 1961, S. 68.

407 Bericht der Sachverständigenkommission zur Verwaltungsvereinfachung, b. BDI v. 15. 2. 1960, Bonn 1960, S. 79.

408 Scheuner, U., Gemeindeverfassung und kommunale Aufgabenstellung in der Gegenwart, S. 160; Köttgen, A., Die Gemeinde und der Bundesgesetzgeber, a.a.O., S. 72; Bertram, J., a.a.O., S. 51 ff.

409 Krämer, H., u. a., a.a.O., S. 81; Weller, F., Wirtschaftspolitik und föderativer Staatsaufbau in der Bundesrepublik Deutschland, Berlin 1967, S. 130 ff.

410 Krämer, H., u. a., a.a.O., S. 81.

411 Gutachten über die Finanzreform in der Bundesrepublik Deutschland, a.a.O., S. 168.

412 Weller, F., a.a.O., S. 80.

413 Köttgen, A., Zur Diskussion des konjunkturpolitischen Instrumentariums ..., a.a.O., S. 16 und S. 23.

414 Entschließung der Ministerkonferenz für Raumordnung über die Berücksichtigung raumordnerischer Gesichtspunkte bei den Finanzzuweisungen an die Gemeinden, Herbst 1969.

415 Siehe dazu vor allem Glass, C. P., a.a.O.

[416] Vgl. STERN, K., a.a.O., S. 54 ff.; KÖTTGEN, A., Fondsverwaltung in der Bundesrepublik, Stuttgart-Berlin-Köln-Mainz 1965; »Der Bund kann ... im gesetzesfreien Raum nur solche Aufgaben finanzieren, die er nach dem Grundgesetz selbst wahrzunehmen hat oder wahrnehmen darf«. (Gutachten zur Finanzreform, a.a.O., S. 14.)

[417] Siehe dazu KRAHNE, W., und BLANKENSTEIN, H., Zweckgebundene staatliche Zuwendungen, in: Der Gemeinderat, 23. Jg., Heft 2, 1969, S. 34 ff.

[418] DEMNY, I., a.a.O., S. 15.

[419] Bei den gesetzlich fixierten Zuschüssen liegen in der Regel objektive Merkmale und ein fester Betrag pro Merkmal der Vergabe zugrunde. Diese »objektivierten Zuschüsse nähern sich also den allgemeinen Deckungsmitteln«, da das Land keinen speziellen Einfluß auf die einzelnen Gemeindeentscheidungen nehmen kann. (DEMNY, I., a.a.O., S. 63 f.; HACKER H., Art. Finanzausgleich, a.a.O., S. 451.)

[420] Zahlreiche Zweckzuweisungen werden sogar auf Grund nichtveröffentlichter Richtlinien gewährt oder allein nach dem Haushaltsplan, also ohne besondere Bestimmungen für Verteilung und Verwendung; Beispiele bei DEMNY, I., a.a.O., S. 51 ff. und S. 58 f.

[421] SEILER, G., Kommunale Finanzen und Kommunalaufsicht, in: Aktuelle Probleme der Kommunalaufsicht, Vorträge und Diskussionsbeiträge des 31. Staatswissenschaftlichen Fortbildungskurses der Hochschule für Verwaltungswissenschaft Speyer, Berlin 1963, S. 107 f.

[422] POPITZ, J., Art. Der Finanzausgleich, in: Handbuch der Finanzwissenschaft, 1. Aufl., Bd. 2, Tübingen 1927, S. 373.

[423] RÖMER, K., Die Aufgaben der Gemeinden und die Möglichkeiten ihrer Förderung durch den Staat, in: Die Verwaltungspraxis, 1964, S. 194.

[424] Ein Beispiel für die Eingriffspraxis der Aufsichtsbehörden in die kommunale Standortwahl enthält die Arbeit von GLASS, C. P., a.a.O., S. 54.

[425] Entschließung der Ministerkonferenz für Raumordnung über die Berücksichtigung raumordnerischer Gesichtspunkte bei den Finanzzuweisungen an die Gemeinden, a.a.O.

[426] Siehe oben S. 50.

[427] WEBER, W., Kommunalaufsicht als Verfassungsproblem, in: Aktuelle Probleme der Kommunalaufsicht, a.a.O., S. 17 ff.

[428] OBERHAUSER, A., a.a.O., S. 130.

[429] GLASS, C. P., a.a.O., S. 44.

[430] Vgl. z. B. Sammlung der Grundsätze und Richtlinien über die Gewährung von Beihilfen und Förderungsmitteln des Siegkreises, Loseblattsammlung.

[431] Das Zitat bezieht sich auf die verfassungsmäßige Situation in Schleswig-Holstein. Die Bezeichnung »Landrat« ist daher hier entsprechend der Verhältnisse Nordrhein-Westfalens durch die Bezeichnung »Oberkreisdirektor« ersetzt worden.

[432] GLASS, C. P., a.a.O., S. 46.

[433] Ebenda, S. 94 und S. 70 mit Beispielen aus der Praxis der Kommunalaufsicht.

[434] BERTRAM, J., a.a.O., S. 39; vgl. auch KUNZE, R., Anforderungen an die Beamten in der Kommunalaufsicht, in: Aktuelle Probleme der Kommunalaufsicht, a.a.O., S. 125.

[435] GLASS, C. P., a.a.O., S. 122.

[436] v. UNRUH, G. C., Probleme der dörflichen Selbstverwaltung, in: Die Selbstverwaltung, Jg. 11, 1957, S. 97; GLASS, C. P., a.a.O., S. 95 f.

[437] BERTRAM, J., a.a.O., S. 38.

[438] Der Landkreis, Jg. 30, 1960, S. 66 (zitiert nach BERTRAM, J., a.a.O., S. 58).

[439] Siehe dazu auch GÖNNEWEIN, O., a.a.O., S. 441.

[440] Der Landkreis, Jg. 30, 1960, S. 66 (zitiert nach BERTRAM, J., a.a.O., S. 58).

[441] BECKER, E., Kommunale Selbstverwaltung, in: Die Grundrechte, Berlin 1962, S. 717.

[442] BERTRAM, J., a.a.O., S. 52.

[443] SCHMÖLDERS, G., »Finanzstarke« und »finanzschwache« Gemeinden, a.a.O., S. 39.

[444] HANSMEYER, K. H., Gemeindliche Schuldenaufnahme und wirtschaftliches Wachstum, a.a.O., S. 201.

[445] MANN, F. K., Zur Soziologie der finanzpolitischen Entscheidungen, in: Schmollers Jahrbuch, 1933, S. 729.

[446] HANSMEYER, K. H., Gemeindliche Schuldenaufnahme und wirtschaftliches Wachstum, a.a.O., S. 202.

[447] GÖNNEWEIN, O., a.a.O., S. 87.

[448] Den Grundsatz der gemeindlichen Allzuständigkeit enthalten bereits Art. 28 Abs. 2 GG und Art. 78 Abs. 2 LV NW.

[449] Siehe auch Landtagsstenogramme vom 22. April 1952 (S. 1799 B) und vom 29. Juli 1952 (S. 2319 C); der damalige Vorsitzende des zuständigen Landtagsausschusses, der Landtags-

abgeordnete Dr. Meyers, präzisierte noch in der 2. Lesung der Gemeindeordnung die Auffassung des Gesetzgebers, daß der Rat alleiniges, willensbildendes Organ sei: »Er hat kein sonstiges Organ neben sich, keines unter sich und keines über sich; mit ihm erschöpft sich jede Organschaft in der Gemeinde.«

450 Siehe u. a. SCHMÖLDERS, G., Art. Kommunale Finanzpolitik, a.a.O., S. 32 f.; BÜCKMANN, W., a.a.O., S. 62 f.; KÖTTGEN, A., Wesen und Rechtsform der Gemeinden und Gemeindeverbände, in: Handbuch der Kommunalen Wissenschaft und Praxis, Bd. 1, a.a.O., S. 196; KOTTENBERG, K., a.a.O., S. 94.

451 Siehe dazu die bei BÜCKMANN, W., a.a.O., S. 62, angegebene Literatur.

452 KÖTTGEN, A., Wesen und Rechtsform der Gemeinden und Gemeindeverbände, a.a.O., S. 196.

453 KOTTENBERG, K., a.a.O., S. 95; vgl. dazu auch ZUHORN, K., Gemeindeverfassung, Siegburg 1954, S. 677 ff.

454 Vgl. Urteil des Verfassungsgerichtshofes Nordrhein-Westfalen v. 21. 8. 1954.

455 Urteil des Verfassungsgerichtshofes Nordrhein-Westfalen v. 21. 8. 1954 zu § 60 der Gemeindeordnung, in der Fassung der amtlichen Sammlung der Entscheidungen der Oberverwaltungsgerichte in Münster und Lüneburg, Bd. 9, S. 74; abgedruckt in: Die Gemeinde, 1954, S. 213.

456 Ausführliche Darstellung der Organtheorie bei v. GIERKE, O., Das Wesen der menschlichen Verbände (Neuauflage), Darmstadt 1954.

457 So z. B. das o. a. Urteil vom 21. August 1954.

458 Vgl. ODENBREIT, W., und HENSEL, A.-W., a.a.O., S. 363.

459 Vgl. GÖNNEWEIN, O., a.a.O., S. 340.

460 Erste Verwaltungsverordnung zur Gemeindeordnung vom 10. November 1952, Sammlung des bereinigten Ministerialblatts für Nordrhein-Westfalen, Bd. I, Nr. 2020.

461 Siehe u. a. GÖB, R., Was sind eigentlich einfache Geschäfte der laufenden Verwaltung?, in: Die Gemeinde, 1957, S. 165 ff. und 185 ff.; ZUHORN, K., und HOPPE, W., a.a.O.

462 GÖNNEWEIN, O., a.a.O., S. 338.

463 ODENBREIT, W., und HENSEL, A.-W., a.a.O., S. 364.

464 Vgl. GÖNNEWEIN, O., a.a.O., S. 339.

465 Siehe oben S. 13 ff.

466 Wahrnehmung der einfachen Geschäfte der laufenden Verwaltung (§ 28 Abs. 3 GO); Pflicht zur Beanstandung rechtswidriger Rats- und Ausschußbeschlüsse (§ 39 Abs. 2,3 GO); die Leitung der Geschäfte der Gemeindeverwaltung (§ 53 Abs. 1 GO); Gemeindedirektor als Dienstvorgesetzter der Beamten, Angestellten und Arbeiter der Gemeinde (§ 53 Abs. 2 GO); Anstellung, Beförderung und Entlassung der Angestellten und Arbeiter (§ 54 Abs. 1 GO); Ausübung der gesetzlichen Vertretungsmacht des Rates (§ 55 Abs. 2 GO); Durchführung der Pflichtaufgaben nach § 3 GO. Das Verfassungsgerichtsurteil zählt außerdem die Vorbereitung und Durchführung der Ratsbeschlüsse dazu, doch scheint man dieser Zuordnung selbst zu mißtrauen, denn der Gerichtshof geht in seinem Urteil auf abweichende Literaturmeinungen mit der Hilfsargumentation ein, daß diese Frage für das Urteil nicht von Bedeutung sei. Hier wird mit ELLERINGMANN und ZUHORN in der Vorbereitung und Durchführung der Ratsbeschlüsse lediglich eine technische Funktion gesehen; vgl. dazu ELLERINGMANN, R., Deutsche Gemeindeordnung, Bochumer Beiträge zum Verwaltungsrecht und zur Verwaltungspraxis, NF H. 1, Heidelberg 1948, S. 30; ZUHORN, K., Gemeindeverfassung, a.a.O., S. 129.

467 Vgl. dazu BÜCKMANN, W., a.a.O., S. 36.

468 Siehe SCHMÖLDERS, G., Art. Kommunale Finanzpolitik, a.a.O., S. 35.

469 In amtsangehörigen Gemeinden wird die Haushaltssatzung nach § 61 Abs. 1 GO vom Gemeindebürgermeister und dem Amtsdirektor gemeinsam aufgestellt.

470 Vgl. KOTTENBERG, K., a.a.O., S. 416.

471 Im Gegensatz zur »süddeutschen Ratsverfassung«, die zwar ebenfalls »monistisch« ist, also grundsätzlich auf der Allzuständigkeit des Rates basiert, aber einen beamteten Gemeindevorstand kennt, der Ratsvorsitzer ist.

472 BÜCKMANN, W., a.a.W., S. 65.

473 Vgl. GÖNNEWEIN, O., a.a.O., S. 249.

474 Vgl. dazu RINCK, H. J., Parteienstaat und Selbstverwaltung, in: Juristenzeitung, 1961, S. 73 ff.

475 Siehe dazu: GRUNDMANN, W. W., Die Rathausparteien, Göttinger Rechtswissenschaftliche Studien, Bd. 31, Göttingen 1960.

476 Vgl. MAUNZ, TH., und DÜRIG, G., a.a.O., Art. 21, Randnr. 20, S. 10 f.

477 Entscheidungen des Bundesverfassungsgerichts, Tübingen 12, 10 ff. (257).

478 EWRINGMANN, D., Finanzpolitische Probleme bei der Rückgliederung des Selfkantgebietes in die Bundesrepublik Deutschland, unveröffentlichtes Manuskript, Köln 1966.

479 SCHMÖLDERS, G., Finanzpolitik, a.a.O., S. 101 ff.

[480] Ebenda, S. 102.

[481] Einen Überblick bietet der Sammelband Bürokratische Organisationen, hrsg. v. R. Mayntz, Neue Wissenschaftliche Bibliothek, Bd. 27, Köln-Berlin 1968.

[482] Vgl. aber ESCHENBURG, TH., Last und Leid der Bürokratie, in: Der Volkswirt, 8. Jg., 1954, Nr. 29, S. 10, der sich sehr kritisch mit dem deutschen Berufsbeamtentum nach dem 2. Weltkrieg auseinandersetzt.

[483] GEHLEN, A., Bürokratisierung, in: Kölner Zeitschrift für Soziologie, NF 3. Jg. 1950/51, S. 198.

[484] Siehe dazu oben S. 50 ff.

[485] HARTFIEL, G., SEDATIS, L., und CLAESSENS, D., Beamte und Angestellte in der Verwaltungspyramide, Berlin 1964, S. 145 f.

[486] Vgl. dazu DECHAMPS, B., Macht und Arbeit der Ausschüsse, der Wandel der parlamentarischen Willensbildung, Meisenheim am Glan 1954.

[487] Wege in die Zukunft. Ein Programm für Bad Godesberg, beschlossen vom SPD-Ortsverein in der 4. Fassung vom 2. 3. 1968.

[488] Ebenda, S. 26.

[489] MACE, R. L., Municipal Cost-Revenue Research in the US, Institute of Government, University of North Carolina.

[490] Nachrichten für Nordrhein-Westfalen des Bundes der Steuerzahler Nordrhein-Westfalen e. V., Mai 1967, S. III.

[491] Vor allem: »Der Steuerzahler« und die Nachrichten für die Länder.

[492] Nachrichten für Nordrhein-Westfalen des Bundes der Steuerzahler Nordrhein-Westfalen e. V., April 1967, S. IV, wo auf den »Skandal um das Düsseldorfer Schauspielhaus« eingehend hingewiesen wird.

[493] Ebenda, Dezember 1967, S. VI, wo die aufwendige Ausstattung des Rehabilitationszentrums in Dortmund kritisiert wird; ebenda, August 1962, S. VII, wo der Luxus im Schulbauvorhaben Wuppertal Gegenstand der Kritik ist.

[494] Ebenda, März 1962, S. III, »Traurige Korruptionsstatistik«.

[495] Siehe aber z. B. SCHEUNER, U., Gemeindeverfassung und kommunale Aufgabenstellung in der Gegenwart, a.a.O., S. 173.

[496] Siehe S. 64.

[497] Nach den Aussagen der befragten Verwaltungsbeamten.

[498] WEBER, M., Wirtschaft und Gesellschaft, a.a.O., S. 612.

[499] Zur Problematik der Begriffsabgrenzung siehe: SCHMÖLDERS, G., »Finanzstarke« und »finanzschwache« Gemeinden, a.a.O.

[500] In Nordrhein-Westfalen trifft das für den Gemeindedirektor zu.

[501] GLASS, C. P., a.a.O., S. 44.

[502] Z. B. KRAHNE, W., und BLANKENSTEIN, H., a.a.O., S. 34 ff. und S. 74 ff.

[503] Siehe z. B. die Zuschüsse und Darlehen zur Planung von Dorferneuerungen; als Antragsvoraussetzung gilt hier die »Anpassung an Ziele der Raumordnung und Landesplanung« (Richtlinien zur Förderung von Erneuerungsmaßnahmen des Bundesministers für Wohnungswesen, Städtebau und Raumordnung, veröffentlicht in: Mitteilungen des Gemeindetages Nord-Rhein 1964, Nr. 13, S. 248).

[504] Siehe z. B. die Zuschüsse für Tageseinrichtungen für Kinder; Anträge werden nur genehmigt, wenn die sehr detaillierten Richtlinien vom 1. 7. 1964 (§ 111 BL, NW/2163) beachtet werden.

[505] GLASS, C. P., a.a.O., S. 29.

[506] Alle befragten Gemeindedirektoren errechneten den Klassenraumbedarf ihrer Gemeinde nach den vom Kultusminister vorgeschriebenen Klassenfrequenzen.

[507] Siehe unten S. 92 ff.

[508] Erste Verordnung zur Ermittlung der Zahl der Lehrerstellen, die zur Deckung des normalen Unterrichtsbedarfs an öffentlichen Schulen erforderlich sind – 1. AVO z. SchFG – v. 25. 1. 1960.

[509] Richtlinien für den Bau von Grundschulen und Hauptschulen Rd.Erl. des Ministers für Wohnungsbau und öffentliche Arbeiten v. 23. 2. 1967 (SMBl NW 2230).

[510] Vgl. auch Schulbaurichtlinien für Volks-, Real- und höhere Schulen v. 9. 12. 1954 (SMBl. NW 2230); Richtlinien für die Planung von Schul- und Hochschulbauten v. 23. 2. 1967 (SMBl NW 2230).

[511] Veröffentlicht im Amtsblatt 1964, S. 227.

[512] Sportstättenbau-Information, Beratung, Literatur, hrsg. v. Deutschen Sportbund, Institut für Sportstättenbau, Köln, November 1966, S. 6.

[513] Ebenda.

[514] Sportstättenplanung – Bedarf, Bau- und Folgekosten, Literatur, hrsg. v. Deutschen Sportbund, Institut für Sportstättenbau, Köln 1968, S. 3.

515 Richtlinien (I) für die Schaffung von Erholungs-, Spiel- und Sportanlagen in Gemeinden von 5000 und mehr Einwohnern; Richtlinien (II) für die Schaffung von Erholungs-, Spiel- und Sportanlagen in Gemeinden bis zu 5000 Einwohnern; die erste Fassung der Richtlinien stammt aus dem Jahre 1959, die zweite Fassung aus dem Jahre 1967.

516 Nach der 2. Fassung der Richtlinien.

517 Auch das Institut für Sportstättenbau ist ein Institut des Deutschen Sportbundes.

518 Der Goldene Plan in den Gemeinden, hrsg. von der Deutschen Olympischen Gesellschaft, 2. Aufl., Frankfurt/M.-Wien 1962, Anlage, S. 45.

519 Ebenda.

520 Ebenda, S. 25 ff.

521 Z. B. Die Gemeinde, hrsg. v. Rheinischen Gemeindetag, 19. Jg. 1967, Nr. 9, S. 221 ff.; Deutscher Städtetag, Leitsätze für die kommunale Sportpflege, in: Mitteilungen des Deutschen Städtetages v. 27. 5. 1958; Mitteilungen des Deutschen Städtebundes v. November 1958; ABELBECK, G., Zur Notwendigkeit der Ausrichtung der Sportstätten am Zentralortprinzip, in: Der Landkreis, H. 7, 1965, S. 207 f.; ROSKAM, F., Planung und Bau von Erholungs-, Spiel- und Sportanlagen, ebenda, S. 211 ff.

522 In allen Gemeinden, in denen die Befragung durchgeführt wurde, werden die von den Kommunalen Spitzenverbänden herausgegebenen Zeitschriften gehalten und von den Sachbearbeitern ausgewertet.

523 Siehe dazu die von ABELBECK zitierten Pressemeldungen (ABELBECK, G., Die Landkreise und der Goldene Plan, in: Der Landkreis, H. 7, 1965, S. 207).

524 Goldener Plan der Stadt Oberhausen, Untersuchung über Bestand und Bedarf an Erholungs-, Spiel- und Sportanlagen, Gutachten von G. PELSHENKE, Deutsche Olympische Gesellschaft, unter Mitwirkung des Stadtplanungsamtes Oberhausen, November 1965 (Vorwort).

525 Eine Übersicht enthält: Deutsches Krankenhausinstitut e. V., Veröffentlichungen, Stand Januar 1966.

526 Siehe beispielsweise HANSMEYER, K.-H., und FÜRST, D., a.a.O., S. 22 ff.; Kaldenkirchen, Kommunaler Investitionsbedarf für Stadterneuerung und Stadtentwicklung, Gutachten der Wirtschaftsberatung Aktiengesellschaft, S. 34 f.

527 Bei einem Gesamtbestand von ca. 3600 Krankenhäusern in der BRD.

528 VONESSEN, F., Das Deutsche Krankenhausinstitut (DKI) von 1953–1963, in: Beilage zu »Das Krankenhaus«, Heft 4, 1964, S. 4.

529 Ebenda, S. 3.

530 BECHTOLD, W., Krankenhausentwicklungsplan Nordrhein, in: Der Landkreis, H. 8/9, 1965, S. 248 F.; BECKER, TH., Bettenbedarf und Bettenplanung im Lande Nordrhein-Westfalen, in: Das Krankenhaus, H. 8, 1958, S. 147 ff.; Bericht der Kommission zur Erstellung eines Krankenhausplanes für das Land Nordrhein-Westfalen 1968–1980, hrsg. v. Innenminister des Landes Nordrhein-Westfalen, Siegburg 1969.

531 Siehe unten S. 79.

532 Z. B. Kaldenkirchen, a.a.O.

533 Z B. Goldener Plan der Stadt Oberhausen, a.a.O.

534 Das gleiche gilt für Gutachten und Bedarfsprognosen auf regionaler Basis; siehe z. B. WEINBERGER, B., und ELSNER, H., a.a.O., S. 31 ff.

535 HANSMEYER, K. H., und FÜRST, D., a.a.O., S. 167 ff.

536 Alle befragten Gemeindedirektoren legten ihren Bedarfsrechnungen die gleichen, oben genannten Normen zugrunde.

537 Außer den bereits erwähnten Institutionen (Deutsches Krankenhausinstitut und Deutscher Sportbund) gehen beispielsweise die Bedarfswerte für den Bau von Altenheimen auf Veröffentlichungen der Bundesarbeitsgemeinschaft der Freien Wohlfahrtspflege (Die Altenheimplanung in der Altenhilfe, Bonn 1963) zurück.

538 ABELBECK, G., Die Verwirklichung des Goldenen Planes, in: Der Landkreis, H. 12. 1967, S. 386.

539 Richtlinien (I), a.a.O., S. 1.

540 Vgl. dazu: Zur Frage der Verweildauer, Beilage zu »Das Krankenhaus«, H. 6, 1964.

541 Erste Verordnung zur Ermittlung der Zahl der Lehrerstellen, a.a.O.

542 Bedarfsfeststellung 1961–1970, a.a.O., S. 20.

543 Bedarfsfeststellung 1961–1970, a.a.O., S. 20.

544 Siehe oben S. 22 ff.

545 § 24 der Verordnung des Reichsministers des Inneren betreffs Bekämpfung übertragbarer Krankheiten v. 1. 12. 1938, RGBl. I, S. 1721.

546 Zu den Planungszielen im Krankenhauswesen siehe: Bericht der Kommission zur Erstellung eines Krankenhausplanes für das Land Nordrhein-Westfalen 1968–1980, a.a.O.

[547] Eine weitgehende Übereinstimmung ist auch beispielweise zwischen den von EICHHORN und der Kommission vertretenen Normen über die durchschnittliche Bettenausnutzung und die verschiedenen Versorgungsstufen festzustellen; vgl. EICHHORN, S., Grundlagen der Krankenhausplanung, a.a.O., S. 32 u. S. 39, und Bericht der Kommission zur Erstellung eines Krankenhausplanes für das Land Nordrhein-Westfalen 1968–1980, a.a.O., S. 19 u. S. 61.

[548] VAN AUBEL, P., Art. Krankenhauswesen, a.a.O., S. 465 f.

[549] Jahresbericht der Deutschen Krankenhausgesellschaft, 1966/67, S. 43.

[550] VAN AUBEL, P., Art. Krankenhauswesen, a.a.O., S. 466.

[551] EICHHORN, S., Art. Krankenhausplanung, a.a.O., Sp. 908.

[552] Zu den Chronischkranken zählen z. B. auch Tuberkulose- und Suchtkranke.

[553] Vgl. oben S. 43.

[554] Bericht der Kommission zur Erstellung eines Krankenhausplanes für das Land Nordrhein-Westfalen 1968–1980, a.a.O., S. A 125, Tab. Nr. 18.

[555] Ebenda.

[556] EICHHORN, S., Art. Krankenhausplanung, a.a.O., Sp. 911 ff.; ders., Grundlagen der Krankenhausplanung, a.a.O., S. 62 ff.

[557] Z. B. EICHHORN, S., Krankenbetriebslehre. Theorie und Praxis des Krankenhausbetriebes, Bd. 1, Stuttgart-Berlin-Köln-Mainz 1967, S. 34; VAN AUBEL, P., Eine Formel für die Ermittlung der zukünftigen Bettennachfrage?, in: Das Krankenhaus, 1958, S. 30 ff.

[558] Über das Krankenhauswesen in Baden-Württemberg mit Vorschlägen zu seiner Neuordnung und Sanierung, Stuttgart 1961.

[559] WEINBERGER, B., und ELSNER, H., a.a.O.

[560] Siehe dazu Bericht der Kommission zur Erstellung eines Krankenhausplanes für das Land Nordrhein-Westfalen 1968–1980, a.a.O., S. A 125, Tab. Nr. 18.

[561] Ebenda.

[562] AFHELDT, H., a.a.O., S. 85.

[563] Zu den Vorschlägen für eine Reduzierung der Verweildauer siehe Arbeitspapier des Deutschen Städtetages v. 10. 1. 1968 betr. Krankenhausfinanzierung (Abt. 5/54 – 03 Z 48).

[564] Bericht der Kommission zur Erstellung eines Krankenhausplanes für das Land Nordrhein-Westfalen 1968–1980, a.a.O., S. 61.

[565] So z. B. EICHHORN, S., Grundlagen der Krankenhausplanung, a.a.O., S. 61; KASSNER, R., Die Ermittlung des Bedarfs an Krankenhausbetten, in: Kommunalwirtschaft, 1965, S. 185.

[566] Sämtliche Daten, einschließlich der Werte für die Bevölkerungsentwicklung, sind dem bereits mehrfach zitierten Kommissionsbericht entnommen (a.a.O., S. A 125, Tab. Nr. 18).

[567] Ebenda; die in der Tab. Nr. 18 den einzelnen Fachabteilungen zugerechnete Krankenhaushäufigkeit wurde hier jeweils als Vomhundertsatz der Gesamtkrankenhaushäufigkeit ausgedrückt. (Krankenhaushäufigkeit = Krankenfälle je 1000 Einwohner.)

[568] Summe der Anteile von Chirurgie, Innere Medizin, Gynäkologie und Geburtshilfe; vgl. Tab. S. 77.

[569] Vgl. oben S. 44.

[570] Summe der Anteile von Pädiatrie, Augen- sowie Hals-, Nasen- und Ohrenkrankheiten; vgl. Tab. S. 77.

[571] Anteil der sonstigen Krankheitsarten bzw. Fachbereiche.

[572] Ordnungsbehördliche Verordnungen über Anlagen, Bau und Einrichtungen von Krankenhäusern v. 12. 8. 1953, GV NW, S. 335.

[573] Die durchschnittlichen Kosten je Krankenbett werden gegenwärtig mit 70 000 DM angegeben; Arbeitspapier des Deutschen Städtetages, a.a.O.

[574] DOOSE, U., Recht und Verwaltung, in: Müll- und Abfallbeseitigung, Handbuch über die Sammlung, Beseitigung und Verwertung von Abfällen aus Haushaltungen, Gemeinden und Wirtschaft, hrsg. v. Kumpf-Maas-Straub, Abschnitt 0205, S. 4.

[575] KUMPF, W., Notwendigkeit und gesetzliche Grundlagen der Müllbeseitigung, in: Grundlagen und Grenzen der Anwendung von Verfahren zur Aufbereitung von Abfällen, 1.–4. Mülltechnisches Kolloquium, Stuttgarter Berichte zur Siedlungswasserwirtschaft, Heft 23, Stuttgart 1967, S. 15 ff.

[576] Runderlaß des Innenministers vom 21. Januar 1963, MinBl NW 1963, S. 310.

[577] Gesetz zur Ordnung des Wasserhaushalts (Wasserhaushaltsgesetz) vom 27. Juli 1957, BGBl. I, S. 1110.

[578] Bundesseuchengesetz vom 18. 7. 1961, BGBl. I, S. 1012.

[579] Vgl. KUMPF, W., a.a.O., S. 15.

[580] Vgl. HURST, K., Gemeindeeinrichtungen, in: Handbuch der kommunalen Wissenschaft und Praxis, Bd. 2, a.a.O., S. 874.

[581] Die Ergebnisse sind enthalten in: Ferber-Kolkenbrock-Neukirchen, Müll, Abfall, Abfuhr, Beseitigung in Zahlen, Stuttgarter Berichte zur Siedlungswasserwirtschaft, H. 12, München 1964.

[582] Die Bezeichnungen Haushaltseimer, Wohnungsstandgefäße und Mülleimer werden synonym gebraucht.

[583] Hofstandgefäße = Mülltonnen.

[584] Erbel, A., und Kaupert, W., Müll und Abfall, Schriftenreihe Fortschrittliche Kommunalverwaltung, Bd. 2, Köln 1965, S. 28 f.

[585] Ferber-Kolkenbrock-Neukirchen, a.a.O., S. 22.

[586] Statistisches Jahrbuch Deutscher Gemeinden, Jg. 43, 1955; Jg. 46, 1958; Jg. 50, 1962; Jg. 54, 1966.

[587]

Gemeindegrößenklasse	Einwohner
A	über 200 000
B	100 000–200 000
C	50 000–100 000
D	20 000– 50 000
E	unter 20 000

[588] Die Werte für 1980 wurden auf der Grundlage der vorhandenen statistischen Werte für 1954, 1957, 1961 und 1965 nach einem linearen Trend ($y_t = g_t + r_t$) ermittelt. Für r_t — 0: $\hat{g}_t = a + b_{t\,1980}$; die Parameter lauten:

$$b = \frac{T \sum_{t=1}^{T} t\, y_t - \sum_{t=1}^{T} t \sum_{t=1}^{T} y_t}{T \sum_{t=1}^{T} t^2 - \left(\sum_{t=1}^{T} t\right)^2}; \qquad a = \frac{\sum_{t=1}^{T} y_t - b \sum_{t=1}^{T} t}{T}.$$

[589] Erfahrungsgemäß beträgt der Sommermüll nur das 0,8fache, der Wintermüll dagegen das 1,2fache des durchschnittlichen Jahresmülls.

[590] Sammlung, Aufbereitung und Verwertung von Siedlungsabfällen, hrsg. v. d. Arbeitsgemeinschaft für Kommunale Abfallwirtschaft, Waiblingen 1960, S. 40.

[591] Quelle: Statistisches Jahrbuch Deutscher Gemeinden, 54. Jg. 1966, S. 39.

[592] Dabei wird – wie auch bei allen weiteren Berechnungen – unterstellt, daß 1980 sämtliche Gemeindeeinwohner an die Müllabfuhr angeschlossen sind.

[593] Vgl. Kaldenkirchen, a.a.O., S. 55.

[594] Vgl. S. 81.

[595] Erbel, A., und Kaupert, W., a.a.O., S. 35 ff.

[596] Kaldenkirchen, a.a.O., S. 55.

[597] Vgl. Kaldenkirchen . . ., a.a.O., S. 55.

[598] Quelle: Statistisches Jahrbuch Deutscher Gemeinden, 54. Jg. 1966, S. 166 ff.

[599] Vgl. S. 81.

[600] Vgl. S. 83.

[601] Vgl. Ferber-Kolkenbrock-Neukirchen, a.a.O., S. 51.

[602] Straub, H., Gutachten über die Beseitigung der festen Abfallstoffe von Gemeinden und Industrie, erstattet im Auftrag des Bundesministeriums für Gesundheitswesen, München 1962, S. 17.

[603] Diese Bedarfe einer Mülldeponie sind im übrigen für die einzelnen Gemeinden schwer quantifizierbar; den einzigen Anhaltspunkt bietet das je Einwohner benötigte Terrain, das vor allem vom Müllanfall je Einwohner, von der Vorbehandlung des Mülls (Volumenreduzierung) und der bei der Ablagerung selbst erzielbaren Verdichtung abhängt; außerdem ist bei der Berechnung der erforderlichen Grundstücksfläche die mögliche Aufschütthöhe und dabei die Tatsache zu berücksichtigen, daß die einzelnen Müllschichten durch Humusböden abgedeckt werden müssen, der das abgelagerte Gesamtvolumen naturgemäß erhöht. Zur erforderlichen Ausrüstung einer »geordneten Ablagerung« gehören vor allem Planiergeräte, die eine hinreichende Verdichtung des Mülls gewährleisten, Kontrollbrunnen und Unterkunftsräume für den Platzwart und die Müllmannschaft. (Erbel, A., und Kaupert, W., a.a.O.)

[604] 1962 lagen in 293 von 528 befragten Gemeinden Beschwerden über die unzumutbare Müllablagerung vor (Ferber-Kolkenbrock-Neukirchen, a.a.O., S. 54).

[605] Straub, H., a.a.O., S. 15.

[606] Erbel, A., und Kaupert, W., a.a.O., S. 115.

[607] Palm, R., und Rasch, R., a.a.O., S. 62.

[608] Ebenda, S. 67.

[609] Vgl. oben S. 81.

[610] Vgl. Straub, H., a.a.O., S. 16; Orth, H., Grundsätzliches über Bau und Betrieb der Müllfahrzeuge, in: Müll- und Abfallbeseitigung, Handbuch . . ., a.a.O., Abschnitt 2214, S. 1; Ferber, M., Menge der festen Abfallstoffe, in: Müll- und Abfallbeseitigung, Handbuch . . ., a.a.O., Abschnitt 1740, S. 3 f.

[611] Quelle: Statistisches Jahrbuch Deutscher Gemeinden, Jahrgangsangaben s. Fußnote 586.

[612] Wintermüll = Jahresmittel × 1,2 (vgl. oben S. 000).

[613] Vgl. Palm, R., und R. Rasch, a.a.O., S. 62.

[614] Siehe Tab. S. 86.

[615] Durchschnittliche Investitionskosten nach Palm, R., und R. Rasch, a.a.O., S. 79.

Ofen mit einer Verbrennungsleistung von kg/h	Mittlere Anlagekosten Mio. DM
250	0,25
500	0,40
1000	0,90
1500	1,10
2000	1,30
2500	1,40
3000	1,50
5000	1,70

[616] Zu den Baukosten von Verbrennungsanlagen vgl. auch Erbel, A., und W. Kaupert, a.a.O., S. 81; Palm, R., Baukosten, in: Müll- und Abfallbeseitigung, Handbuch, a.a.O., Abschnitt 7620, S. 1f.

[617] Sammlung, Aufbereitung und Verwertung von Siedlungsabfällen, Taschenbuch, hrsg. v. d. Arbeitsgemeinschaft für kommunale Abfallwirtschaft (AKA), Waiblingen 1960, S. 115 f.

[618] Sammlung, Aufbereitung und Verwertung von Siedlungsabfällen, a.a.O., S. 184.

[619] Ebenda.

[620] Für Gemeinden unter 50 000 Einwohnern kommt eine eigene Anlage aus wirtschaftlichen Gründen praktisch nicht in Betracht; der Schwellenwert liegt unter Berücksichtigung der hier unterstellten Müllwerte bei 48 611 Einwohnern. Kleinere Gemeinden schließen sich daher am besten zu Zweckverbänden zusammen und benutzen größere Anlagen; dabei ist allerdings zu berücksichtigen, daß bei der Bedarfsermittlung der gruppenspezifische Müllanfall der Einzelgemeinden, nicht derjenige der Gesamteinwohnerzahl in Rechnung zu stellen ist.

[621] Vgl. dazu: Ausbau der höheren Schule und der Realschule. Strukturförderung im Bildungswesen des Landes Nordrhein-Westfalen, Schriftenreihe des Kultusministers, Heft 1, Ratingen 1965, S. 11 ff.

[622] Auf die außerdem bestehenden Möglichkeiten des »Zweiten Bildungsweges« braucht hier nicht eingegangen zu werden.

[623] Ausbau der höheren Schule und der Realschule, a.a.O., S. 13.

[624] Edding, F., und Albers, W., a.a.O., S. 25.

[625] Bedarfsfeststellung 1961–1970, a.a.O., S. 20.

[626] Ausbau der höheren Schule und der Realschule, a.a.O., Tab. 11.

[627] In der Schrift des Kultusministers über den Ausbau der höheren Schule und der Realschule wird unter relativem Schulbesuch der Anteil der Schüler einer Schulform »in Relation zu den Jugendlichen der entsprechenden Altersgruppe« verstanden (S. 10). Hier ist der Anteil der Schüler an der Gesamtbevölkerung gemeint.

[628] Ausbau des Gymnasiums und der Realschule. Strukturförderung im Bildungswesen des Landes Nordrhein-Westfalen, Schriftenreihe des Kultusministers, Heft 5, Ratingen 1967, Tab. 7.

[629] Ebenda, S. 22.

[630] Bei einer Fortschreibung der Daten des Kultusministers.

[631] Vgl. oben S. 77.

[632] Gesetz über die Schulpflicht im Lande Nordrhein-Westfalen (Schulpflichtgesetz – SchpflG) v. 14. 6. 1966, GV NW, S. 365.

[633] Schulverwaltungsgesetz Nordrhein-Westfalen (SchVG) v. 3. 6. 1958, GV NW, S. 241.

[634] Siehe aber: Ausbau der Grundschule und der Hauptschule. Strukturförderung im Bildungswesen des Landes Nordrhein-Westfalen, Schriftenreihe des Kultusministers, Heft 3, Ratingen 1966, S. 16 u. S. 22 ff.

[635] Schüler- und Klassenraumbedarfsentwicklung sind für »die Volksschule am engsten mit dem Bevölkerungszuwachs gekoppelt« (ebenda, S. 39).

[636] A.a.O., S. 20.

[637] Edding, F., und Albers, W., Die Schulausgaben 1960–1970 – Versuch einer Vorausschätzung, a.a.O., S. 25.

638 Erste Verordnung zur Ermittlung der Zahl der Lehrerstellen, a.a.O.

639 Gesetz über die Finanzierung öffentlicher Schulen (Schulfinanzgesetz – SchFG) v. 3. 6. 1958, GV NW, S. 246.

640 Quelle: Statistisches Jahrbuch für die Bundesrepublik Deutschland 1967, S. 27 u. S. 84.

641 Quelle: Statistisches Jahrbuch Nordrhein-Westfalen 1966, S. 6 u. S. 54.

642 Ausbau der Grundschule und der Hauptschule, a.a.O., Tab. 7.

643 Bei einer Fortschreibung der Daten des Kultusministers.

644 Vgl. Kaldenkirchen . . ., a.a.O., S. 13.

645 Zur Konzeption des Kultusministers siehe: Ausbau der Grundschule und der Hauptschule, a.a.O., S. 39 ff.

646 Siehe Statistisches Jahrbuch für die Bundesrepublik Deutschland 1967, S. 466 f.

647 Zum folgenden vgl. Kaldenkirchen . . ., a.a.O., S. 12 ff.

648 Pro Schüler wurde dabei eine Schulhoffläche von 5 m² berücksichtigt.

649 Vgl. Statistisches Jahrbuch für die Bundesrepublik Deutschland 1967, S. 467.

650 Gesetz über die Schulpflicht im Lande Nordrhein-Westfalen (Schulpflichtgesetz – SchpflG) v. 14. 6. 1966, GV NW, S. 365.

651 HECKEL, H., Art. Schulverwaltung, in: Handbuch der Kommunalen Wissenschaft und Praxis, Bd. 2, a.a.O., S. 117.

652 Die Landkreise und sonstigen Gemeindeverbände werden nach der oben vorgenommenen Abgrenzung hier vernachlässigt (vgl. Fußnote 2).

653 Siehe oben S. 50.

654 Bedarfsfeststellung 1961–1970, a.a.O., S. 20.

655 Dazu gehören neben den Berufsschulen auch die Fach- sowie die Berufsfachschulen.

656 Bedarfsfeststellung 1961–1970, a.a.O., S. 27.

657 § 12 Abs. 1 SchpflG NW.

658 Quellen: Die Berufsschülerzahlen wurden nach den Ergebnissen in den Statistischen Jahrbüchern Deutscher Gemeinden (Jg. 42, 45, 48, 51 und 54) auf das Jahr 1980 fortgeschrieben. Zur Statistik der Arbeitenden in der Gemeinde und der Arbeitsplätze siehe Statistisches Jahrbuch Deutscher Gemeinden, 51. Jg. 1963, S. 402 ff. und 448 ff.).

659 Siehe z. B. BEHMENBURG, F. W., a.a.O., S. 44.

Forschungsberichte des Landes Nordrhein-Westfalen

Herausgegeben im Auftrage des Ministerpräsidenten Heinz Kühn
von Staatssekretär Professor Dr. h. c. Dr. E. h. Leo Brandt

Sachgruppenverzeichnis

Acetylen · Schweißtechnik
Acetylene · Welding gracitice
Acétylène · Technique du soudage
Acetileno · Técnica de la soldadura
Ацетилен и техника сварки

Arbeitswissenschaft
Labor science
Science du travail
Trabajo científico
Вопросы трудового процесса

Bau · Steine · Erden
Constructure · Construction material · Soilresearch
Construction · Matériaux de construction · Recherche souterraine
La construcción · Materiales de construcción · Reconocimiento del suelo
Строительство и строительные материалы

Bergbau
Mining
Exploitation des mines
Minería
Горное дело

Biologie
Biology
Biologie
Biologia
Биология

Chemie
Chemistry
Chimie
Quimica
Химия

Druck · Farbe · Papier · Photographie
Printing · Color · Paper · Photography
Imprimerie · Couleur · Papier · Photographie
Artes gráficas · Color · Papel · Fotografía
Типография · Краски · Бумага · Фотография

Eisenverarbeitende Industrie
Metal working industry
Industrie du fer
Industria del hierro
Металлообработывающая промышленность

Elektrotechnik · Optik
Electrotechnology · Optics
Electrotechnique · Optique
Electrotécnica · Optica
Электротехника и оптика

Energiewirtschaft
Power economy
Energie
Energía
Энергетическое хозяйство

Fahrzeugbau · Gasmotoren
Vehicle construction · Engines
Construction de véhicules · Moteurs
Construcción de vehículos · Motores
Производство транспортных средств

Fertigung
Fabrication
Fabrication
Fabricación
Производство

Funktechnik · Astronomie
Radio engineering · Astronomy
Radiotechnique · Astronomie
Radiotécnica · Astronomía
Радиотехника и астрономия

GPSR Compliance

The European Union's (EU) General Product Safety Regulation (GPSR) is a set of rules that requires consumer products to be safe and our obligations to ensure this.

If you have any concerns about our products, you can contact us on ProductSafety@springernature.com

In case Publisher is established outside the EU, the EU authorized representative is:

Springer Nature Customer Service Center GmbH
Europaplatz 3
69115 Heidelberg, Germany

Batch number: 10809636

Printed by Printforce, the Netherlands